TRANSFORMED
トランスフォームド

Moving to the Product Operating Model

マーティ・ケーガン 著
横道 稔 訳

イノベーションを起こし
真のDXへと導く
プロダクトモデル

日本能率協会マネジメントセンター

本書をブルース・ウィリアムズ（Bruce Williams、1950-2016）に捧げる。ブルースは、私が企業でプロダクトをリードするというコンフォートゾーンから抜け出し、シリコンバレー・プロダクト・グループ（SVPG）を立ち上げ新たな道を歩むように私を励まし、自信を与えてくれた人物である。

彼は、数え切れないほどの人々の日々をより良いものへとするために、真の支援をしてきた素晴らしい人物であった。そして誰もが親友になりたくなる人物でもあった。ブルースはあらゆるものを私に提供してくれた。それはデザイン、営業、マーケティング、出版、財務に関する専門的なアドバイスから、実際のオフィススペースにまで至った。

もしブルースがいなかったら、私はおそらくプロダクトリーダーのままであり、本を書く機会もなかっただろう。SVPGの一員として、それまでは想像もしなかったような素晴らしい日々を楽しむことにもならなかっただろう。私のキャリアにおける最良の決断の背中を押してくれたブルースに感謝する。

皆が人生の中で、ブルース・ウィリアムズのような人と出会う幸運に恵まれることを願っている。

TRANSFORMED: Moving to the Product Operating Model
Copyright © 2024 by John Wiley & Sons, Inc. All Rights Reserved.
This translation published under license with the original publisher John Wiley & Sons, Inc. through Japan UNI Agency, Inc., Tokyo

本書への推薦の言葉

　『TRANSFORMED』は、パンデミック以降の世界で組織を進化させようとしているすべてのリーダーの手元に置かれるべき本だ。マーティはプロダクトモデルの持つ影響力を本書ですべて捉えている。小売と医療の両分野での私自身の経験に基づき、本書は前に進むための重要なガイドであると全力で保証する。

　　　　　　　　　　　　　　　—プラット・ヴェマナ（Prat Vemana）
　　　　　　　　　　　　　　　Target社 最高デジタル／プロダクト責任者

　マーティは長年にわたり『INSPIRED』や『EMPOWERED』、そしてSVPGでの活動を通じてプロダクト領域における水準の確立を支援してきた。『TRANSFORMED』は企業がプロダクトの概念を習得し、トランスフォーメーションにおいて避けられない障害を乗り越えるための強力なガイドとなっている。またトランスフォーメーションの実例からの学びも得られる。本書はプロダクトモデルに移行しようとするすべての企業にとって、信頼できる情報源となるはずだ。

　　　　　　　　　　　　　　　　—タイラー・トゥイト（Tyler Tuite）
　　　　　　　　　　　　　　　　CarMax社 CPO（最高プロダクト責任者）

　ほとんどの経営者が理解していないことを、SVPGは理解している。組織のトランスフォーメーションを達成するためには、個人のトランスフォーメーションも経験しなければならない。本書はその両方を達成する方法を示してくれる。

　　　　　　　　　　　　　—ブレンダン・ウォフチコ（Brendan Wovchko）
　　　　　　　　　　　　　Ramsey Solutions社 CTO（最高技術責任者）

プロダクトモデルへ移行する勇気がある、あるいは移行を求めているなら『TRANSFORMED』が道しるべとなるだろう。本書は組織がなぜトランスフォーメーションすべきかを強調するだけでなく、トランスフォーメーションを実施し、ポジティブな成果を生み出すための実践的なテクニックも提供している。組織内の反対を乗り越える方法など、差し迫った疑問に対するマーティの率直で明快なアドバイスは貴重な上に、実用的だ。テクノロジーが指数関数的に進化する時代において、自社のイノベーションを起こす（もしくは取り残されないようにする）能力に疑問を抱いたことがあるなら『TRANSFORMED』は必読書だ。

―メリッサ・コーエン（Melissa Cohen）
Rocket Mortgage社 シニアプロダクトディレクター

　組織がプロダクトモデルに進化する必要があると感じているなら『TRANSFORMED』は必読書だ。マーティ流のスタイルで、なぜそれを行うべきか、どうやって行うか、直面する課題（「誰」と「何」の両方の課題）について率直に述べ、それらをどう導いて乗り越えるかが解説されている。何度も繰り返し読み返すことになるだろう。

―ショーン・ボイヤー（Shawn Boyer）
GoHappyLabs社 CEO

　マーティほど、世界一流のプロダクトチームに関する豊富で深い経験を持つ人はいない。『TRANSFORMED』では、まだ成功できていない企業がいかにして継続的にインパクトの大きなソフトウェアプロダクトを構築できるかについて、非常に実践的な道が示されている。その道はゴール設定のための魔法のような戦術の適用や、人気のソフトウェア開発プロセスを展開することだけにとどまらない。むしろ『TRANSFORMED』は組織設計、戦略、文化、リーダーシップ、継続的な改善に関するより包括的なアプローチを提示しており、それが現実世界で実際に機能することを示している。

——シュレヤス・ドーシー（Shreyas Doshi）
アドバイザー、元プロダクトリーダー（Stripe、Twitter、Google、Yahoo）

SVPGはこれまで、プロダクトモデルによって、顧客により良いサービスを提供する力があらゆる企業に与えられることをすでに教えてきた。『TRANSFORMED』は、その力をどのように解放するかを教えてくれる。業界、プロダクトの種類、過去のマネジメントアプローチに関係なく、本書によって、すべての企業が強力なプロダクト企業へとトランスフォーメーションするためのロードマップを手に入れることができる。

——マイケル・ニュートン（Michael Newton）
Qorium社 CEO、元Nike社 プロダクト担当VP

『TRANSFORMED』は、機能開発工場から世界一流のプロダクト組織にトランスフォーメーションし、比類なき価値を顧客に提供するための究極の競争優位性を得るための決定的な情報源だ。

——ミシェル・ロングマイヤー（Michelle Longmire）
Medable社 CEO

テクノロジーが、最も成功するビジネスの心臓部に据えられるこの時代において、『TRANSFORMED』はプロダクトモデルへの移行を導くための必須ガイドとして際立っている。マーティはその旅路を巧みに解明し、貴重なインサイトと魅力的なケーススタディを融合させて、トランスフォーメーションのためのロードマップを提示すると同時に、インスピレーションも提供している。数え切れないほどの組織がまさにこの移行に取り組むのを目の当たりにしてきたからこそ、本書が待ち望まれていた道標であると自信を持って言える。ビジネスを前進させるためにテクノロジーの力を活用しようと真剣に考えている人は必読だ。

——マイク・フィッシャー（Mike Fisher）
元Etsy社 CTO

プロダクトファーストのビジネスアプローチの重要性を理解しようとしているなら、本書は必読書だ。『TRANSFORMED』はプロダクト担当以外の経営者にも直接語りかけるような、プロダクトモデルへの示唆に富んだガイドである。

――マット・ブラウン（Matt Brown）
Altair Engineering社 CFO（最高財務責任者）

マーティ・ケーガンとSVPGチームがまたやってくれた。優れた実例を使い、問題に正面から取り組む特徴的なスタイルで、プロダクトモデルへのトランスフォーメーションに伴う障害と落とし穴を乗り越えるためのガイドを作り上げたのだ。本書はトランスフォーメーションの旅路を成功させたいと考えるすべての経営チームに必須の書籍だ。

――アニッシュ・ビマニ（Anish Bhimani）
JPMorgan Chase社 Commercial Banking CPO

本書のインサイトを実行に移すことで節約できる金銭、時間、忍耐力は計り知れない。本書はマーティのコレクションに欠けていたピースであったが、今や『その他大勢』から『一流』へとトランスフォーメーションする中で直面するよくある間違いやパターンに対応している。すべての取締役会、CEO、プロダクトチームがこの本を読んで実行に移すことを望む。

――アヌアル・チャプール（Anuar Chapur）
The Palace Company社 技術担当VP

『TRANSFORMED』は組織のDNAにイノベーションを埋め込むためのフィールドガイドだ。理解しやすい物語という形で実世界の教訓が提供されており、プロダクトトランスフォーメーションを導いてきたマーティとチームの数十年分の経験が提供されている。スマートで適応力が高く、技術的に能力のある組織を構築しようとしているCEOやCIOに

とって必読の書である。

—マドゥ・ナラシムハン（Madhu Narasimhan）
Wells Fargo社 イノベーション担当エグゼクティブVP

　成功するトランスフォーメーションには多くの要素が必要だ。マーティは『TRANSFORMED』でそのすべてを提供している。CEOや取締役レベルにとって貴重な視点から、CI/CDのような重要な技術要素、組織全体でプロダクトが効果的に連携する方法に至るまで幅広く提供されている。本書はその成功への道を記した一冊だ。

—トーマス・フレデル（Thomas Fredell）
ShiftKey社 CPO

　顧客から愛されるものにしつつ、ビジネスにとっても有益な優れたプロダクトを作ることは非常に難しい。組織をトランスフォーメーションし、継続的にインパクトを生むプロダクトをディスカバリーし、デリバリーすることはさらに困難だ。2019年にマーティと出会い、彼の本『INSPIRED』を読んだことでプロダクトリーダーとしての私の旅が始まった。2020年にクリスチャン・イディオディが我々の組織全体に対してトランスフォーメーションワークショップを行い、そのプロセスが加速した。そして、パンデミックを乗り越えたことでさらに強くなった。我々のビジネスをプロダクトモデルに成功裏にトランスフォーメーションし、それを拡大するために不可欠だった原則と構成要素を『TRANSFORMED』は力強く簡潔に述べている。

—ロニー・ヴァルギーズ（Ronnie Varghese）
Almosafer社 CDO（最高デジタル責任者）

　プロダクトモデルを成功裏に実装し維持するために必要なことを学びたいと考えている企業リーダーにとって、この本は必読だ。『TRANSFORMED』は最高のテクノロジー企業がどのように機能しているかを解読するための分類法を提供し、真のデジタルトランスフォー

メーションを推進するための具体的な手法を提供している。また、さまざまな業界の企業の実例も紹介している。本書が世界中のプロダクトトランスフォーメーションを推進するための変革マネジメントの重要なガイドとなることは間違いない。

―フアン・D・ロペス（Juan D. Lopez）
Blue Origin社 プロダクトマネジメント担当ディレクター

　顧客に喜びを与え、売上と利益を増やし、優秀な人材を惹きつけ定着させたいと考えるCEOおよびCPOは、本書を読んで実践へと移すべきである。あらゆることがトランスフォーメーションされることだろう。

―フィル・テリー（Phyl Terry）
Collaborative Gain社 創設者兼CEO

　『TRANSFORMED』はデジタルトランスフォーメーションを成功させるためのガイドだ。包括的で実践的であり、優れた状態とはどういうもので、そしてどうすればそこへ到達できるのかを示す青写真を提供してくれる。本書はトランスフォーメーションの最中にある企業だけでなく、最高の運営を目指すすべての企業にとって必読である。

―ガブリエル・ブフレム（Gabrielle Bufrem）
プロダクトコーチ

　企業はトランスフォーメーションに多くの時間とお金を費やすが、成果をほとんど得られないことが多い。『TRANSFORMED』は、その先にある可能性、実際にそれを実現するために必要なこと、そしてそれを頓挫させる要因を示している。ついに、私が一緒に働く人たちに渡せる本ができた。私たちが歩んでいる道を明確かつ実践的に説明してくれているのだ。

―アンドリュー・スコツコ（Andrew Skotzko）
プロダクトリーダーシップコーチ、アドバイザー

あなたの組織が最高のテック企業のようなイノベーションを目指しているなら、『TRANSFORMED』を読む必要がある。私はクライアントのすべてにこの本を配っている。

—フェリペ・カストロ（Felipe Castro）
OutcomeEdge社 創業者

Stripe、Slack、Appleのような企業は何が違うのか考えたことがあるだろうか？　それはプロダクトモデルであり、従来のプロセスを超越するダイナミックな概念的フレームワークである。『TRANSFORMED』を通して、経営幹部やプロダクトリーダーとして、このモデルの第一級原則をどのように受け入れることができるかを知ることになるだろう。プロダクト開発に画一的なアプローチはない。ここでは、戦略上の方向性が組織の構造に織り込まれており、テック、デザイン、プロダクトのリーダーが重要な戦略的背景を作り出し、人材のコーチングとメンタリングに専念している。価値提供を加速し、機能の構築ではなく問題の解決に取り組むチームをエンパワーする方法を学ぼう。20年にわたるトランスフォーメーションの専門知識を持つマーティは、信頼、イノベーション、適応力を醸成するための実践的なガイドを提供した。組織を次のレベルに引き上げる旅は今始まるのだ。

—マーカス・カステンフォース（Marcus Castenfors）
Crisp社 パートナー、『Holistic Product Discovery』共著者

目次

PART I トランスフォーメーションはなぜ困難か … 15
- CHAPTER 1 想定読者 … 18
- CHAPTER 2 プロダクトモデルとは … 22
- CHAPTER 3 なぜトランスフォーメーションするのか … 26
- CHAPTER 4 トランスフォーメーション失敗の典型例 … 29
- CHAPTER 5 CEOの果たす役割 … 34
- CHAPTER 6 本書のガイド … 37

PART II トランスフォーメーションの定義 … 43
- CHAPTER 7 作り方を変える … 50
- CHAPTER 8 問題解決の方法を変える … 55
- CHAPTER 9 解くべき問題の決定方法を変える … 63

PART III プロダクトモデル・コンピテンシー … 71
- CHAPTER 10 プロダクトマネジャー … 77
- CHAPTER 11 プロダクトデザイナー … 86
- CHAPTER 12 テックリード … 89
- CHAPTER 13 プロダクトリーダー … 93
- CHAPTER 14 イノベーションのストーリー：Almosafer社 … 104

PART IV プロダクトモデル・コンセプト … 109
- CHAPTER 15 プロダクトチーム … 113
- CHAPTER 16 プロダクト戦略 … 122
- CHAPTER 17 プロダクトディスカバリー … 128

CHAPTER 18 プロダクトデリバリー ……………………… 134
CHAPTER 19 プロダクト文化 ……………………………… 146
CHAPTER 20 イノベーションのストーリー：CarMax社 …… 155

PART V トランスフォーメーションのストーリー：Trainline社 …………… 161

PART VI プロダクトモデルの実践 …………… 177

CHAPTER 21 顧客とのパートナーシップ ………………… 179
CHAPTER 22 営業とのパートナーシップ ………………… 185
CHAPTER 23 プロダクトマーケティングとのパートナーシップ … 189
CHAPTER 24 財務とのパートナーシップ ………………… 194
CHAPTER 25 ステークホルダーとのパートナーシップ …… 198
CHAPTER 26 経営幹部とのパートナーシップ …………… 202
CHAPTER 27 イノベーションのストーリー：Gympass社 … 207

PART VII トランスフォーメーションのストーリー：Datasite社 …………… 211

PART VIII トランスフォーメーションのテクニック ………………………… 225

CHAPTER 28 トランスフォーメーションのアウトカム …… 228
CHAPTER 29 トランスフォーメーションのアセスメント … 230

CHAPTER 30 トランスフォーメーションの戦術
　　　　　　——プロダクトモデル・コンピテンシー ……246
CHAPTER 31 トランスフォーメーションの戦術
　　　　　　——プロダクトモデル・コンセプト …………253
CHAPTER 32 トランスフォーメーションの戦術——導入 …267
CHAPTER 33 トランスフォーメーションのエバンジェリズム
　　　　　　…………………………………………………274
CHAPTER 34 トランスフォーメーションの支援 ……………280
CHAPTER 35 イノベーションのストーリー：Datasite社 …302

PART IX トランスフォーメーションのストーリー：Adobe社 …307

PART X 反対を乗り越える …323

CHAPTER 36 顧客からの反対 ………………………………325
CHAPTER 37 営業からの反対 ………………………………330
CHAPTER 38 CEOと取締役会からの反対 …………………335
CHAPTER 39 事業部門からの反対 …………………………340
CHAPTER 40 カスタマーサクセスからの反対 ……………345
CHAPTER 41 マーケティングからの反対 …………………349
CHAPTER 42 財務からの反対 ………………………………352
CHAPTER 43 人事部／ピープルOpsからの反対 …………357
CHAPTER 44 CIOからの反対 ………………………………360
CHAPTER 45 PMOからの反対 ………………………………362
CHAPTER 46 プロダクト組織内部からの反対 ……………365

CHAPTER 47 イノベーションのストーリー
　　　　　　：Kaiser Permanente社 ……………………377

PART XI トランスフォーメーションに不可欠なこと …383

CHAPTER 48 トランスフォーメーション成功への10カ条‥385
CHAPTER 49 イノベーションのストーリー：Trainline社…393

さらに学ぶには ………………………………………399
謝辞 ……………………………………………………400
著者について …………………………………………402
訳者あとがき／謝辞 …………………………………403

Part 1

トランスフォーメーションは なぜ困難か

Introduction

本書には大きな目標が三つある。

第一に、プロダクト・オペレーティング・モデルとは何か、そして、プロダクト・オペレーティング・モデルの元で働くとはどういうことかを正確に理解してもらいたい。

第二に、トランスフォーメーションが成功した詳細なケーススタディを通して、あなたの組織でもプロダクト・オペレーティング・モデルへのトランスフォーメーションが、困難ではあるものの絶対に可能であると確信してもらいたい。

第三に、印象的なプロダクトイノベーションのケーススタディを通して、ひとたび組織のトランスフォーメーションに成功すれば、あなたの組織で何ができるようになるかについてのインスピレーションを得てほしい。

このPARTでは、まず最初に私たちがなぜ本書『TRANSFORMED』を書いたのか、そしてこの書籍につながった過去の書籍、つまり『INSPIRED』（日本能率協会マネジメントセンター、2019年）と『EMPOWERED』（同、2021年）との関係について述べていく。

その次に、なぜ企業が非常に多くの時間と労力をかけてトランスフォーメーションに乗り出そうとするのか、その主な理由を整理していく。

そして、トランスフォーメーションの取り組みの典型例を紹介する。トランスフォーメーションは多くの場合で、あまりにも想像通り、かつ残念な結果になっている。

トランスフォーメーションを成功にはどのような要素が影響しており、何が必要となるのかを現実的に理解してもらうことが重要だと、私たちは考えている。単に必要な人材を雇いさえすれば簡単に成功できる、とあなたに言ってくる人も多くいるだろう。しかし現実は大きく違う。

同時に、トランスフォーメーションを成功させることは可能だと確信してもらうことも重要だと考えている。さらに、この新しい能力を身につけたら、企業として何ができるようになるのかも理解してもらいたい。

そして、このPARTの最後では、変化が必要なことはわかっているものの、必ずしもそのような働き方をしたことのあるリーダーがいない、というジレンマについて論じる。

CHAPTER 1

想定読者

　本書『TRANSFORMED』は自社をプロダクト・オペレーティング・モデル（次のCHAPTERで詳しく説明する。「プロダクトモデル」とも呼ぶ）へと移行させようとしている人のために書かれている。
　以下のような人が対象だ。

・プロダクトチームのメンバーであり、プロダクトモデルに移行しようとしている
・プロダクトリーダー（プロダクトマネジメント領域、プロダクトデザイン領域、エンジニアリング領域のマネジャー）であり、プロダクトモデルへと導こうとしている
・企業の幹部（特にCEOとCFO）であり、プロダクトモデルへの移行に何が必要かを知り、それが追求したいと思えるものかどうかを判断し、もし追求するならどんな支援ができるかを判断したいと考えている
・企業の経営幹部、またはステークホルダーや従業員で、プロダクトモデルの移行から影響を受けることになり、かつそこへの建設的な関わ

り方を学びたいと考えている
・プロダクトコーチであり、企業のプロダクトモデルへのトランスフォーメーションを成功させるために支援しようとしている

よくある質問の一つが「私たちはテック企業ではないのだが、プロダクト・オペレーティング・モデルは自分たちにも関係があるか？」というものだ。

これは非常に広く見られる勘違いだ。私たちの業界で「テック企業」という言葉を使う時、それはその企業が何を売っているかということを指すのではなく、その企業がどのようにビジネスを動かすべきと信じているかを指している。

Teslaは自動車を売っている。Netflixはエンターテインメント。Googleは広告。Airbnbは休暇用の宿。Amazonは本の販売から始まり、今ではありとあらゆるものを売っている。

テック企業なのかそうでないかは売るものによって決まるのではなく、売るものをどのようにデザインし、構築し、どのようにビジネスを運営するかによって決まる。

プロダクト・オペレーティング・モデルはテクノロジーでビジネスを動かすべきだと信じている企業のためのものだ。今日、それは事実上ありとあらゆる業界の非常に幅広いビジネスに当てはまるはずだ。

では本書と『INSPIRED』『EMPOWERED』との関係は何だろうか？

私たちが『INSPIRED』を書いたのは、プロダクト・オペレーティング・モデルで活動するトップレベルのプロダクトチームが使っているベストプラクティスやテクニックを共有するためだった。そして、『EMPOWERED』を書いたのは、プロダクト・オペレーティング・モデルで成功するために必要な環境をプロダクトチームに提供するために、トップレベルのプロダクトリーダーが使っているベストプラクティスとテクニックを共有するためだった。

しかし、私たちに寄せられる質問で群を抜いて多かったのは、次のよ

うなものだった。

「我々はあなたたちとはまるで違う方法で仕事をしています。我々のような会社でもプロダクトモデルに変化できるのでしょうか？ もしできるのなら、どのようにすれば良いのでしょうか？」

　本書の目標はこの質問に答えることにある。
　過去20年間、私たちシリコンバレー・プロダクト・グループ（SVPG）はこのような変化を乗り越える支援をしてきた。
　私たちの学びは、いくつかの企業、主にインターネット時代に創設された新しい企業は「テクノロジーパワード[1]なプロダクト企業」という新しいモデルから生まれたということである。そういった企業にとっては、このような働き方はごく自然なことだ。
　しかし、世の中の大半の企業にとっては、私たちが説明するような働き方は非常に異質なものなのだ。
　あるCEOはトランスフォーメーションの経験を「右側通行から左側通行へ変えることだ。しかも徐々に」と表現した。
　このような企業は、実現技術（イノベーションを実現可能にする新しい技術）が急速に変化する時代においても勝利が収められるように、トランスフォーメーションが必要であることを理解しているものの、同時に、相当なトランスフォーメーションが必要であり、それは決して簡単ではないことも理解している。
　『INSPIRED』や『EMPOWERED』を読んだ人なら、プロダクト・オペレーティング・モデルの構成要素をすでに認識しているだろう。しかし、その二冊は自分たちの働き方に変化を加える方法には触れていない。
　なお、その二冊を読んでいなくても、本書ではプロダクト・オペレー

1　訳注：technology-powered：テクノロジーを駆使し、テクノロジーに支えられているという意味。

ティング・モデルの概念についての必要な知識と、あなたが必要としているであろう基礎を説明しているので安心してほしい。

Part I トランスフォーメーションはなぜ困難か

CHAPTER 1 想定読者

CHAPTER 2

プロダクトモデルとは

　残念ながらテック業界では用語がうまく標準化されていないことも多い。同じ概念に対して異なる用語が使われたり、逆に、同じ用語に異なる定義がなされることもよくある。

　新しい呼び名を導入するのを好む訳ではないのだが、本書での重要な概念について、その意味を明確にしておく必要があるだろう。

　明確にすべき最も基本的な概念は「プロダクト・オペレーティング・モデル」そのものである。

　ちなみに、私たちがこの言葉を発明したわけではない。私たちはこの言葉がいくつかの強力なプロダクト企業で使われており、また別のいくつかの会社では「プロダクトモデル」という短縮形が使われていることに気がついた。

　プロダクト・オペレーティング・モデルは、プロセスでもなければ、一つの決まったやり方でもない。プロダクト・オペレーティング・モデルは、強いプロダクト企業が真実であると信じている、第一級原則のもとに成り立つ概念的なモデルである。実験の必要性や、予測可能性よりもイノベーションを優先させるといったさまざまな原則に基づいている。

本書では、優れたプロダクト企業が一貫して実践している運営方法を指す言葉として、この言葉を用いる。

本質的には、プロダクト・オペレーティング・モデルとは、顧客に愛され、かつビジネスにも有効な、テクノロジーパワーなソリューションを継続的に生み出すことにある。

財務的な観点でいうと、テクノロジーへの投資から最大限の利益を得ることにある。

プロダクトを作るための唯一正しい方法など存在しないことは強調しておきたい。この重要な点については後ほど詳しく説明する。しかし今は、良い方法がたくさんあること、そしてそれよりもはるかにたくさんの悪い方法があることを知っておいてほしい。

また、私たちが過去の書籍でも強調していることを改めて言っておきたい。本書に書かれていることは私たちが発明したものではない。単に、優れたプロダクト企業で観察したことを書いているだけだ。とはいえ、目にしたものすべてについて書いているわけではなく、共通のテーマや第一級原則と思われるものに焦点を絞っている。私たちは事実上、キュレーターとエバンジェリスト（伝道師、啓蒙家）の役割を果たしているのだ。

「プロダクト・オペレーティング・モデル」の代わりに「プロダクト主導型企業」や「プロダクト中心型企業」と呼ばれることもある。しかしこれらの呼称は、不幸な副作用として、プロダクト組織が優位な存在であると暗に感じさせてしまうことが多いため、私たちは好んでいない。

同様に、プロダクト・オペレーティング・モデルは「顧客駆動型企業」の一種ともいえるのだが、その呼称はその有用性を失うほど誤用されてしまっている。

そして、プロダクト・オペレーティング・モデルに移行する前の、今現在適用されているモデルをどのような名称で呼ぶかはさらに難しい。

一般的に「実際に主導権を握っているのは誰か？」という問いによって、今現在のモデルが判断できる。

プロダクトへの要求が出る際に「ビジネス側」という言葉をよく耳にするのであれば「ITモデル」（「ITはビジネス部門に奉仕するためにある」という考え方）と呼ばれるモデルで運営していると言えるだろう。

そしてITモデルと近いのが「プロジェクトモデル」だ。このモデルではCFOが大きな影響力を持ち、通常、プロダクトではなくプロジェクトに対して予算配分と人員配置が行われる。

多岐にわたるステークホルダーに主導権がある場合は、「機能開発チーム（フィーチャーチーム）モデル」と呼ばれる（各ステークホルダーが自分たちの機能ロードマップを推進するモデル）。営業が主導権を握っている場合は「営業主導型プロダクト」と呼ばれ、マーケティングが主導権を握っている場合は「マーケティング主導型プロダクト」と呼ばれるだろう。

本書では、どのようなモデルであろうと、今現在のモデルを「旧来のモデル」と呼び、トランスフォーメーションしようとしている先のモデルを「プロダクト・オペレーティング・モデル」、あるいは単に「プロダクトモデル」と短縮して呼ぶことにする。

本書のPART III「トランスフォーメーションの定義」では、プロダクトモデルで働くとはどういうことかを詳しく定義している。本書で取り上げる重要な用語や概念は他にもいくつかあるが、それらは順次定義していくことにする。

プロダクトとは何か？

この質問は一見単純なようだが、とてもよく耳にする質問だ。この質問にはいくつかの層があり、この質問がされる理由もまたさまざまである。

質問者が、顧客が直接触れるeコマースアプリや消費者向けデバイスのようなものに取り組んでいないことを懸念して質問している場合

もある。もしかしたらその質問者は、会社の従業員が会社の顧客をケアするために使う社内ツールに取り組んでいるのかもしれない。あるいは、別のプロダクトを構築するために使われるプラットフォームサービスに取り組んでいるのかもしれない。あるいは、重要なデータを提供するバックオフィス型のシステムかもしれない。あるいは、純粋なソフトウェアではなくデバイスを構築しているかもしれない。私たちはこれらの種類のプロダクトを別の用語で表現しているが、安心してほしい、プロダクトモデルはこれらすべてを支援できるようにデザインされている。

また時々問題となるのは、取り組んでいるものが一つの完全なプロダクトなのか、それとも大きなプロダクトのほんの一部分なのかということだ。これは私たちが「チームトポロジー[2]」と呼んでいる重要なトピックに関わることだが、目的に沿うと、たとえ大きな全体の中のほんの一部であってもそれらはすべてプロダクトとみなすことができる。

また、実際には自分たち自身では何も作っていないがゆえに「プロダクトとは何か」と質問する人もいる。エンジニアによって作られるテクノロジーパワーなプロダクトではないプロダクトも多くある。おそらくその質問者は外部のベンダーにアウトソースしており、その仕事を管理する立場にありプロダクトモデルがその場合にも適用できるかどうかを知りたいのだろう。その場合の答えは「ノー」だ。プロダクトモデルは、テクノロジーパワーなプロダクトやサービスを構築する人たち特有の課題に対処するためのものである。

---

2 訳注：CHAPTER 13やCHAPTER 31で詳細が説明される。また書籍『EMPOWERED』でも詳細に説明されている。

CHAPTER 3

なぜトランスフォーメーションするのか

　本書を読む決心をしている時点で、あなたにはトランスフォーメーションに乗り出す理由がすでにあるのだろう。
　しかし、その投資は非常に大きく相当な労力も必要であるため、目的を明確にしておくのは有益なことのはずだ。
　一般的に見て、企業は以下の主要な三つの要因のうち一つ、ないしは複数が動機になっている。

競争上の脅威

　ほとんどすべての業界で、顧客にとって明らかに優れたソリューションを提供する新たな競争相手が登場し、既存の会社に攻撃を仕掛けている。
　本書を書いている時点で、最新の破壊的テクノロジーである生成AIによって、すでに多くの業界の競争環境が塗り替えられつつある。これまでもそうであったように、新技術を活用し、顧客の長年の問題を今だからこそ可能な方法で解決する企業がある一方で、そこから取り残され

る企業もある。

　この破壊的イノベーションは、金融サービス、医療、小売、自動車、物流、広告、さらには宇宙開発など、さまざまな業界で起こりつつある。

　業界によってはプロダクトの乗り換えコストが高かったり、規制のハードルが高かったり、政府による保護の度合いが高かったりするため、この破壊的イノベーションに時間がかかっている場合もある。しかし、まったく心配する必要がないと感じている企業はほとんどないはずだ。

　そういった企業は、かつて通用した武器や戦略を使って顧客争奪戦に参戦しているものの、新たな敵の能力やツールに太刀打ちできないことも自覚している。

魅力的な報酬

　顧客のために継続的に革新的な能力を発揮してきた企業だけが得られる金銭的な報酬が存在し、それが動機になっている企業もある。

　新世代の企業やトランスフォーメーションに成功した企業の市場評価額や利益の多さを目の当たりにしており、投資家、経営幹部、プロダクトリーダー、そして従業員にとって、この報酬を獲得することがこの道を進む動機となっている。

不満を抱える企業のリーダーたち

　プロダクトモデルへの移行を推進する企業の中には、技術的な取り組みに資金を注ぎ込んでいるものの、リターンがあまりに少ないことに不満を募らせている企業もある。

　常態化したコスト超過、期待はずれの成果、何をリリースするにも長くかかる時間、我慢の限界にきている顧客、果てしなく続く非難と言い訳。

　おそらくそういった企業のリーダーたちは、もっと少ないコストで

もっと成果を上げている企業について見聞きしており、そのやり方を自分たちにも当てはめられないかどうかを知りたがっているのだろう。
　場合によっては、以下の中の一つまたは複数の要因が重なり、リーダーたちがトランスフォーメーションに踏み切らなければならないと感じるところまで、企業が追い込まれていることもある。

・社内で最も有能な技術系の従業員たちが、今の運営方法に対する不満を口にして会社を去っている
・強力なプロダクト企業出身のリーダーを採用したことで、そのリーダーがこのアプローチを検討するように周囲に働きかけている
・顧客の期待が変化しており、(その顧客もロイヤルユーザーであり続けたいと願いながらも、)プロダクトや改善のペースに対して不満を口にするようになっている

　動機は何であれ、基本的に企業がトランスフォーメーションする理由は、新たに生まれる機会をうまく活用し、また同時に、深刻な脅威に効果的に対処できる必要があると考えるからである。

CHAPTER

4

トランスフォーメーション失敗の典型例

　私たちがトランスフォーメーションを支援したほとんどの企業は、少なくとも過去に一度はトランスフォーメーションを試みていた。しかし結局、多くの時間とお金を費やしたにも関わらず何も得られていなかった。

　ここからの話はあまりにもよくある話だ。社名は伏せたが、状況は非常にリアルだ。こういったストーリーにどれだけ心当たりがあるだろうか？

　この会社は2000年の創業以来、金融業務の市場で優位に立ってきた。常に強い顧客志向を持ち、顧客の要求に正確に応えることを誇りとしていた。その結果、個々の顧客のニーズを満たすために、一連の「特別対応」を長年にわたって行っていた。

　契約を成立させるのに必要なことは何でもするというこの志向は、当初は実際にビジネスで成功を収めた。社内でも社外でも、顧客のニーズに迅速に応えることがブランドの強みとなっていた。

　うまくいかなくなるまでは。

　従業員数が増え、長時間労働が文化として根付いていたにもかかわら

ず、新しい機能を提供するまでの時間は明らかに長くなっていた。同時に、市場に何社かの新規参入があった。競合各社の動きは速く、それぞれが迅速に勢いを増していた。その結果、同社の売り上げは低迷し始め、市場シェアも低下していった。

この状況に対し、同社は積極的な買収戦略をとり、追加ソリューションの買収と統合を手早く進めた。しかしその結果は、収益力のある新時代となるには程遠く、それどころか買収が問題を引き起こし、期待された収益を上げることはなかった。

新たなスタート

取締役会はこれを受けてトップの交代を決断した。

新CEOのビジネス実績は素晴らしいものだった。彼女[3]は、グローバルのコンサルタント会社で最年少のシニアパートナーへと急速に昇進した後、数多くの金融機関で最高責任者レベルのさまざまな職務を歴任した経験の持ち主だった。

彼女にとってはそれが初めてのCEO経験だったが、自分のキャリアは成果で決まると理解していた。失敗は許されない時期であったため、彼女は入念に準備をした。会社は依然として高い市場シェアがあり、ブランド認知度は高く、利益も出ていた。しかし、彼女は会社に変化が必要だと感じていた。実際彼女はそのことを取締役会に提案済みで、ブランドを再活性化するという使命のもとに任命されたのだ。

彼女のノウハウはよく練られたものであり、彼女が長年経営コンサルタントとしてさまざまな分野で実践してきたものだった。彼女はすぐに

---

[3] 私たちは長年にわたり、強力なリーダーに対する既存のイメージを拡張したいと考えているため、本書での代名詞は「彼」よりも「彼女」を優先して使用する。とはいえ、本書はあらゆるジェンダーアイデンティティの人たちを対象にしている。私たちとしては、あなたがプロダクトの仕事に関心のある良い人なのであれば、どんな人であれ仲間だと思っている。

問題の調査に取りかかった。

　会社はアメリカ、インド、ヨーロッパなど世界中にオフィスがあり、むやみに巨大な組織になっていた。その結果、文化的な相違は深くなっていた。

　何年にもわたって買収主導型で成長してきた結果、会社は実質的には複数の会社に分かれており、ほとんど統合されていなかった。技術的負債は大きく、顧客も不満を抱いていた。

　新CEOは以前の人脈を活かしてコンサルティングサービスから助言を受け、重要な旧来の慣行に対する調査を早急に行った。

　調査の結果、相当な変化が必要であるとわかった。必要な変化は新しい中央集権的な組織構造、エンジニアリングの内製化、より集中したビジネスミッション、プロダクトマネジャーとデザイナーを擁する新しいプロダクト部門の創設などであった。そして、トランスフォーメーションをリードする最高デジタル責任者（CDO）が新たに採用された。

摩擦と反発

　エンジニアリングの内製化を筆頭に、数多くの課題への対応が並行して進められた。厳しい市場環境の中で600人のエンジニアチームを雇用するには高額な給与の提示が必要だった。12カ月が経過した時点で予算を上回ってしまったが、必要な人数にはまだ達していなかった。コストを抑えるため、熟練したプロダクトマネジャーを雇うのではなく、ビジネスアナリストのチームを改称することにした。それを正当化する理由は、プロダクトのラインナップが複雑であり、取り扱う専門分野への深い経験も必要だから、というものだった。

　トランスフォーメーションは当初予想していた以上に混乱を引き起こし、コストがかさんでいた。長らくカスタマーサクセスの唯一のオーナーと見なされてきた営業部門は、この変化に不満を抱きCEOに直接苦情を申し立てた。新しいCDOはエンジニアの新規採用や複数のプロ

ダクトチームの創設について前向きな報告をしていたにも関わらず、物事は遅々として進まず、コストは増加の一途をたどっていた。

経営幹部の耳に届かないところでは、新たに採用されたエンジニアたちが技術的負債の大きさに息をのんでいた。買収された各事業がレガシーな技術で運用され続けていたのだ。それらのソリューションを統合する真剣な取り組みは存在しなかった。元々いた人たちの多くは会社を去っており、残された人たちはたくさんのシステムを維持するのがやっとだった。エンジニアは直ちに新しいプラットフォームに移行する以外の選択肢はないと見ていた。

経営陣は新しいエンジニアたちに対して共感的ではあったが、新たにプラットフォームの移行という大規模な取り組みを行う意欲はほとんどなかった。エンジニアはリファクタリングできるところは行い、ロードマップで定義された項目のデリバリー（提供、市場投入）を加速する別の方法を見つけるように促された。

トランスフォーメーション開始から二年が経ち、物事はさらに遅々として進まなくなっていた。CEOは根本的な問題はエンジニアリングにあり、予定通りに期待した成果物をデリバリーできるようにするための支援が必要だと判断した。

予測可能性に集中

最高情報責任者（CIO）は今よりも形式立っていて構造化された新しいデリバリープロセスへの切り替えを提案した。リリースサイクルが長くなりリリース頻度も少なくなるが、予測可能性が高まることが期待されて、チームはこのプロセスのトレーニングを受けた。

しかし、リリースの回数がさらに減ったことで、事業部門間で新たな争いが起きるようになった。自部門の顧客のペイン解決とコスト要求を満たすための機能を、限られたリリース回数の中で優先的に盛り込むための争いだ。また、新たなプロセスに変えたことによる負荷も大きかっ

た。

　間隔が長期間に及ぶリリースの一つひとつに注目が集まる中で、プログラムマネジャー[4]のチームが雇われた。ガバナンスとコントロールのプロセスを追加することで、デリバリープロセス全体を監視するためだ。

　コストは増加の一途をたどり、リリースの回数はますます少なくなっていった。一方、競合他社は好調だった。取締役会が当初期待していた成功は今やすっかり忘れ去られていた。

　さらに、最近採用したエンジニアのうち重要な何人かが、経営のリーダーシップの失敗を理由に離職した。顧客はあまりの進展のなさに不満を募らせており、顧客の契約維持はますます難しくなっていた。

　失うものは何もないと考えた何人かのプロダクトリーダーやエンジニアリングリーダーは、CEOに直談判することを選んだ。

　リーダーたちは自社の技術が顧客のニーズに応える妨げになっており、また、お役所的な仕事が増えてしまっていることで、何も前に進められないと感じていると主張した。

　どの選択も良くなかった。テクノロジーに対する過去のマネジメント上のミスがついに会社を追いつめたのだ。

　何千万ドルものトランスフォーメーションコストを費やしながら、CEOは会社として何を示すべきなのだろうかと考えていた。四年間の苦悩と多額のコストの結果、仲間である経営幹部たちからの彼女への不満が重なる中で、CEOは取締役会の支持を失ったことを知らされた。

　同社のトランスフォーメーションは徐々に、そして一気に失敗したのだ。

4　訳注：複数のプロジェクト群を統括的に管理する役割のこと（プロジェクトマネジメントの分野では、プロジェクトの集合のことをプログラムと呼ぶ）

CHAPTER 5

CEOの果たす役割

　私たちが過去20年間、プロダクトモデルへのトランスフォーメーションを支援してきた中での最も重要な学びは、トランスフォーメーションを成功させるためにCEOが果たすべき、極めて重要な役割があるということだ。

　誤解しないでほしい。CEOにプロダクトモデルの経験はなくてもよい。また、CEOがトランスフォーメーションそのものに多くの時間を費やす必要もない。

　しかしそれでもCEOの役割は極めて重要である。

　CEOは皆、もちろん自分はトランスフォーメーションを支援していると言う。

　しかしほとんどのCEOは、トランスフォーメーションの取り組みのかなり後になってから、トランスフォーメーションが本当に意味するところを理解することになる。

　テクノロジー部門だけでなく会社全体にトランスフォーメーションの影響が及ぶことに気がつくのである。

　つまり、トランスフォーメーションが営業、マーケティング、財務、

人事、法務、事業開発、コンプライアンス、製造などの部門にも影響を与えるのだ。

本書では、トランスフォーメーションがそれらの各領域にどのように、そしてなぜ影響を与えるのかについて具体的に説明する。しかし、ここでの重要なポイントは、主要なリーダーやステークホルダーの全員が必ずしも、この新しい働き方への移行に対して熱意があるわけではないことだ。

大半の人は、今よりも良い成果を生む可能性のあるアプローチなのであれば、少なくとも試してみたいという意欲はあるだろう。また、そういった人たちは、プロダクトモデルでの効果的な働き方を学べば自分の職務経歴書に書ける良い経歴になると認識している。

また、トランスフォーメーションに強い熱意を持つステークホルダーや経営幹部であったとしても、非常にもっともな反対意見や疑念を持っており、それを確実に解決したいと考えていることも理解しておくべきだ。

中には受け身的に抵抗する人もいれば、積極的に抵抗する人もいるだろう。その理由は今の職責を守りたいから、もしくは、昔から人は「知らない悪魔」よりも「知っている悪魔」の方がましだと考えるからである。

こういった問題を抱えたステークホルダーは、最終的にはCEOに報告することになる。トランスフォーメーションが本当に重要で必要なことかどうかを判断するためにCEOを頼るのだ。

伝説のコーチであるビル・キャンベル（Bill Campbell）が言ったように「会社はリーダーが気にかけていることを気にかける」のだ。

あまりに多くのCEOがトランスフォーメーションのオーナーシップをCIOやCDO、最高トランスフォーメーション責任者に委ねてしまっている。こういった人たちで組織内の決定と行動に影響を与えることはできるものの、ステークホルダーが彼女らのレポートライン下にあることはほとんどないため、同じ問題が発生してしまう。

Part I トランスフォーメーションはなぜ困難か

CHAPTER 5 CEOの果たす役割

35

もしあなたがCEOで、トランスフォーメーションというものが「IT」の範囲を超えることを初めて知ったのであれば、その新たな学びのことをよく考えてみてほしい。

ほとんどの企業がプロダクト、デザイン、エンジニアリングに対して必要となる変革にまず焦点を絞り、トランスフォーメーションの取り組みを始めるのは事実だし、それは適切なやり方でもある。それらの部門の能力が確立されない限りは、それ以外のことは時期尚早とも言える。

新たなコンピテンシー（職務能力、力量）を発展させ、新たなスキルを身につけ、新たな原則を組織に浸透させる必要がある。そして最も重要となるのは文化の変革である。

こうした新しい能力が活用されることで会社全体に影響があることに気づくのは、変化が起こった後であることが多い。そして、CEOをはじめとする経営層のリーダーがこうした変化を積極的に支援しない場合、トランスフォーメーションは停滞してしまう。

明確に言うと、CEOはプロダクトモデルのチーフエバンジェリストと見なされる必要がある。

もしあなたの会社のCEOがこれをやりたがらない、あるいはできないのであれば、多くの時間、費用、労力が浪費される前に準備態勢をアセスメントし直す方が良いだろう。

しかし喜ばしいことに、プロダクトモデルでうまく運営している会社では、プロダクト組織やエンジニアリング組織だけでなく、あらゆる人たちの状況が改善されている。

従業員は自社プロダクトに誇りを感じている。マーケティングでは宣伝やポジショニングすべきものが増えている。営業はさらに売り上げを上げられる。誰もが財務上の良いインパクトを実感している。従業員の士気と定着率が向上している。

つまり、CEOの積極的な支援と協力を正当化するだけの強力な実例があるのだ。

CHAPTER 6

本書のガイド

　ここまでで、私たちが「トランスフォーメーションは難しい」と言っていることへの理解が深まっていると嬉しい。

　本書はあなたを待ち受ける挑戦に備えるためにある。

　本書内には、トランスフォーメーションのための手順書やナレッジ集のようなものは一切ない。世の中にはそういったものを売りつけようとする人たちがいるが、残念ながら、そのように画一的で過度に単純化されたアプローチがうまくいくのを私たちは一切見たことがない。

　本書には、「トランスフォーメーションのストーリー」(トランスフォーメーションに成功した企業のケーススタディ)と、「イノベーションのストーリー」(トランスフォーメーションした企業が生み出した革新的なソリューションのケーススタディ)が散りばめられている。

　「トランスフォーメーションのストーリー」からは、トランスフォーメーションは困難ではあるものの、絶対に成功できるという確信を得てほしい。これらのストーリーはその企業で実際にプロダクト組織を率いていた人物に語ってもらっている。

　「イノベーションのストーリー」からは、トランスフォーメーション

が完了すれば何ができるようになるのかを知って、興奮を感じてもらいたい。

ケーススタディ以外では本書は次のようなPARTで構成されている。

まず、PART Ⅱ「トランスフォーメーションの定義」では、プロダクトモデルへのトランスフォーメーションが真に意味するものを包括的に定義している。

その次の二つのPARTでは、プロダクトモデルへの移行に必要な新しいスキルや能力の核心に迫る。

PART Ⅲでは、トランスフォーメーションに必要な「プロダクトモデル・コンピテンシー」の説明から始める。

もしそのコンピテンシーはすでに自社にあると考えているなら、それはほぼ間違いなく誤りであり、その考えはトランスフォーメーションの失敗へとつながるだろう。単に必要な肩書きを適用しただけの人たちに惑わされてはならない。

次に、PART Ⅳでは、プロダクトモデルの基礎となる「プロダクトモデル・コンセプト」と、それらのもととなる「プロダクトモデルの原則」を紹介する。ほとんどの場合で、そのスキルがまだ自分たちにないことに気がつき、学習の第一歩となるはずだ。

この新しい「プロダクトモデル・コンピテンシー」と「プロダクトモデル・コンセプト」は、トランスフォーメーションの土台となる。

PARY Ⅵ「プロダクトモデルの実践」では、プロダクト組織が顧客、営業、プロダクトマーケティング、財務、ステークホルダー、経営幹部と建設的かつ効果的なパートナーシップをどのように構築すれば良いかについて説明する。

次に、PART Ⅷでは、組織を大規模な変化へと導くのに役立つ「トランスフォーメーションのテクニック」について説明する。変革は間違いなく困難だが、トランスフォーメーションを促進するためにデザインされたいくつかの重要なテクニックと戦術がある。まず組織のアセスメントについて紹介し、その後さまざまな戦術を紹介する。また、継続的

なトランスフォーメーションのエバンジェリズム（伝道、啓蒙）の重要性についても説明する。

すでにお気づきかもしれないが、ここにはちょっとしたジレンマがある。新しい働き方をしたことがない会社や、プロダクトモデルで働いたことのあるリーダーがいない会社はどうやってこの新しい働き方を学べばよいのだろうか？

書籍や各種トレーニングは助けになるが（著者や講師が、自身が何を言っているのかわかっていればの話だが）、それだけでは十分ではない。リーダーたちがこれまでプロダクトモデルで働いたことがない場合に、どのようにして新しいモデルに移行すれば良いかをこのPARTで探っていく。

次に、PART X「反対を乗り越える」では、営業、マーケティング、カスタマーサクセス、財務、人事、CIO、PMO（プログラムマネジメントオフィス）、CEO、取締役会など、各主要ステークホルダーからよく出るさまざまな懸念、そしてプロダクト組織内部から生じる反対意見について取り扱う。

紹介するものはすべてもっともな懸念や反対意見であり、通常は悪意なく提起される。なぜなら単に、問題を認識しているのにその問題がどのように対処されるかわからないためだ。これらの反対意見を一つひとつ検討し、乗り越える方法について説明する。

PART XI「トランスフォーメーションに不可欠なこと」では点と点を結び、トランスフォーメーションのケーススタディに共通するテーマや成功の鍵など、本書で議論した重要なポイントを要約する。

プロダクトリーダーへの愛のムチ

トランスフォーメーションを成功させるのは難しく、多くの場合、関係する人たちが本来は聞きたくないような厳しい問題に取り組む必

要がある。

そこで、その精神から、まずはプロダクトリーダー[5]に向けた愛のムチから始めようと思う。

会社の経営幹部がトランスフォーメーションを支援する上で、大きな役割を担っていることに疑問の余地はない。

しかし、多くのプロダクトリーダーが驚くのは、プロダクトリーダーにも少なくとも同じくらいやるべきことがあることだ。

多くのプロダクトリーダーが経営幹部さえやり方を変えればすべてがうまくいくだろうと信じていることに、実に困惑する。自分自身が変わることよりも他の人たちに変わってもらうことにエネルギーを注いでいるのだ。

プロダクトマネジャーの能力が低いと文句を言う。

自分に権限がないと文句を言う。

仕事にコミットしていないように見えるエンジニアがいると文句を言う。

自分を信頼してくれないステークホルダーがいると文句を言う。

詳細なプロダクトロードマップを要求してくるCEOがいると文句を言う。

しかし、こういった問題のそれぞれが、自分自身の行動(もしくは行動しないこと)の結果であることに気づいていないように見える。

もし、プロダクトリーダーがプロダクトに関わる人たちのスキルレベルを上げることに責任を持とうとしなかったり、採用のミスを改善しようとしなかったりすれば、プロダクトチームは必要なレベルの能力を欠いた人材で固められてしまうことになる。

---

[5] 本書での用語の使い方を明確にしておく。プロダクトマネジャー、プロダクトデザイナー、テックリード、そして他のエンジニア、データサイエンティスト、ユーザーリサーチャーは、すべて一プレイヤー(Individual Contributor)である。「プロダクトリーダー」は、プロダクトマネジメント領域、プロダクトデザイン領域、エンジニアリング領域のマネジャーを指す。「経営幹部」は、会社の経営レベルのリーダー(CEO、CFO、COO、CMO、CROなど)を指す。

そのような場合、チームがエンパワーされていなかったとして誰が驚くだろう？　エンジニアが傭兵のように振る舞ったとして誰が驚くだろう？

ステークホルダーがプロダクトマネジャーを信頼しないとして誰が驚くだろう？

プロダクトに関わる人たちが弱いにも関わらず、その責任者であるプロダクトリーダーをCEOが信頼しないとして誰が驚くだろう？

より広く言えば、プロダクトリーダーとしてトランスフォーメーションに乗り出すあなたが心に留めておくべき重要なことが二つある。第一に、あなたがどれだけ権限を持てるかどうかは、あなたがどれだけ信頼を得られるかどうかにかかっている。そして第二に、プロダクトリーダーとしてのあなたの仕事の一つは、人々の心と考え方を変えることである。

プロダクトモデルへ移行するために、経営幹部に変わらなければならないことが多いのは事実だが、プロダクトリーダーとプロダクトチームにはさらに大きな変化が求められる。

私たちは本書で、あらゆる側面から必要な変化を明確にするつもりだ。プロダクト組織がレベルを引き上げることが成功の始まりとなるのだ。

Part II

トランスフォーメーションの定義

トランスフォーメーションに関しては多くのアンチパターンがある。

多くの人たちがトランスフォーメーションの失敗を目撃してきた一方で、真の成功を目撃した人は少ない。

そのため、トランスフォーメーションの成功からの学びは格別に貴重なものとなる。

「トランスフォーメーションすれば、以前はできなかった何かができるようになるのか？」という質問をよく受ける。プロダクトの世界ではアウトカム（結果から生まれた価値や成果）が重要事項なので、これは正しい質問だと思う。

本書では、トランスフォーメーションを遂げた企業の能力と成果、特に脅威に対応し、新たな機会を活用する能力を強調する。

しかし、企業のリーダーが真にトランスフォーメーションが必要だと信じているとして、果たしてそれは何を意味するのだろうか？

「アジャイルへのトランスフォーメーションは必要だが、それだけでは決して十分とは言えない」と聞いたことがある人は多いだろう。

もしくは「トランスフォーメーションの核心は、機能開発チームからエンパワー[6]されたプロダクトチームへの移行である」という言葉を聞いたかもしれない。

もしくは、「目標はプロダクト主導型企業へとトランスフォーメーションすることだ」という言葉だろうか。

これらの発言はそれぞれ、トランスフォーメーションの具体的な側面について語っているのかもしれないが、トランスフォーメーションが真に意味するものの全体像を示してはいない。

そこで本書では、違うアプローチをとる。

「アジャイル」、「エンパワーされたチーム」、「プロダクト主導型企業」といったラベルを貼るのではなく、実際に何を変えるのかを見ていく方

---

6 訳注：力を与えること。さまざまな要素で動機づけをしたり、実際に権限を与えて意思決定ができるようにしたり、訓練の機会を与えることで実際の能力やスキルを獲得できるようにすることなど、広範なニュアンスを含む。

が有益だと考える。

本書では、プロダクトモデルを三つの異なる側面での変化として説明する。

1．作り方を変える
2．問題解決の方法を変える
3．解くべき問題の決定方法を変える

作り方を変える

アジャイルはかなり前から存在しているにもかかわらず、いまだに多くの企業が月次や四半期ごと（あるいはもっとひどい頻度）のビッグバンリリースから抜け出せないでいる。

いわゆるエセアジャイル[7]が台頭してきたことで、企業は自分たちにとって必要なやり方で作業できていると信じることにより自分たちをごまかしているだけで、実際には意味ある形でプロダクト構築のやり方を改善できていない。

会社と顧客は信頼できるサービスの提供を求めている。

そのためには頻繁で、小さなリリースが必要となる。また、利用するテクノロジーを計測可能な状態にすることで、そのテクノロジーがどのように機能し、どのように利用されているかを把握できる必要がある。また、利用しているテクノロジーを監視し、できれば顧客よりも先に問題を発見できるようにする必要もある。そして、新しい機能を広くデプロイする前に、その機能が必要な価値を提供できることを証明できるよ

---

7 「エセアジャイル」の最もひどい例はSAFeだ。しかし、スクラムの基本を実践しながらも、月一回や四半期に一回しかリリースできていないチームも、アジャイルの実際の恩恵を受け損ねていると言える。

8 「真のリリース」の意味するところはプロダクトの種類によって異なるが、ここでは新しい機能を顧客の手に成功裏にデリバリーできている状態を指す。

うにする必要もある。

もし継続的デリバリーを行っていないとしても、少なくとも二週間に一度以上の頻度で真のリリース[8]を行う必要がある。

問題解決の方法を変える

企業が機能開発チームからエンパワーされたプロダクトチームへのトランスフォーメーションについて語るとき、だいたいそれは問題解決の方法を変えることを指している。

ステークホルダーが自分たちの考えるソリューション（機能やプロジェクト）に優先順位をつけてロードマップの形にし、それを機能開発チームに提供するやり方ではなく、プロダクトチームに解くべき問題を割り当て、プロダクトチームに価値、ユーザビリティ、実現可能性、事業実現性のあるソリューションをディスカバリー（探索、発見）してもらうようにエンパワーするのだ。

ここでのポイントは、最良のソリューションの決定権を実現技術に最も近しい人たち、そしてその技術を利用するユーザーたちへ委ねる点である。

実践的に言うと、作る価値のあるソリューションを見つけ出すためにプロダクトのアイデアを迅速にテストする（これをプロダクトディスカバリーと呼ぶ）スキルを開発する。そして、プロダクトチームが成功に必要な職能横断（クロスファンクショナル）型のスキルを備える状態にするために、エンジニアとプロダクトデザイナー[9]に対して、顧客、データ、ビジネス、業界に精通する適正なプロダクトマネジャーを割り当てるのだ。

この変化はチームと社内のステークホルダーとの関係性が変わること

---

9 訳注：物理的な製品に関わるデザイナー（工業デザイナー）のことを想起しやすいが、近年ではソフトウェアプロダクトやソフトウェアサービスに包括的に関わるデザイナーについてもプロダクトデザイナーと呼称されるようになってきている。

を暗に示している。プロダクトチームはステークホルダーに従属的な関係から協調的な関係へと移行する。また、顧客に愛され、かつビジネスにも有効なソリューションは、プロダクトチームがディスカバリーしなければならない。

解くべき問題の決定方法を変える

　プロダクトディスカバリーに習熟し、顧客に愛され、かつビジネスにも有効な方法で、チームが難しい問題を継続的に素早く解決できるようになれば、それは誰の目から見ても大きな飛躍であろう。しかし、それは「なぜその問題を、解くべき最も重要な問題だと判断したのか？」という問いの答えにはならない。旧来のモデルでは通常、解くべき問題を決定するのはステークホルダーだ。

　プロダクトモデルでは、新たに重要なコンピテンシーとしてプロダクトリーダーシップの仕事がある。

　どんな企業でも、なんらかの脅威と多くの機会に向き合っており、どの脅威を真剣に受け止め、どの機会を追求するかの決断が成功と失敗の分かれ目となる。

　強いプロダクト企業には、人を惹きつけるプロダクトビジョンとインサイト（洞察、深い理解）に基づいたプロダクト戦略がある。そこから、ビジネス目標を達成するために解くべき最も重要な問題が導かれる。

　ここでいくつか重要な注意点がある。

　まず、これらの三つの側面のすべて、つまり、「作り方を変える」、「問題解決の方法を変える」、「解くべき問題の決定方法を変える」ことは、強力なプロダクトリーダーグ（プロダクトマネジメント領域、プロダクトデザイン領域、エンジニアリング領域のリーダー）の存在にかかっている。なぜプロダクトリーダーシップが非常に難しいのか、その一端を感じてもらえればと思う。プロダクトチームのメンバーにはコーチングと戦略的背景の提供が必要になる。

Part II　トランスフォーメーションの定義

第二に、大きな視点で見ると、これら三つの側面のそれぞれをトランスフォーメーション進行のステップとして扱うことができる。実際、これがトランスフォーメーションへのアプローチ方法の一つだ。現実にはそれぞれ三つの側面はグラデーション的であり、異なる側面を並行して進行できるし、実際にそのように進行すべきだ。この点については、PART VIII「トランスフォーメーションのテクニック」で詳しく説明する。
　ここまでを要約すると以下の通りだ。

- 「作り方（とデプロイ方法）を変える」とは、四半期ごとの大きなリリースから、小さく、継続的で、頻繁なリリースへと移行することを意味する。これは、Time to Market（市場投入までの時間）を継続的に改善するための鍵となる。
- 「問題解決の方法を変える」とは、ステークホルダー主導でロードマップが与えられる機能開発チームから、解くべき問題が与えられたエンパワーされたプロダクトチームに移行することを指す。そして、価値、ユーザビリティ、実現可能性、事業実現性のあるソリューションを考え出すために、チームはプロダクトディスカバリーを行う。その実行を通して、顧客とビジネス両方のためになるソリューションを見つけ出す。この変化は、Time to Money（収益を得るまでの時間）を継続的に改善するための鍵となる。
- 「解くべき問題の決定方法を変える」とは、通常、最も重大な変化だ。どの機会を追求するか決め、どのように投資を最大限に活用するかの決定の後押しとなる。また、プロダクトビジョンやプロダクト戦略も必要だ。この変化はテクノロジーへの投資に対するリターンを最大化するための鍵となる。

　自社にどのようなトランスフォーメーションが必要なのか、また、その旅路における現在地がどこなのかを、今よりもさらに全体性を持って

考えるのに、この考え方の枠組みが役立つと嬉しい。

　次からの三つのCHAPTERでは、三つの側面のそれぞれを掘り下げ、なぜこの三つの変化が強力なプロダクト企業にとってそこまで重要なのかを説明する。

　これらの概念はやや技術的な領域かもしれない。しかし、ビジネスと顧客にとっての重要性とその価値を理解するのに、技術に関する深い知識は必要ないので安心してほしい。

CHAPTER 7

作り方を変える

　テクノロジーへの投資の目的は、顧客と会社に対する価値を創造することにある。
　価値を創造するために重要となる点はいくつかあるが、結局のところ、プロダクトを作る上で必要になる最も重要なスキルはエンジニアリングだ。
　また、多くのテクノロジー企業にとって、エンジニアは最も大きなコストでもある。
　旧来のモデルでは通常、各テクノロジーへの取り組みをプロジェクトとして扱う。
　各プロジェクトでは、資金を調達し、人員を配置し、計画し、実行し、納品する。プロジェクトは納品とともに終了し、人員は他の仕事に移る。
　ここで理解してほしいのだが、作られたものにはすべて、価値を生み出す可能性のある二つのアウトプットが含まれている。作ったもの自体、そしてそこから得る学びだ。
　プロジェクトモデルではそのような学びの大半は失われてしまう。
　再びその分野に取り組もうとした時には、学び直しにまた時間とお金

を費やすことになる。あるいは、学び直そうとせずに、コストの高いミスを犯してしまうことの方がよくあるかもしれない。

さらに、プロジェクトが終了した時点でそのプログラムコードを手放すとわかっているチームと、自分たちが書いたコードを運用しなければならないチームではその扱い方は異なる。これが、プロジェクトモデルにおいて技術的負債が蔓延する理由である。

これは、家を売るためにリフォームするのか、自分が住むためにリフォームするかの違いに似ている。前者の場合、壁紙の上からペンキを塗ったほうが早くて安上がりだし、後でペンキがはがれようが知ったことではない。

アウトソーシングがこのような方法で行われているのは偶然ではない。もし、このような働き方をしたいのであればAccenture社と契約した方が良いと私たちはよく言っている。というのも、あなたよりもAccentureの方がこの方法で仕事するのが上手だからだ。

しかし、プロダクトモデルでは、このような仕事のやり方は時間的にも金銭的にもコストがかかりすぎる。そして、さらに重要なこととして、顧客や自社が必要とするイノベーションがこの方法で実現されることはほぼない。

だからこそ、トランスフォーメーションは「作り方を変える」ことから始まるのだ。そしてそれは、「プロジェクト」から「プロダクト」に焦点を移すことを意味する。

プロダクトモデルでは、継続的な取り組みとしてプロダクトがマネジメントされる。通常は数年にわたり、毎週(強力なプロダクト企業では一日に何度も)改善を提供し続ける。

チームの仕事は新機能を追加することから、追加収益の創出、運用コストの削減、あるいは会社が必要とするあらゆるものへ対応することへと変化するかもしれない。また一般的に、チームはプロダクトへと投資をし続け、それは企業がプロダクトへの投資を中止し、既存の収益を維持するだけにすると意思決定するか、プロダクトの完全な終了を決定す

るまで続く。

このような継続的開発のモデルには、小さく、頻繁で、信頼できるリリース手段が必要となる。

直感に反するように聞こえるかもしれないが、作るものが多ければ多いほど、また変更点が多ければ多いほど、リリースの頻度は高くした方が自社にとって、そして何より顧客にとってはるかに良いということをデータが示している[10]。強力なプロダクト企業はそれを何年も前に学んだ。

信頼性の高いサービスを顧客に提供することを本当に大切にするのであれば、多数の変更をまとめて一度にデリバリーしようとする（業界ではビッグバンリリースと呼ばれる）よりも、少しの変更が適切に機能し、不慮の問題も発生しないことを確認しながらリリースする方がはるかに簡単なことなのだ。

重要なポイントをはっきりさせておくと、もし各プロダクトチームが少なくとも二週間に一回はリリースしていないなら、必要な顧客ケアはできなくなる[11]。

さらに、新しい機能は確実に計測されている必要がある。デプロイするものすべてについて、プロダクトが適切に動作していることを確認し、顧客が実際にプロダクトをどのように利用しているかを理解するためだ。また、プロダクトを継続的に監視し、問題があった場合は、できれば顧客より先にそれを検知する必要がある。重要な変更を行う場合は、その新しい機能が必要な価値を提供できることを、広くデプロイする前に証明できる必要がある（一般的な方法はA/Bテストだ）。

こういった方法は自社のプロダクトのタイプには当てはめられないと思うかもしれない。また、顧客は頻繁なリリースよりもむしろ、リリースの頻度を下げてほしがっていると指摘したいかもしれない。

10　『LeanとDevOpsの科学［Accelerate］テクノロジーの戦略的活用が組織トランスフォーメーションを加速する』（インプレス、2018年）を参照のこと

11　「自分たちにこれはできない」という、よくある言い訳をたくさん耳にすることになるだろう。それについてはPART X「反対を乗り越える」で取り上げる。

CHAPTER 18「プロダクトデリバリー」では、この方法があなたと顧客の両方にとって重要である理由や、この仕事の仕方を後押しする原則、そして実行するための仕組みについて説明する。

アジャイルとアジャイルコーチについての注意

　アジャイルという言葉を聞いたことがあるだろう。過去20年間で、多くの企業がアジャイルのプロセスに移行した主な理由は、その手法がプロダクトチームに対して、継続的で、小さく、頻繁なリリースを達成するための強制的な機能を提供していたからだ。

　小さく頻繁なリリースに移行するには、多大な投資（主にテスト自動化とデプロイ自動化に対する投資）となるが、アジャイルの手法を採用し、二週間に一回以上の頻度でリリースができるようになったのであれば、会社と顧客にとって真の価値をもたらしたと言える。

　とはいえ、継続的で、小さく、頻繁なリリースを行うためにアジャイルの手法が必須なわけではない。

　実際、正式なアジャイルプロセスや手法に従っているわけではないが、非常に小さなリリースを継続的にデプロイする能力（継続的インテグレーションと継続的デプロイメント。CI/CDと呼ばれる）をマスターしている世界的に優れたプロダクトチームは多くある。

　アジャイルコーチ、アジャイルのミーティング、アジャイルの役割、アジャイルの手法、アジャイルのプロセスを適用するために多くの時間とお金を投資し、その多大なコストと時間を持ってしても、まだ四半期ごとのリリースしかでさず顧客に苦痛を与えている組織とは対照的だ。

　そして、はっきりさせておきたい非常に重要な点がある。もしあなたの会社がいまだに年ごとや四半期ごと、あるいは月ごとにしかリリースしていないのであれば、どれだけ多くのアジャイルのミーティ

Part II トランスフォーメーションの定義

CHAPTER 7 作り方を変える

53

ングを行おうが、どれだけ多くのいわゆるアジャイルコーチを雇おうが関係ない。真実として、あなたはいかなる意味においてもアジャイル（あるいは辞書通りの意味である「機敏」）ではない。その投資から利益は享受できておらず、顧客やビジネスとって必要な対応はできていない。

多くの企業が何百万ドルもかけてアジャイルプロセスに移行したのは、それこそがトランスフォーメーションなのだと考えてしまったからだ。にもかかわらず、その労力に見合うだけの意味ある成果はほとんど出ていない。もしあなたがその状況なら不満でたまらないことだろう。

アジャイルの旗印を掲げるかどうかにかかわらず、各プロダクトチームが、二週間に一回以上の頻度で、小さく、信頼できるリリースを提供できるところまで持っていく必要があるのだ。

もし現在のチームでできないのであれば、経験豊富なエンジニアやエンジニアリングリーダー、あるいは真のプロダクトデリバリーコーチを迎え入れて、その方法を教えてもらう必要があるだろう。

CHAPTER 8

問題解決の方法を変える

　何を作るにしても、構築、テスト、デプロイの方法を変えることは重要である。しかし、ただ効率的なだけの機能開発工場になってしまう企業も多い。

　以前よりも多くの新機能をリリースしているにもかかわらず、顧客にとっての価値やビジネスインパクトが生まれていないのだ。

　現実として、今日のほとんどの企業において、プロダクトロードマップ上の機能やプロジェクトのうち、実際にプラスの投資対効果を生み出している割合は憂鬱なほど少ない。ほとんどの業界アナリストは、その割合を10～30％の範囲内だとしている。

　もし、あなたの会社が必要としている機能のリストと、新しくリリースした機能が生み出しているインパクトを比較し、そのリターンについて良い印象を持っていないのであれば、問題解決の方法を変える必要がある。

　問題の根本は、機能開発チームがビジネスに有効な形で顧客を満足させるために存在しているのではなく、ビジネスステークホルダーを満足させるために存在してしまっていることにある。

つまり、ビジネスリーダーやステークホルダーは、それぞれ自分たちの特定の業務上のニーズを元にして、自分たちのビジネス上の責務を果たすのに役立つであろう機能やプロジェクトのリストをまず作成し、そして、そのリストの項目に優先順位を付けて機能開発チームに渡し、期日と成果物を記載したプロダクトロードマップの提出を機能開発チームに求める。

では、なぜこういった機能のほとんどが、実際に期待通りのリターンを生み出さないのだろうか？

まず、これらの機能の一つひとつは、根底にある何らかの問題に対する潜在的なソリューションの一つに過ぎないと理解する必要がある。その根底にある問題は顧客の問題（例えば、顧客がプロダクトの使い方をうまく理解できていないという問題）かもしれないし、あるいは会社の問題（例えば、プロダクトを提供するのにコストがかかりすぎているという問題）かもしれない。

従来の機能開発チームモデルでは、ロードマップ上の機能は、機能開発チームのデザイナーによってデザインされ、機能開発チームのエンジニアによって構築される。しかし、その機能が顧客や会社に価値を提供できるかどうかの責任は、通常、ロードマップ上でその機能を要求したステークホルダーにある。しかし、ステークホルダーはたとえ自分自身のニーズを理解していたとしても、テクノロジーパワードなプロダクトに不可欠な実現技術について深く理解しているわけではない。また、ユーザーや顧客と頻繁に対話することで得られる、最新のニーズや問題を理解できていないことも多い。

その結果、機能開発チームモデルでは、機能開発チームにビジネス成果に対する説明責任を問うことができない。チームは機能というアウトプットを生産するためだけに存在している。もし構築した機能が期待されるアウトカムを生み出さなかったとしても、チームは単に「言われたものを作っただけだ」と言うだけだろう。

そして、その機能を決定したステークホルダーすら失敗の責任を取り

たがらないだろう。出荷された機能が自分たちが期待していたものではなかったとか、デリバリーに予想以上に時間がかかったと主張するに違いない。その結果、ステークホルダーと機能開発チーム間の信頼関係が足りない、というよくある不満につながる。

このような働き方が生み出すもう一つの深刻な問題は、「孤立した機能」が多く生まれてしまうことにある。つまり、実際の価値を生み出さず、次の改修の機会もほとんど来ないような機能のことである。その結果、技術的負債が急速に蓄積し、たちまちチームの手に負えなくなり、チームのスピードを劇的に落とすことになる。最悪の場合、ビジネスを崩壊させることもある。

どのような理由であれ継続的に価値を創造する（顧客のためにイノベーションを起こす）能力がなくなってしまうと、競合他社が自分たちよりも魅力的なソリューションを顧客に提供するようになるのは時間の問題だろう。これは、数え切れないほどの企業に起こってきたことだ。

価格を下げたり、巧妙なマーケティングや販売プロモーションを展開することはできるだろうが、そういった手段は、せいぜい避けられない事態を多少遅らせるに過ぎない。最終的には、他社があなたの顧客に、もはやあなたには真似できない方法でサービスを提供することになるだろう。

解くべき問題によってチームをエンパワーする

ここで、プロダクトモデルにおけるエンパワーされたプロダクトチームと対比してみよう。エンパワーされたプロダクトチームには構築すべき機能やプロジェクトのロードマップを与えられるのではなく、解くべき問題や達成すべきアウトカムが与えられる。

エンパワーされたプロダクトチームは関係するステークホルダーとともに、ステークホルダーが求めている具体的な機能から逆算し、顧客やビジネスにとって根底にある問題が何かを導き出し、成功をどのように

計測するのか、そして、達成すべきアウトカムが何かを議論する。

　エンパワーされたプロダクトチームは、単にステークホルダーが求める機能を実装するのではなく、顧客とビジネスの両方にとって有効なソリューションを考え出すことを任務とするのだ。

　これは、価値があり（顧客が購買または利用を決定する）、ユーザビリティが高く（ユーザーが利用方法を理解できる）、実現可能であり（エンジニアがチームの時間、スキル、技術で解決できる）、事業実現性のある（マーケティング、営業、財務、サービス、法務、コンプライアンスなどの制約の観点からもビジネスに有効である）ソリューションを考え出す任務を持つことを意味する。

　ではなぜ機能開発チームよりもエンパワーされたプロダクトチームが良い結果を生むのだろうか？

　オーナーシップ意識の高さによって士気が向上することや、潜在的なソリューションをユーザーや顧客に直接テストすることによって知識獲得ができることなどの明白な理由はもちろんのこと、そもそも強力なプロダクト企業においては、技術革新にはエンジニアの力が不可欠であることが理解されており、エンパワーされたプロダクトチームが強力な資産を活用できるようにデザインされているからだ。

　機能開発チームにおいては、エンジニアは単に要求されたものを作るためだけに存在し、デザイナーはそれを綺麗に見せるためだけに存在している。事実上の傭兵に過ぎない。さらに悪いケースだが、エンジニアをアウトソーシングした場合、それは文字通り傭兵だ。

　しかし、エンパワーされたプロダクトチームにおいては、エンジニアはただ作るためだけ、デザイナーはただデザインするためだけにそこにいるわけではない。チームは正しいソリューションを見つけ出すための支援をする責任も負っている。これが、「エンパワーされたプロダクトチーム」という言葉の意味するところである。

　エンジニアは、日々、実現技術に触れながら仕事をしているため、今現在、何が可能なのかを知る理想的な立場にいる。

エンパワーされたエンジニアがプロダクトマネジャーやプロダクトデザイナーと協働し、さらにはユーザーや顧客と直接接するのを目にすれば、世の中で愛されている革新的なプロダクトやサービスがそのように生まれてきたのだとわかってくることだろう。

　私たちは、エンパワーされたエンジニアの果たす役割を特に強調している。なぜなら、一般的にトランスフォーメーションできていない企業では、エンジニアに対する考え方を根本的に変える必要があるからだ。その事実を裏付ける根拠は、エンジニアのアウトソーシングの度合いが他の役割のアウトソーシングの度合いと比較して高いからである。

　効果的で魅力的なユーザー体験をデザインする技能の訓練を受けた優秀なプロダクトデザイナーと、顧客とビジネス制約の両方を理解する訓練を受けた有能なプロダクトマネジャーがエンパワーされたエンジニアと組み合わされば、顧客に愛され、かつビジネスにも有効な方法で難しい問題を解決するために必要となる、職能横断型のスキルセットが揃ったと言える。

プロダクトディスカバリー

　成果に責任を負うエンパワーされたプロダクトチームにとって、Time to Market（市場投入までの時間）はもちろん重要だが、さらに重要なのはTime to Money（お金が得られるまでの時間）だ。言い換えれば、必要なアウトカムを達成するまでの時間である。

　エンパワーされたプロダクトチームが、ある機能をリリースしたにもかかわらず、そこから必要なインパクトが得られなかった場合、チームはインパクトが得られるまでその機能やアプローチの改善を繰り返す。

　Time to Moneyがプロダクトチームの目標になると、チームは特定のプロダクトのアイデアやアプローチがうまくいくかどうかを素早く判断したくなる。そこでプロダクトディスカバリーだ。

　さまざまなアイデアを実際に作ってしまって何がうまくいくかを調べ

ることも可能ではあるが、それでは非常に時間がかかってしまうし、たくさんの悪いアイデアを顧客にさらしてしまうことになる。その代わりに、プロダクトチームはアイデアやアプローチを素早くテストするためのテクニックやツールをフル活用する。

多くの場合、プロダクトチームはプロトタイプを作成する。プロトタイプにはさまざまな形があるが、どれも非常に素早く低コストで作成できる。さまざまなリスクや仮説をテストできるように、さまざまなプロトタイプを設計する。

大雑把に言うと、プロダクトディスカバリーでのアイデアのテストはエンジニアが実際のプロダクトを作り、テストし、デプロイするよりも、少なくとも1桁少ないコストと時間で済むはずだ。多くの場合、約100分の1のコストになる。

一般的な機能が、必要なビジネス成果を生み出すところに到達するまで（Time to Money）には、平均して3〜5回のイテレーション（反復的な取り組みや開発）が必要である。従来型の機能開発チームがその一つ一つのイテレーションに数カ月をかけていると、その機能が望ましいリターンを生み出すまでに、およそ1〜2年かかってしまうことになる。そうなると、そもそもステークホルダーはその反復的な取り組みをプロダクトロードマップに載せ続けようとはしないだろう。

対照的に、エンパワーされたプロダクトチームに解くべき問題が割り当てられ、チームにプロダクトディスカバリーに必要なスキルが備わっていれば、3〜5回のイテレーションは数日から数週間で完了する。そしてその新しいバージョンが顧客の手に渡り、ほんの数週間後には必要なビジネス成果を生み出すのだ。

エンパワーされた小さなプロダクトチームが、大規模な企業の機能開発チームに比べてなぜこれほど継続的に成果を上げているのか不思議に思ったことがあるとしたら、これがまさにその答えの核心だ。

問題解決の方法を変えるために必要なこのスキルの開発方法については、CHPATER 17「プロダクトディスカバリー」で説明する。

ステークホルダーとの真のコラボレーション

　お金と時間が節約できること以上に、問題解決の方法を変える重要なメリットは顧客のために継続的に価値を生み出す仕組みが作られることにある。

　ビジネスステークホルダーに奉仕する従来型の機能開発チームではなく、ビジネスに効く方法で顧客に奉仕するために設計された、エンパワーされたプロダクトチームが存在することになるのだ。

　この違いは決して小さなものではない。組織の力学を根本的に変えるものだ。

　しかし、注意点もある。

　主要なステークホルダーの中には、テクノロジー部門のリソースをコントロールできなくなることを快く思わない人もいるだろう。受け身的に抵抗する人もいれば、積極的に抵抗する人もいるはずだ。組織のトップから目に見える形の真の支援がなければ、多くの場合でトランスフォーメーションは失敗する。

　また、現在のプロダクトマネジャー、プロダクトデザイナー、エンジニアの中には、このような新たな責任を引き受けたがらない人や、引き受けられない人がいることも指摘しておきたい。

　実際、顧客の問題解決に責任を持つことは、ただ言われた機能を作ることよりもはるかに難しい。プロダクトチームには適切なレベルの人材を配置し、その人たちの成功に必要なコーチングと背景情報を提供する必要がある。この点については、PART III「プロダクトモデル・コンピテンシー」で説明する。

　プロダクトマネジャー、プロダクトデザイナー、エンジニアで構成される、強力で、職能横断型で、エンパワーされたプロダクトチームは、プロダクトモデルの本質的で核心となる概念だ。チームは、顧客に愛され、かつビジネスにも有効な方法で顧客の問題を解決するために協働する。この点は、CHAPTER 15「プロダクトチーム」で説明する。

アウトカムベースのロードマップ

　問題解決の方法を変えようとしているのであれば、こう考える必要がある。「その問題はどこから来ているだろうか？」

　旧来のモデルでは、問題は通常、プロダクトロードマップでニーズの優先順位を決める際にステークホルダーから出てくるものだった。プロダクトモデルに移行した企業では、こうした問題はインサイト主導のプロダクト戦略からもたらされる。

　しかし、プロダクト戦略というプロダクトリーダーシップスキルを獲得する前に、問題解決のスキルを身につけることに集中したい場合はどうすればいいだろうか？　そのような場合に有効なトランスフォーメーション戦術がある。「アウトカムベースのロードマップ」だ。

　世の中のほとんどのプロダクトロードマップはアウトプットのリストに過ぎないため、仮にステークホルダーのところに行って「解くべき問題を提示してほしい」と求めたとしても混乱を招くだけだろう。そのロードマップは解くべき問題のリストではなく、構築すべき機能のリストになってしまっているのだ。

　しかし幸いなことに、解くべき問題を逆算することは難しくない。

　既存のアウトプット指向のプロダクトロードマップを開始点とし、そのロードマップの各項目を通して、各機能が解決したい問題は何か、成功の指標（期待されるアウトカム）は何かを特定する方法だ。

　逆算して変換する前と取り組む問題に変わりはないが、プロダクトチームが潜在的なソリューションを探索する際に、ある程度の自由度が与えられることになり、チームがアウトカムに焦点を当てられるようになる。そして、そのアウトカムを達成するためのプロダクトディスカバリーのテクニックも学ぶこともできる。

　そしてアウトカムベースのロードマップのもう一つのメリットは、ステークホルダーが機能や期日の話題から離れ、解くべき問題やアウトカムについて話し合うようになることである。

CHAPTER 9

解くべき問題の決定方法を変える

　ここまでで、「作り方を変える」必要性と「問題解決の方法を変える」必要性について話してきた。しかし、解くべき最も重要な問題をどのように決定するかについてはまだ話をしていない。

　既存のプロダクトロードマップをもとにして、機能やプロジェクトごとの解くべき根本的な問題が何を逆算し、成功を測る論理的な方法が何かを判断するだけであれば難しいことはない。これは、機能のロードマップからアウトカムのロードマップに移行するシンプルで簡単な方法だ。(CHAPTER 8の囲み記事で説明した、アウトカムベースのロードマップのことだ。)

　これは決して難しいステップではなく、エンパワーされたプロダクトチームに単に解くべき問題と明確な成功の指標を提供するだけでも、その問題に対して顧客とビジネスにとって、以前よりもはるかに優れたソリューションを生み出し始めるきっかけとなる。

　しかし、それらの問題は本当に顧客や自社にとって解くべき最も重要な問題なのだろうか？

　どんな企業にも一定量の機会があるし、またどんな企業も一定量の脅

威に直面している。

あなたの会社は、追い求めるべき最良の機会を選択し、また深刻に取り組むべき脅威に焦点を合わせることにどれだけ厳格に取り組めているだろうか？

プロダクトプランニングをディスラプト（破壊）する

ほとんどのステークホルダー主導の機能開発チームモデルの企業では、年に一回、何らかの形でプロダクト計画を作るプロセスがある。ここで、ステークホルダーは自分が最も重要だと考えるプロジェクトについて持論を展開する。

財務組織が決定者の役割を担い、提出されたビジネスケース[12]に基づいて決定を下す企業が多い。

ステークホルダーが経営層の前で自分たちの言い分を訴え、経営チームが決定を下す企業もある。

しかし、説明責任を本当に重視する企業は、事前に約束した成果よりも実際に達成された成果を追跡しており、その結果、上記の両方のアプローチがいずれも継続的な良い意思決定にはつながっていないことに気がついている。その主な理由はインプットデータが良くないからである。書籍『INSPIRED』では、なぜそうなるのか、そして優れたプロダクトチームはその代わりに何をしているのかについて詳しく説明している。

プロダクトプランニングとは解くべき問題を決めることだ。「解くべき問題の決定方法を変える」ことがプロダクトモデルへの移行の三つ目の側面だ。

---

12 訳注：事業内容や見込まれる利益、想定されるリスクなど、事業投資をおこなう合理的根拠を示すための文書

ディスラプトされる前にディスラプトする

　この三つ目の変化がどれほど根本的なものであるかは見落とされがちだ。他者にディスラプトされる前に自らをディスラプトしてきた多くの企業には、この要素が備わっていたことを認識できていないのだ。

　ここで一つ仮定の話をする。あなたは競争上のプレッシャーや顧客のニーズや行動の変化によって、自社の主力プロダクトの大幅な世代交代が必要だと認識しているとする。しかし、それには大きな変化が必要で、プロダクトの製造、マーケティング、販売、配送、サービス提供の方法にまで影響を及ぼすことも理解している。

　いくらオフサイトミーティングを開いたり、経営コンサルタントを雇ったとしても、最終的にあなたの会社のステークホルダーが「自分たちをディスラプトする」ために必要なことを行うとあなたは信じられるだろうか？

　仮にステークホルダーがそう望んでいたとしても、ステークホルダーが座っているその会議室の中に答えがある確率は信じられないほど低い。テクノロジーと顧客から遠く離れた場所で意味のあるイノベーションを起こすのは非常に難しいことなのだ。

　おそらくあなたも、その可能性が極めて低いとお気づきのことだろう。

　プロダクトモデルはこの現実をよく踏まえている。プロダクト組織に必要なことをするための全権限が与えられるわけではない。しかしCEOの支援を受けて、プロダクトリーダーとプロダクトチームはステークホルダーと協力し、組織横断で必要なトランスフォーメーションを推進する。

　本書では、Trainline社（PART V）、Datasite社（PART VII）、Adobe社（PART IX）の三つの詳細なトランスフォーメーションのストーリーを通して、この非常にダイナミックな展開を紹介している。しかしここでも、何が起こるのかを大まかに説明しよう。

顧客中心のプロダクトビジョン

　多くの企業は、新たな営業機会への対応、競合他社のプロダクトへの対応、顧客の要望への対応、価格競争への対応など、さまざまな受動的な対応に時間を費やしている。しかし、強いプロダクトを提供する企業はそれらの要因に気を配りつつも振り回されることはない。

　このような企業を突き動かすのは、顧客の日々を意味ある形で向上させるプロダクトビジョンの追求である。

　また実際、強いプロダクト企業では、魅力的で刺激的なプロダクトビジョンこそが、プロダクトチームの人材を採用するための唯一にして最高のツールになっている。あなたがチームに欲しい人材は、まさにあなたのプロダクトビジョンを信じる人たちのはずだ。そういった人材は顧客の日々に変化をもたらすことを望んでいる。

　強力なプロダクトビジョンは、何年にもわたって（多くの場合3〜10年）組織にインスピレーションを与える。

　プロダクトビジョンは何よりもまず顧客に関するものであるべきだ。ユーザーや顧客の日々をどのように良くするのだろうか？

　どのように収益を高めるか、この四半期の優先事項は何か、プロダクトチームをどのように構成するかについてではない。それらのトピックも重要であり、そういった目標については後述するが、プロダクトビジョンの目的はあなたたちが創ろうとしている未来を描くことなのだ。

　会社にはプロダクトチームが何十、何百とあるかもしれない。プロダクトビジョンはそのビジョンを現実のものにするという共通の目標に向かって、多くのチームを団結させるものになる[13]。

13　インスピレーションを与えるプロダクトビジョンのおすすめの例を www.svpg.com/examples に掲載しているので、ぜひ見てほしい。

インサイト主導のプロダクト戦略

プロダクトビジョンが未来を描くのに対し、プロダクト戦略は、今解くべき最も重要な問題を特定する手段になる。

プロダクト戦略はビジネスの成功にとって最も重要な領域に焦点を絞ることから始まる。現実として、ほとんどの企業が一度に多くのことをやろうとしすぎている。そのため、結局はそれぞれの取り組みが希薄になり、ビジネスの真のレバーに対して進展していない。

伝説のCEO、ジム・バークスデール（Jim Barksdale）は「重要事項は、重要事項を重要事項に据え続けることだ」と言った。

「二兎を追う者は一兎をも得ず」ということわざもある。

主要な重点領域をいくつか特定したら、次に、賭けに出るべきインサイトを選びとる必要がある。

そのために定量的なインサイト（主に生成されたデータから得られる）と定性的なインサイト（主に顧客との直接対話から得られる）を継続的に調査し、さらには新しい実現技術の将来性や、関連する業界トレンドや技術トレンドからの影響も継続的に評価する必要がある。

このようなインサイト主導のプロダクト戦略を作り出すには、通常、会社に新しい筋力をつける必要があるが、強力なプロダクト戦略によって、技術投資が最大限活用されるという利益が得られる。良いプロダクト戦略は戦力倍増装置なのだ。

プロダクト戦略は、ビジネス戦略やGo-to-Market[14]戦略とは異なる。ビジネス戦略やGo-to-Market戦略をスキル高く立案しているものの、プロダクト戦略が完全に欠けてしまっている会社は多い。

実際、ほとんどの機能開発チームモデルの企業におけるプロダクト戦略は、さまざまなステークホルダーのためにできるだけ多くの機能を提

---

14 訳注：プロダクトを市場の顧客のもとに届け、利用を定着させるための一連の継続的な活動のこと

供することを試みる、というものになってしまっている。つまり、プロダクト戦略がまったくないと言っていい。

プロダクトリーダーシップの役割

　トランスフォーメーションを望むほとんど企業はプロダクトチームのレベルを引き上げる必要があることを理解している。シニアエンジニアの採用、熟練したプロダクトデザイナーの採用、有能なプロダクトマネジャーの採用だ。

　しかし、多くの企業は、プロダクトリーダーシップにさらに大きなギャップがあることに気がついて驚く。

　実際、多くの機能開発チームモデルの企業にはプロダクトリーダーが存在しない。プロダクトビジョンを持っていることはほとんどなく、プロダクト戦略を持っている可能性はさらに低い。機能開発チームモデルの企業における「プロダクト部門の責任者」の職務は、プロダクトモデルの企業におけるプロダクト部門の責任者の職務とはまったく異なる。

　一般的に、プロダクトモデルにおけるプロダクトリーダーは、メンバーをコーチングし育成することを主な役割としている。効果的かつ成功裏にソリューションを発見し、そのソリューションを提供するスキルをメンバーに獲得させるのだ。

　プロダクトモデルにおいては、プロダクトマネジメント、プロダクトデザイン、エンジニアリングのリーダーは絶対的に不可欠だ。解くべき問題の決定方法を変えるだけでなく、問題解決の方法を変え、作り方を変えるためにも必要である。

　解くべき問題を決定するために必要なスキルをどのように身につけるかについては、CHAPTER 16「プロダクト戦略」で説明する。

唯一の正しい方法は存在するか？

　プロダクトコミュニティに広範囲で非常によく見られる有害な誤解は、優れたプロダクトを構築する唯一の正しい方法がある、という主張である。

　このような混乱が起こるのは、ある人やあるチームが特定の方法論、テクニック、プロセスを試してみたところ素晴らしい成果が得られたため、その方法をコピーすればいいと思っているからだ。

　さらに良くあることとして、自分たちの特定のプロセス、フレームワーク、方法論、ツールを売りたいだけの人や企業が混乱を引き起こしている。

　一方で、プロダクトモデルは概念的なモデルである。

　これは、あなたが仕事について考えるための方法であり、処方箋でもプロセスでもない。唯一のフレームワークや方法論やツールは存在しないのだ。

　プロダクトの仕事は現実として、解くべき問題が非常に多岐にわたり、それぞれに異なるリスク特性、異なるタイプの顧客、異なるタイプの技術、そして、満たすべき異なる制約がある。

　仮に、すべての問題を成功に導くような一つのアプローチがあったとすると、そのアプローチは、それほど複雑でない仕事に対しては時間とコストがかかりすぎて過剰なものになるだろう。

　消費者向けデバイスの構築はAIを活用したSaaSサービスの構築とは大きく異なるし、単一プロダクトの組織であってもプロダクトの状況が劇的に異なることはよくある。

　だからこそ、私たちはプロダクトモデルの原則に焦点を絞っている。この原則は、複雑性、顧客、技術、業界に関係なく適用される。

　ある組織をアセスメントするときには、表面ではなくその内側を見る必要がある。その背景に何があるのか、チームが適切な選択をして

いるかどうかを理解するのだ。

　このような混乱の例はいたるところにある。CHAPTER 7で、アジャイルのミーティングに従い、アジャイルコーチを雇い、アジャイルの役割を配置しながらも、月に一度、あるいは四半期に一度しかリリースしてない組織が多くあると述べた。対照的に、アジャイルの手法や役割、ミーティングに必要性を感じていないにもかかわらず、継続的デリバリーを長い間実践している強力なプロダクト企業も多くある。どちらの組織が実際にアジャイルの根底にある原則に忠実であるかは明らかだろう。

　もう一つの例は、プロダクトモデル・コンピテンシーに関係するものだ。強力なプロダクト企業の中には、さまざまなコンピテンシーを組み合わせている企業がある。例えば、プロダクトデザイナーがフロントエンドエンジニアでもあることは珍しくない。これには明確なメリットがあるが、候補者の母集団はかなり少なくなるだろう。こういった企業がデザイナーの役割をどのように定義しているのかという点は論点ではないのだ。真の論点は、ムダを最小限に抑え、リスクに対処し、価値がありユーザビリティの高いプロダクトを生み出すために、デザイナーをどのように活用しているのかという点にあるのだ。

プロダクトモデル・コンピテンシー

旧来のモデルでは、プロダクトチームはビジネスのニーズに応えるため、より正確にはビジネスリーダーのニーズに応えるために存在している。

　しかしプロダクトモデルでは、プロダクトチームは顧客とビジネスの難しい問題を解決するために存在する。顧客に愛され、かつビジネスにも有効な方法でその問題を解決する。

　この違いは些細なことに聞こえるかもしれないが、チームの働き方や社内の他部門との関わり方という点において非常に大きな違いがある。

　この意味を少し考えてみよう。プロダクトモデルにおいては基本的に、問題に対する最良のソリューションを見つける責任と決定権を適切なプロダクトチームに委ね、そのチームに説明責任を持たせることになる。

　そのために、プロダクト作りにおける新しいコアコンピテンシーが必要となる。

　強いプロダクトは強いプロダクトチームによって生み出され、そしてその強いプロダクトチームは新しいプロダクトモデル・コンピテンシーを備えた人材によって構成される。

　このPARTでは、それらの重要で新しいコアコンピテンシーについてそれぞれ説明していく。あなたが何を探すべきで、何を期待すべきかの理解につながるはずだ。そして、裏付けとなるスキルや経験がないにも関わらず、新しい肩書きを適用しているだけの人に惑わされることもなくなるはずだ。

　この新しいコンピテンシーを確立するための取り組みを過小評価してはいけない。本書でこの後に語られるすべてのことは、このコンピテンシーの上に成り立つ。

　はっきり言っておくと、この新しいコンピテンシーを確立しようとしない限り、あなたのトランスフォーメーションへの希望はここで終わることになる。

　異なるコンピテンシーを中心にしてキャリアを築いてきた人たちは、この新しいコンピテンシーに脅威を感じるかもしれない。

　一方で、プロダクトモデルをキャリアの大きな機会と捉え、今後何年

にもわたって価値ある存在であり続けるチャンスだと考える人もいるだろう。また、すでに自分はできていると考えてしまって無視する人もいれば、数カ月後にはリーダーが関心を失うことを願いながら、ただ時が過ぎるのを待つことを選ぶ人もいるだろう。

　しかし同時に、既存の従業員にコーチングを提供することで、必要なコンピテンシーを備えた強力なプレイヤーに育てられることも強調しておきたい。一方で全員がそうなると思ってもならない。

　すべてはその人が学びたいと思うかどうか、そして新しいコンピテンシーの獲得を支援できるリーダーやプロダクトコーチがいるかどうかにかかっている。

　このPARTでは、新しいコアコンピテンシーについて説明するが、それぞれを学べるほど詳しく説明はしていない。

　これら専門的なコンピテンシーをそれぞれ学ぶには、通常数年を要する。また、私たちはこれらのコンピテンシーに必要なスキルやテクニックを伝える書籍、つまり『INSPIRED』と『EMPOWERED』をすでに出版している。

　むしろこのPARTでは、新しいコンピテンシーについての説明を通して、そのコンピテンシーの必要性を理解し、ここから紹介する職種の人に何が期待できるのか、また何を期待すべきなのかを知っていただきたい。

　また、この新しいコンピテンシーを自社に反映し人材を確保するために、自社のジョブディスクリプション[15]や職務階級の定義を変更することについて、今から考え始めてほしい。

　トランスフォーメーションにおける課題の一つは、多くの人が新しいコンピテンシーを実際に学んでいないのに、プロダクトモデルにおける新しい肩書きを適用してしまっていることにある。この問題は想像以上に深刻だ。

15　訳注：ある職務に期待される責任や業務内容、能力・スキルなどを記述したもの。社内での当該職務に対する期待調整や、人材採用の募集要件として利用される。職務記述書とも言う。

そこで本書では、コンピテンシーを効果的に判断できるようになるためのツールを提供したいと考えている。

プロダクトマネジャー、プロダクトデザイナー、エンジニア

典型的な職能横断型のプロダクトチームにおいては、三つの異なる具体的なスキルセットが必要となる。

それは、通常少なくとも三人の人材が必要なことを意味する。しかし、一人で複数のスキルセットをカバーできる場合もあるし、特定のタイプのプロダクトでは二つのスキルセットしか必要としない場合もある。

顧客やビジネスの問題を解決する場合、顧客に愛され、かつビジネスにも有効なソリューションを考え出す必要があることを思い出してほしい。

効果的なソリューションを見つけ出すために、チームは四つの異なるタイプのリスクに対処する責任がある。

1. 価値（Value）リスク：顧客はそのソリューションを買う、あるいは選ぶだろうか？
2. 事業実現性（Viability）リスク：そのソリューションは自分たちのビジネスに役立つだろうか？　法令を遵守しながらも効果的にマーケティング、販売、サービス、資金調達、収益化が可能だろうか？
3. ユーザビリティ（Usability）リスク：ユーザーは簡単に学習でき、利用でき、その価値を認識できるだろうか？
4. 実現可能性（Feasibility）リスク：今の人材、時間、技術、データで、そのソリューションを構築し、スケールさせられるだろうか？

職能横断型のプロダクトチームでは、以下が重要なコンピテンシーになり、それぞれが実行責任と説明責任を負う。

- プロダクトマネジャーは、「価値リスク」と「事業実現性リスク」に責任を持ち、プロダクトのアウトカム達成に全体的な説明責任を持つ。
- プロダクトデザイナーは、「ユーザビリティリスク」に責任を持ち、プロダクト体験(ユーザーや顧客がプロダクトと接するすべてのインタラクション)に全体的な説明責任を持つ。
- テックリード(チームで最もシニアレベルのエンジニア)は、「実現可能性リスク」に責任を持ち、プロダクトのデリバリーについて全体的な説明責任を持つ。

これら三つのコンピテンシーそれぞれが、ソリューションのすべての側面に貢献する。しかし、それぞれのリスクに対して具体的に誰が説明責任を負うのかを認識しておくことは有益だろう[16]。

お察しのとおり、これらのコンピテンシーそれぞれを発展させるために必要なスキルは相当なものだ。

プロダクトリーダー

プロダクトリーダーとは、プロダクトマネジメント領域、プロダクトデザイン領域、エンジニアリング領域のマネジャーのことだ。

実際にプロダクトマネジャー、プロダクトデザイナー、エンジニアを採用し、オンボード[17]し、コーチングし、育成する責任を持つのはプロ

---

16 リスク分類は本書で紹介するもの以外にもある。主な代替案はプロダクトデザイン会社IDEO社によるもので、リスクを「魅力性(Desirability)」「実現可能性(Feasibility)」「事業実現性(Viability)」として分類している。言い換えれば、IDEOは、価値リスクとユーザビリティリスクを「魅力性」という一つのリスクに統合している。重要なのは、何らかのリスク分類法を用いて、重要なリスクのすべてを確実に検討できている状態にすることである。とはいえ、IDEOの分類法は、ビジネスプロダクトよりも消費者向けプロダクト(ユーザーが購買者でもある)に適していると私たちは考えている。ユーザーがプロダクトを利用しやすいかどうかと、顧客がプロダクトを購入するかどうかが同一視されやすいためだ。

ダクトリーダーだ。

　プロダクトチームの構築とコーチングに加え、プロダクトリーダーは魅力的で刺激的なプロダクトビジョン、インサイト主導のプロダクト戦略、チームトポロジーを入念に作り上げ、解くべき重要な問題と達成すべきビジネスアウトカムを定義する重要な責任を負う。

　さらに広く言うと、プロダクトリーダーは最良の機会を追求し、最も深刻な脅威に対処し、変革を成功させるためにプロダクトチームを取り巻くステークホルダーや社内のエコシステムに影響を与え、プロダクト組織と会社全体を確実に一致させる責任を負う。

　だからこそ、プロダクトリーダーとして選んだ人材が、トランスフォーメーションに欠かせない存在となる可能性が高いのだ。

　必要なスキルと経験を持つプロダクトリーダーがまだいないのであれば、すぐに採用し、トランスフォーメーションの取り組みのキックオフに間に合わせることが第一の選択肢だ。

　とはいえ多くの企業では、プロダクトリーダーは必要な経験をいくらかは持ってはいるものの、必要なすべての経験を持っているわけではない。そういった場合には、知識を一時的に補うために外部のプロダクトリーダーシップコーチを活用することもできる。

影響を受けるその他の役割

　最後に、プロダクトモデルへの移行によって大きな影響を受ける役割が他にもいくつかあることを指摘しておく。一つはプロダクトマーケティングで、もう一つはプロジェクトマネジメント（別名、デリバリーマネジメント）だ。これらの役割やその他の役割については、後述する。

17　訳注：新しく組織に加わった人材が組織に早期に慣れて、成果が出せるように積極的に支援すること

CHAPTER 10

プロダクトマネジャー

　まず注意を促しておきたいが、確立するのが最も難しい新しいコンピテンシーがこのプロダクトマネジメントだ。

　あなたの会社には、すでに「プロダクトマネジャー」という肩書きの人がいるかもしれない。しかしもしそうであれば、その人たちは単に「プロダクトオーナー」、「ビジネスアナリスト」、「プログラムマネジャー」など、他の役割から肩書きを変えただけである可能性も高い。

　このコンピテンシーが厄介なのは、旧来のモデルにも同じ「プロダクトマネジャー」という肩書きの役割があったとしても、プロダクトモデルにおけるそれとはまったく別の仕事であり、スキルも責任もまったく異なる点にある。

　その結果、この肩書きに関してはケースバイケースで深く検討する必要がある。どの人材が本当に必要なスキルを持っているのか、もし持っていない場合に、熟練したコーチングを受ければ必要なレベルの能力を合理的な時間内で獲得できそうかどうかを検討する必要がある。

　先に述べたように、旧来のモデルにおいては、構築するソリューションの価値と事業実現性に暗黙的に責任を負っているのは（それが誰であ

ろうと）ステークホルダーだ。しかし、プロダクトモデルにおいては、価値と事業実現性の確立にプロダクトマネジャーが明確な責任を負う。

価値の確立にはユーザーや顧客に対する深い理解が必要であり、事業実現性の確立にはビジネスに対するしっかりとした理解が必要である。

書籍『INSPIRED』でこの役割について深く掘り下げているので、ここで重複して説明はしないが、この役割を担う人材が必要な仕事をこなせるかどうかを評価できるようにしておくことだけは忘れないでほしい。

顧客を理解するということは、ユーザーや顧客がどのようにプロダクトを選び、利用しているかについて、定性的にも定量的にも深く理解しているということだ。また、市場、競合環境、関連するテクノロジーや業界のトレンドも理解している必要がある。

ビジネスを理解するということは、プロダクトにどのように資金が出資され、どのように収益化、製造、マーケティング、販売、デリバリー、サービス提供されるのか、また、どのような法律、契約、コンプライアンス上の制約があるのかを学ぶということだ。

新しいプロダクトマネジャーが顧客やビジネスについて理解を深めるには、2～3カ月程度かかるのが普通であり、そして、そのためには有能なマネジャーによる積極的なコーチングが必要だ。

有能なマネジャーによる積極的なコーチングがなければ、そのプロダクトマネジャーは何年その仕事に就いても、必要な知識が得られないことになりかねない。このような状況では、プロダクトマネジャーが会社のステークホルダーから信頼されていない、という形で症状が顕在化する。

通常、エンジニアやプロダクトデザイナーはこのような知識を持っていないため（持っているのであれば、とても素晴らしい）、プロダクトチームが効果的なソリューションをディスカバリーする際に適切な選択ができるようになるためには、その知識をどこかから得る必要がある。

プロダクトチームに有能なプロダクトマネジャーがいない兆候は、すべての意思決定においてマネジャーへエスカレーションされていたり、

ステークホルダーに決定を求めるミーティングが開催されている、というような状況となって現れる。

このコンピテンシーに必要なスキルのレベルについての期待を合わせるために、ここに二つの率直な現実を示す。

1．プロダクト部門の責任者は、自組織内の最も能力の低いプロダクトマネジャーに基づいて周囲から評価されてしまうことになる
2．CEOは、プロダクトマネジャーの一人ひとりが、今後五年ほどで会社のリーダーになる可能性を持っていると考えるべきである

例外は確かに存在するが、古いビジネスアナリストやアジャイル重視のプロダクトオーナーの大半は、この水準に達していない。

そのような古い仕事はプロダクトモデルのプロダクトマネジャーと比べると役割の範囲が非常に狭く、必要となる具体的な知識もはるかに少ない。

プロダクトマネジャーは主要な顧客や主要なステークホルダーとの信頼関係を構築する必要がある。そのためには強い人材が必要だ。

残念なことに、多くのトランスフォーメーションが失敗に終わるのは、企業がプロダクトマネジャーと呼ばれる人材に対してこの基準を適用し、遵守しようとしないためだ。それによりプロダクトチームに必要な職能横断型のスキルが揃わず、ステークホルダーがチームを信頼せず、プロダクトチームが必要なアウトカムを提供できないことになる。その結果プロダクトモデルへの移行が失敗に終わる。

つまり、プロダクトオーナーやビジネスアナリストの肩書きを変えれば済むと考えているなら、失敗する可能性が高い。

プロダクトマネジャーではなく別の職務についた方がうまくいく人は、社内に一定数いることだろう。しかし同様に、非常に強力なプロダクトマネジャーとなる人物が社内にいる可能性も高い。

トランスフォーメーションにおいて非常に重要なのは、このように潜

79

在能力の高い人材を見極め、プロダクトマネジャーという重要な役割に任命し、成功に必要なコーチングを提供することである。

　ビジネスを幅広く理解しており、ビジネスの他の部分も素早く学ぶことができる、実績のある人を探そう。行動や傾向を理解するためにデータに没頭することに抵抗がない人を探そう。実際のユーザーや顧客と対面で接したいと思っている人を探そう。デザイナーやエンジニアとホワイトボードを囲み、さまざまな制約を解決するソリューションを考え出すことに本気で取り組む人を探そう。可能な限り早く多くのことを学び、協力して難しい問題を解決するのが好きな人を探そう。

　この点がいかに重要であるかを印象づけるために、最後にもう一つ言っておきたい。もしあなたが、自分の会社は良い人材しか採用していないから、これは自分たちにとって問題がないと考えているのなら、私たちの経験上、あなたはトランスフォーメーション失敗の道を歩んでいる。

直接アクセスできるようにすること

　プロダクトチームが効果的なソリューションを発見し、提供するためには、チーム、特にプロダクトマネジャーが以下の三つの構成要素に直接、誰にも邪魔されずにアクセスできることが絶対不可欠である。

1. ユーザーと顧客
2. プロダクトデータ
3. ビジネスステークホルダー

ユーザーと顧客への直接アクセス

　実際のユーザーや顧客に直接、邪魔されずにアクセスできなければ、プロダクトチームはいかなる成功もほとんど望めない。

ユーザーや顧客は、未解決の問題に対するインスピレーションを与えてくれるだけでなく、提案したソリューションを迅速にテストする手段にもなる。

　プロダクトマネジャーやプロダクトデザイナーがユーザーや顧客に直接アクセスする必要がある理由は直感的にも明らかだろうが、エンジニアがユーザーに直接アクセスすることの重要性はあまり直感的ではないかもしれない。

　すべてのエンジニアがすべての顧客やユーザーとの対話に同行する必要はない。しかし、エンジニアが自分たちのプロダクトで苦労しているユーザーを見たときに「魔法」が起きるのだ。なので、このようなやり取りを奨励、促進できればできるほど良い。

　もちろん、メンバーが適切な顧客対応方法についてトレーニングやコーチングを確実に受けている必要はあるが、ここで重要なのは、プロダクトチームが顧客に直接アクセスすることを誰にも邪魔させないことだ。営業やマーケター、カスタマーサクセス、ユーザーリサーチャー、顧客のベンダー管理者など、誰にも邪魔させてはならない[18]。

　また、ユーザーとの直接のやり取りに時折他の人を入れても良いだろう。例えば、重要なステークホルダーや、興味を持っている経営幹部を参加させれば、共感の共有が特に必要であると考えている場合には非常にインパクトがある。

プロダクトデータへの直接アクセス

　同様に、プロダクトマネジャーはプロダクトデータに直接アクセスし、そのデータに基づいて適切な意思決定を行う必要がある。

18　ほとんどの企業は、プロダクトチームがユーザーや顧客と直接関わることの必要性を直感的に理解しているが、企業によっては反対意見がある場合もある。これについてはPART X「反対を乗り越える」で取り上げる。とりあえずここでは、プロダクトチームが継続的に顧客と直接やり取りすることがプロダクトモデルにおける絶対的な基本であることを理解してほしい。

通常、さまざまなタイプのデータがさまざまなデータソースに格納されている。ユーザーがどのようにプロダクトを利用しているか、顧客がどのようにプロダクトを購入しているか、顧客の行動が時間とともにどのように変化しているか、などのデータだ。

　プロダクトチームは複雑なデータパターンを説明するために、データアナリストやデータサイエンティストと協力しているかもしれない。しかしデータに基づく意思決定はプロダクトマネジャーの責任であるため、プロダクトマネジャーは直接データにアクセスする必要がある。

　企業によっては、特定の役割の人がこういったデータへのアクセスを制限したいと考えている場合もある。当然、顧客のプライバシーとセキュリティが維持されることも重要だ。

　適切なガバナンス、アクセス、匿名化を遵守でき、なおかつ必要な集約を行うシステムを構築することで、チームは必要なデータへ直接アクセスできるようになるだろう。

　顧客への直接アクセスと同様に、データへの直接アクセスはプロダクトモデルの基本だ。データへの直接アクセスがなければ、プロダクトマネジャーは目隠しで飛んでいるようなものだ。

ビジネスステークホルダーへの直接アクセス

　ビジネスに有効なソリューションのディスカバリーとは、さまざまなビジネス上の制約を解決することだ。その領域には、マーケティング、営業、サービス、財務、法務、コンプライアンス、製造、特定分野の専門領域などがある。プロダクトマネジャーはこれらの制約に責任を持つ、ビジネスを横断したリーダーたちに直接アクセスできることが不可欠である。

　プロダクトマネジャーはさまざまなステークホルダーの懸念事項とニーズを知るために、実際に時間と労力を費やして関係性を築かなければならない。一方でステークホルダーは、プロダクトマネジャーが適切な制約を把握し、プロダクトマネジャーから提案されるソリュー

ションではそれらの制約が考慮され、対処されると心から信じなければならない。そして、プロダクトマネジャーは事業実現性が確実でない曖昧な領域で何かを作る場合は、構築前にステークホルダーと議論をしなければならない。

このようなプロダクトマネジャーとステークホルダー間の信頼関係が不可欠で、そこから顧客とビジネスの両方の問題を解決する効果的なソリューションを見つけるための健全なコラボレーションが生まれる。

鍵となるのはユーザーと顧客への直接アクセス、データへの直接アクセス、ステークホルダーへの直接アクセスなのだ。

これら三つの要素に直接、かつ継続的にアクセスすることで、プロダクトマネジャーは構築したソリューションの価値と事業実現性を確かなものにできる。

もしプロダクトマネジャーがこれら三つの要素へアクセスができない場合は、おそらく失敗してしまうだろう。

つまり、プロダクトチームが確実にこれら三つの要素に直接アクセスできるようにする必要があり、プロダクトマネジャーとこれらの要素の間に、たとえ善意であっても必要のない人物や面倒なプロセスを配置しようとする試みがあるのであれば、それと戦う必要がある。

また企業によっては、特にエンジニアをアウトソーシングしてきた過去を持つ企業の場合は、プロダクトマネジャーはエンジニアというもう一つのグループと直接、邪魔されずにアクセスできる必要もある。

これは世界的に見ても自明な意見であるはずだが、ITモデル出身の多くの人にとっては自明ではないのだ。以下のような環境で働く人たちにとっては、エンジニアへのアクセスは当然ではないかもしれない。

- エンジニアがアウトソーシングされている
- やり取りが難しいタイムゾーンにエンジニアがいる。あるいは、エンジニアがコーディングしている間は、邪魔されないように隔離す

る必要があると考えられている。
- プロダクトチームが分割されており、プロダクトマネジャーが顧客やステークホルダーと対話し、プロダクトオーナーやプロジェクトマネジャーなどの他の役割がエンジニアと対話するようになっている。

エンジニアは日々、実現技術に触れながら仕事をしているため、今現在、何が可能なのかを理解する理想的な立場にいる。しかしこれは、エンジニアが毎日プロダクトマネジャーと対話して初めて、実行可能な形で実現される。

最低限でも、プロダクトマネジャーはテックリードに直接アクセスできる必要がある。

ドメインへの専門性は必要か？

強いプロダクトマネジャーに関するここまでの説明の中で、明らかにドメイン（取り扱う専門分野）への専門性について語られていないことにお気づきだろうか。

例えば、あなたのプロダクトが保険関連のプロダクトだとしたら、保険についてどれだけの知識が必要だろうか？

これを重要なトピックとして取り扱う理由は、トランスフォーメーションしようとしている企業が、多くの場合で、自社の顧客層や深いドメイン経験を持つ人の中からプロダクトマネジャーを採用しているからだ。

しかしほとんどの場合、これは間違いだ。もちろん、ドメインについてあまりに知らな過ぎる人が仕事に苦労するのに驚きはない。しかし驚くべきは、プロダクトマネジャーがそのドメインについて知りすぎている場合に問題が起こることである。

明確にしておくと、私たちは、新しいプロダクトマネジャーにその職務に就いて最初の数カ月のうちに、そのドメインのエキスパートになるように求めている。これは既存のドメイン経験を理由に人を採用することの危険性に関係する。

　プロダクトのオピニオンリーダーであるシュレーヤス・ドーシ（Shreyas Doshi）は、ドメインに関する真の専門性とは、ドメイン知識からドメインのドグマ（独断的な考え）を除いたものであると述べている。ドメインに何年もどっぷり浸かっている多くの人にとって、専門知識とドグマを区別するのは非常に難しい。問題は、ドメインのドグマがイノベーションを著しく阻害することだ。こういう人たちは何かがうまくいかない理由をいくらでも列挙できる。しかしドグマを持たない人がそこに現れて、うまくいくことを示してしまうのだ。

　深い専門性が必要とされる特定のドメインについては、さまざまなプロダクトチームで共有できる専任のドメインエキスパートを採用しても良いだろう。例えば、外科手術器具、税務申告、規制当局への報告などのドメインだ。

CHAPTER 11

プロダクトデザイナー

　ほとんどの場合、プロダクトモデルにトランスフォーメーションしようとしている企業には、すでにデザイナーがいる。しかし通常、プロダクトモデルで必要とされるプロダクトデザイナーの役割と、そのデザイナーの役割はまったく異なっている。

　旧来のモデルにおけるデザイナーは、プロダクトマネジャーの要求に応えるだけの役割になっていたり、マーケティング組織をサポートするような役割になっていることがあまりに多い。しかしそのどちらもプロダクトモデルで求められるものではない。

　プロダクトモデルに必要なものについては二つの論点がある。プロダクトがどう機能するのか、ということと、プロダクトディスカバリーだ。

プロダクトがどう機能するのか

　一つ目の問題は、旧来のモデルにおいては多くの場合、デザイナーのスキル範囲が狭いことにある。デザイナーが、グラフィックデザイナーかビジュアルデザイナーなのである。もちろんそれは間違いなく有用な

スキルではあるが、スティーブ・ジョブズ（Steve Jobs）の有名な言葉にあるように、「デザインは外見や感覚のことだけではない。デザインとはそれがどう機能するかということにある」のである。

プロダクトモデルでは、デザイナーははるかに大きな役割を担う必要があり、全体観的な顧客体験や、ユーザーや顧客がプロダクトの価値をどのように体験するかに責任を持つ。

プロダクトモデルではデザイナーをプロダクトデザイナーと呼び、サービスデザイン、インタラクションデザイン、ビジュアルデザイン、そしてデバイスの場合は工業デザインに長けたデザイナーを必要とする。

プロダクトデザイナーがこれらすべてのデザインの専門家である必要はないが、ほとんどのプロダクトでは、プロダクトデザイナーがインタラクションデザインの知識とスキルを持っている必要がある。

インタラクションデザインとは、テクノロジーと人（ユーザーや顧客）が互いにどのようにコミュニケーションするかを理解することにある。

プロダクトディスカバリー

二つ目の問題は、旧来のモデルのデザイナーは一般的に、「きれいに見せる」ため、あるいは少なくとも、プロダクト群がすべて同じ会社から提供されているように表面上見せるために、プロセスの最後の方に連れてこられることにある。

しかしそうではなく、効果的なソリューションのディスカバリーを手助けできるプロダクトデザイナーが必要なのだ。

熟練したプロダクトデザイナーはユーザーや顧客と直接関わり、その人たちの頭の中に入り込み、チームが解決しようとしている問題についてユーザーや顧客がどのように考えているのか、また、潜在的なソリューションについてどのように考えているのかを理解するよう訓練されている。プロダクトデザイナーはユーザーや顧客が認識しやすく、直感的に感じられるような全体観的な体験のデザインに懸命に取り組む。

さらに、熟練したプロダクトデザイナーは体験をデザインするだけでなく、その体験の変更も意図を持ってデザインする。

　変更がうまくデザインされていれば、ユーザーは絶え間なく続く変更や改良に気づくことさえない。ユーザーが変更に気づく場合でも、利用方法の再教育が必要になったり、ユーザを混乱させてしまったりするような形ではなく体験自体がその変更をガイドしてくれるのだ。

　プロダクトデザイナーは日々のプロダクトディスカバリーにおいて、プロダクトマネジャーやテックリードの重要なパートナーである。

　プロダクトデザイナーは通常、プロダクトのアイデアをプロトタイプという形で表現し、体験、検討、評価、テストができるようにリードする。一般的なデザイナーが一週間に十個以上のプロトタイプを作成することも珍しくない。そのほとんどは捨てられてしまうが、その一つひとつが効果的なソリューションを導き出すのに役立つのだ。

　ここで支払われる報酬に関する期待値を合わせておく。必要なスキルレベルの高さと、プロダクトモデルを適用する企業におけるプロダクトデザイナーの需要の高さのため、この非常に価値のある専門家には一般的に、プロダクトマネジャーやエンジニアと同レベルの報酬が支払われる。

　また通常、ユーザー向けのプロダクトやサービスを担当する各プロダクトチームには専任のプロダクトデザイナーが配置される。

　多くの企業がプロダクトモデルに移行しているのに伴って、また、これまで以上に多くのタイプのプロダクト企業（大規模ビジネス向けプロダクト企業など）がプロダクトデザイナーの助けが必要であると気づいていることに伴って、この専門家に対する需要は高まり続けている。

CHAPTER 12

テックリード

　エンジニアについての議論と、プロダクトマネジャーやプロダクトデザイナーとの議論の間には重要な違いがある。

　プロダクトマネジャーやプロダクトデザイナーの場合、職能横断型のプロダクトチームごとに専任の担当者は一人しかいない。そのため、それぞれの担当者にかなりの責任と期待がある。

　一方で、通常、エンジニアはプロダクトチームに複数人いる。

　プロダクトチームの種類の違い（利用するテクノロジーの違い、責任範囲の違い）によって、エンジニアに必要な専門知識や、必要なエンジニアの人数は異なる。

　複数のエンジニアでチームが構成されることで、スキルと経験レベルの混成が可能になる。例えば一般的な構成は、一つのプロダクトチームにテックリードの役割を担えるシニアエンジニアが少なくとも一人おり、数年の経験を持つエンジニアが数人、そしてキャリアをスタートさせたばかりのエンジニアが数人いる、というものだ。

　経験豊富なエンジニアを好んで選ぶ企業もあれば、最初から良い習慣をコーチングできるようにキャリアをスタートさせたばかりのエンジニ

アを好んで選ぶ企業もある。どちらを選択するかは、エンジニアリングの責任者次第である。

　ここで議論しなければならないのは、チームで最もシニアレベルであるエンジニアの役割だ。本書ではテックリード[19]と呼ぶ。はっきりさせておきたいのは、テックリードは通常、プレイヤーであり、エンジニアリングマネジャーではない。

　プロダクトモデルのエンジニアと旧来のモデルのエンジニアの違いについて語るとき、そこには二つの側面がある。

　最初の側面は、プロダクト企業が構築するソリューションと、一般的な「ITシステム」との複雑性の違いだ。

　ほとんどのテクノロジーは、実際にその奥深くに入り込むまでは簡単そうに見える。しかし、そこにはかなり大きな違いがある。規模、パフォーマンス、耐障害性、信頼性、国際化、テストの自動化、デプロイ基盤、新しいテクノロジー、技術的負債をマネジメントするためのアーキテクチャや戦略などの分野で違いがあり、その違いが、プロダクトエンジニアが区別される理由でもある。これらの分野でミスが起きてしまうとコストが非常に高くつく可能性があるため、これらの技術に関する経験は非常に価値がある。

　第二の側面は、エンジニアが単にプロダクトマネジャーとプロダクトデザイナーが考え出したソリューションを実装するために存在するのか、それとも最も効果的なソリューションが何かを決定する（そしてそのソリューションを実装する）のを支援するために存在するのかという違いだ。

　プロダクトモデルの根底にある原則の中で最も重要なことは、イノベーションはエンパワーされたエンジニアに絶対的に依存するという認

19　本書では、チーム内で最もシニアレベルにあるプレイヤーのエンジニアを「テックリード」と呼ぶ。この重要な役割にはさまざまな用語が使われるが、肩書きは重要ではない。重要なのは、テックリードに「どう作るか」と同じくらい「何を作るか」に関心を持つように求めることである。

識である。

　なぜならエンジニアは、日々、実現技術に触れながら仕事をしており、今現在、何が可能なのかを見出す最適な立場にあるからだ。

　しかしイノベーションが起きるのは、エンジニアが「どのように作るか」と同じくらい、「何を作るか」に気にかけていればの話だ。

　古く誤った格言に「プロダクトマネジャーは何を、なぜ作るかに責任を持ち、エンジニアはどのように作るかに責任を持つ」というものがある。これは、エンパワーされたプロダクトチームの要点と、真のイノベーションの源泉を完全に見逃している。

　プロダクトモデルにおいてエンジニアをアウトソーシングしない第一の理由は、エンジニアの参画時期が遅すぎる、そして、イノベーションの真のチャンスを得るための背景情報や、顧客に対する理解度が低くなりすぎるからである。

　理想的な姿としては、すべてのエンジニアがソリューションを構築することだけに取り組むのではなく、最良のソリューションが何かを決定することに取り組むことが望ましい。

　とはいえ、エンジニアの一部、特に若手のエンジニアには作ることしか関心がない場合も珍しくない。

　その場合でも、少なくとも各チームのテックリードがプロダクトマネジャーやプロダクトデザイナーと協力し、チームが解決しようとしている問題に対する効果的なソリューションを見出そうとする意思があるのであれば、成功できるだろう。

　この重要なポイントを明確に言っておくと、もしテックリードがプロダクトのディスカバリーに関与できていない、もしくはしたくない場合、そのプロダクトは最終的に目標を達成できない可能性が非常に高い。

　つまり、テックリードの正式なジョブディスクリプションの中にこの仕事を含めなければならない。

　実際には、テックリードが毎日多くの時間をこの仕事に費やすわけではない。しかしいくらかの時間は必要になる。通常、一日あたり一時間

未満だ[20]。

　ほとんどのテックリードは、プロダクトアイデアの初期段階で数分間検討するだけで、相談なしに決定が下された場合にかかる数週間から数カ月分のダメージを防げると言うはずだ。

20　時折、正反対の問題を抱えるエンジニアリングチームに出会うことがある。すべての時間をプロダクトディスカバリーに費やしたがるのだ。その理由はたいてい、今あるバックログを無限に続く役に立たない機能リストとみなしており、ただそれを実装していくことに疲弊しているからだ。このようなエンジニアたちには、エンジニアの第一に負うべき責任がデリバリーできるプロダクトを作ることであることを思い出させる必要があるかもしれない。しかし、もしこのような状況に遭遇したとしても、それは良い問題であり正すのも簡単だ。

CHAPTER
13

プロダクトリーダー

　多くの人が、プロダクトチームとプロダクトモデルをエンパワーするには、マネジャーからの干渉とマイクロマネジメントをやめ、プロダクトチームに仕事を任せれば良いと素朴に信じている。

　しかしプロダクトモデルにおいては、プロダクトチームへのリーダーシップが不要になる訳ではなく、むしろこれまで以上に優れたリーダーシップが必要となる。

　それは実際どういった意味だろうか？

　伝説のCEO、アンディ・グローブ（Andy Grove）はこう言っている。「良い仕事を阻むものは何か？　考えられるものは二つしかない。一つ目は良い仕事の方法を知らないこと。もう一つは、方法は知っているがモチベーションがないことだ」。これら二つを順に検討してみよう。

マネジメント

　まずマネジメントの責任について説明しよう。主要な責任にコーチングと人事がある。

コーチング

　プロダクトモデルにおける強力なマネジメントの要素として、おそらく最も見落とされがちなのがコーチングである。部下のスキルを向上させることはピープルマネジャーにとって最も重要な責務である。

　これは間違いなく、マイクロマネジメントすることではない。部下の長所と短所を見極め、理解し、コーチングプランを考え、そして部下の能力の向上に質の高い時間を費やすのだ。

　より広く言えば、プロダクトチームのメンバーすべてに、技能を向上させるために尽力する誰かがいて当然だ。ほとんどの強力なテックプロダクト組織において、エンジニアが経験豊富なエンジニアリングマネジャーに、デザイナーが経験豊富なデザインマネジャーに、そしてプロダクトマネジャーが実績のあるプロダクトマネジメント部門のマネジャーにレポートラインを持つ理由がここにある。

　コーチングに費やすべき時間と労力は部下の人数と経験レベルによって異なるが、期待値を合わせるために言っておくと、現場レベルのマネジャーの場合で、人事とコーチングに週の労働時間の最大80％を費やす必要があるのが普通だろう。

人事

　マネジャーはプロダクトチームの人事に責任を持つ人でもある。チームメンバーの供給、募集、面接、オンボーディング、評価、昇進、そして必要な場合にはチームメンバーの交代などの仕事がある。

　会社に人事部門がある場合、人事部門はこれらの活動においてマネジャーをサポートする存在になるが、これらの責任において決して採用責任者の代わりになるわけではない。マネジャーはこの点を理解しておかなければならない。

　エンパワーされたプロダクトチームは、有能なプロダクトマネジャー、プロダクトデザイナー、エンジニアの存在が前提となるため、人事と

コーチングのレベルを上げることから始める必要がある。

　人事に真剣に取り組むことは難しいことで、かなりの時間と労力を要する。これは、自分の好きなプロダクト関連の仕事だとは感じられないかもしれない。

　しかし、Amazonの創業者兼会長であるジェフ・ベゾス（Jeff Bezos）も「採用のバーを高く設定することは、Amazonの成功にとって最も重要な要素であり、今後もそうであり続けるだろう」と言っている。

リーダーシップ

　プロダクト組織を率いる方法は基本的に二つだ。

　コマンド＆コントロールと呼ばれる方法でリードするのが一つ目だ。これは、従業員に何をすべきかを明確に指示することを意味し、通常、構築すべき機能やプロジェクトのロードマップを割り当てることで行われる。このモデルでは、リーダーやステークホルダーがほとんどの意味ある決定を行ってしまい、プロダクトチーム（より正確には機能開発チーム）はその決定を実行するために存在する。確かに、コマンド＆コントロールの方が実行するのは簡単だ。

　もう一つの方法はチームをエンパワーすることでリードする方法だ。解くべきビジネス上の問題や顧客の問題を割り当て、プロダクトチームにその問題を解決する最良の方法を決定させる。

　しかし、重要な意思決定をプロダクトチームに渡すのであれば、チームが適切な意思決定をするために必要な戦略的背景、特にプロダクトビジョンとプロダクト戦略をチームに提供する必要がある。

　もしリーダーがエンパワーされたチームの最終的な結論に反対していたり、後になって方向性を変えていると自覚しているなら、そういった不要な後出しのフィードバックをなくすために、リーダーは前もってどのような背景情報を提供できたかについて少し振り返ってみる価値がある。

このようなやり方は、振り返りと改善を必要とする新しいスキルなのだ。

　例えば、Netflixに「コントロールではなく、背景情報でリードする」というスローガンがあるのはこのためだ。

　プロダクトリーダーはプロダクトビジョン、チームトポロジー、プロダクト戦略、そして具体的なチームの目標に特に責任を持つ。

　プロダクトチームの各個人がアイデアやインサイトを提供することは素晴らしい文化があるサインだが、最終的にそれらを作り出す責務は、すべてのプロダクトチームに関わっているリーダーにある。

プロダクトビジョン

　プロダクトビジョンは、あなたが創り出そうとしている未来だ。そして最も重要なことだが、そのビジョンは顧客の日々をどのように向上させるかを示すものだ。プロダクトビジョンはプロダクト組織での共有目標となる。期間としては通常3〜10年先を見据えたものになる。

　職能横断型でエンパワーされたプロダクトチームは、スタートアップであれば数チーム、大企業であれば数百チームなど、さまざまな数を取りうる。しかし数がどうであれ、すべてのチームが同じ方向を向き、プロダクトビジョンの実現にそれぞれの方法で貢献する必要がある。

　プロダクトビジョンは、プロダクトチームとステークホルダーで同じ認識を持つための高度が高い場所と考えて欲しい。この水準で足並みを揃えることができれば、後でソリューションについて論争する手間が省ける。また全員を巻き込むことで、ユーザーや顧客に対する共感を生むこともできる。

　プロダクトビジョンを「北極星」と呼ぶ企業もある。どのプロダクトチームに所属していようが、具体的にどの問題に取り組んでいようが、自分の担当する部分が全体像にどのように貢献しているのか、どのような意味があるのかを常に理解できるようになるからだ。

　より広く言うと、プロダクトビジョンがあるからこそ、チームは毎日、

毎月、毎年、刺激を受けてワクワクしながら仕事に臨むことができる。それによってチームは受動的ではなく、能動的にプロダクトを前進させることができる。

また注目すべきは、プロダクトビジョンが一般的に、強力なプロダクト人材に対する唯一にして最強の採用訴求のツールになるいうことだ。

魅力的なプロダクトビジョンを作り上げることは、戦略的背景の他の要素とは少し異なる。プロダクトビジョンは科学というより芸術である。その目的は納得とインスピレーションを与えることにあり、感情的なものだ。顧客の日々をどのように向上させるかを語るものなのだ。

プロダクトビジョンはチームから指示的だと思われてしまうほど詳細なものになってはならないが、見た人たちが何を達成しようとしているのかを真に理解できるような詳細さは必要だ。

良いプロダクトビジョンを作るのは簡単ではないが、労力をかける価値がある。良いプロダクトビジョンは贈り物のように次から次へと効果をもたらす。アーキテクチャ、チームトポロジー、プロダクト戦略、そしてもちろん、今後数年間のプロダクトなど、リーダーが行うことの多くはプロダクトビジョンに由来するのだ。

チームトポロジー

チームトポロジーとは、さまざまなプロダクトチームの責任とオーナーシップを定義付けるものである。そこにはチームの構造や範囲、チーム同士の関係性などが含まれる。

多くの企業における既存のチームトポロジーは意図的に設計されたものではなく、単にその組織を反映しているに過ぎない（このよくあるトポロジーのアンチパターンは、「コンウェイの法則[21]」として知られる）。

チームトポロジーの目標はエンパワーメントを最大化することである。

---

21 訳注：「システムを設計する組織は、そのコミュニケーション構造をそっくりまねた構造の設計を生み出してしまう」という考え方

そのためには、疎結合でありながらも高度に足並みの揃ったチームを目指す必要がある。

効果的なチームトポロジーを考え出すことは、プロダクトリーダーにとって最も難しいと同時に、最も重要な責務の一つである。プロダクト部門の責任者、デザイン部門の責任者、エンジニアリング部門の責任者の間で、集中的なコラボレーションと交渉が必要になる。下される決断がチーム間の関係性や依存関係、各チームが実際に担当するものに影響を与える。

うまく行えば、高度な自律性を持つエンパワーされたプロダクトチームになる。そしてチームは自分たちの仕事に対するオーナーシップと、その仕事が全体に対してどのように貢献するかを感じられるようになる。

チームは困難な問題に取り組み、迅速に行動し、そしてその成果を目の当たりにすることとなるはずだ。

プロダクト戦略

プロダクト戦略はビジネスのニーズを満たしつつ、どのようにプロダクトビジョンを達成するかを示すものだ。戦略は焦点を定めることから始まり、インサイトを活用し、インサイトを行動に変換し、最終的に仕事を完遂するまでのマネジメントにまで至る。CHAPTER 16「プロダクト戦略」では、これらの意味するところを掘り下げていく。

より広く言うと、あなたがいくつのプロダクトチームを抱えていようと、プロダクト戦略によってそれらのチームから最大の価値が引き出される。

プロダクト戦略のアウトプットは、リーダーが特定のプロダクトチームに割り当てる解くべきビジネス上、または顧客の問題(チーム目標)の集合である。

プロダクト戦略は、強力なプロダクトリーダーの存在が際立つ部分だ。

プロダクトリーダーは何に焦点を当て、何に焦点を当てないか決定する。時にはその決定が他のリーダーから不評を買うこともある。強力な

プロダクトリーダーはプロダクトに関するデータやインサイトを活かし、プロダクト戦略を推進するレバレッジポイントを常に探し求める。強力なプロダクト戦略は、小さな組織が自分たちよりはるかに大きな競合を凌駕するのに役立つ。

残念ながら、強力なプロダクト戦略への簡単な近道はない。必要なデータやインサイトを集約し、ものにするには実際に時間と労力をかける必要がある。

チームの目標

プロダクト戦略を実行に移すために、リーダーは各プロダクトチームに、(通常は四半期ごとに) 一つか二つの明確な目標を確実に割り当てる必要がある。それは、チームが解くように求められる問題を明確に表したものだ。

これらの目標はプロダクト戦略から直接導き出されるものであり、インサイトが行動に移されることになる。

目標によって、「エンパワーメント」が単なるバズワードではなく現実のものとなる。

チームには、少数の解くべき重要な問題（チームの目標）が与えられる。

次に、チームは問題を検討し、明確な成功指標（主要な結果、Key Result）を提案しリーダーと話し合う。リーダーはより広範な組織の目標を可能な限り網羅するために、自分のチームや他のチームと繰り返し検討する必要があるかもしれない。

エンパワーメントされているかどうかのリトマス紙になるのは、プロダクトチームが与えられた問題（チーム目標）を解決する最良の方法を、自分たちで意思決定できるかどうかである。

強いリーダーは自信と信頼があり、チームを真にエンパワーし、チームが成功を収めたときには後ろに下がってチームの手柄とすることができるような人である。

継続的なエバンジェリズム

　プロダクトリーダーの最後の重要な役割はプロダクトモデルと戦略的背景（プロダクトビジョン、チームトポロジー、プロダクト戦略）を、プロダクト組織と会社全体に広く伝えることである。

　採用活動、オンボーディング、毎週の1on1コーチング、全体会議、チームランチ、役員会、顧客説明会などのあらゆる場面において、継続的にエバンジェリズム（伝道、啓蒙）を行う必要がある。

　組織の規模が大きくなればなるほど、絶えずエバンジェリズムを行うことが重要であり、リーダーはエバンジェリズムが終わることのない活動だと理解することが重要である。継続的なものでなければならないのだ。

　おわかりのように、エンパワーされたプロダクトチームを基盤とする強力なプロダクト企業におけるプロダクトリーダーの仕事は、旧来のモデルにおけるリーダーの役割とは大きく異なり、またはるかに難しい。

　また、この先紹介するトランスフォーメーションの成功事例では、CEOがプロダクトマネジメント、プロダクトデザイン、エンジニアリングにおける強力なリーダーを確保するために特別に注意を払っていることにも気づくはずだ。

プロダクトOps（プロダクトオペレーションズ）

　プロダクトチームはアイデアを迅速に試し、うまくいくかどうかを判断する必要がある。本番品質のソリューションを構築する時間とコストを費やす前にだ。

　収集したデータに基づいて決定を下すこともあれば、実際のユーザーや顧客とプロダクトを使いながら、その体験について話し合って決定を下すこともある。

企業の中には、比較的小さな投資でプロダクトチームの意思決定方法をサポートし、プロダクトチームのスピードと効果を高められることに気づき始めている企業もある。

ユーザーリサーチャーはユーザーや顧客との直接テストの準備、テストの実行、結果から正しい結論を導き出すエキスパートだ。

データアナリストは本番データを使ったテストを準備し、十分な信頼性を得るために必要な量のデータを収集し、その結果から正しい結論を導き出すことを支援するエキスパートだ。

企業によっては、プロダクトチームのためにテストを実施するユーザーリサーチャーやデータアナリストの大規模なグループを構築している。これは効率的な方法に聞こえるかもしれない。しかし、そうしてしまうと、プロダクトチームは顧客との直接的で、濃密で、非常にモチベーションの高いやり取りと、そこから得られる結果の恩恵を受けることができなくなってしまう。また、得られたインサイトがプロダクトチームの人たちの心に届かなければ、インサイトの価値のほとんどは失われてしまう[22]。

ユーザーテストや本番データを活用したのテストをすべてプロダクトチームに任せている企業もある。それでうまくいく場合もあるかもしれないが、チームは通常、最良のテクニックや方法についてそれほど知識がなく、時には間違った結論を出してしまうこともある。その結果、時間やイテレーション、テストが余計に必要になってしまう。

私たちは、最も効果的な方法として、ユーザーリサーチャーとデータアナリストの少人数のグループを作り、そのグループがより大きなプロダクトチームのグループをコーチし、サポートすることで、チームが迅速かつ良い意思決定をし、プロダクトリーダーに直接インサイトを共有できるようにすることが最良の方法であると思うに至った。

---

22 ユーザーリサーチ結果の要約は、長期休暇の要約と同じくらい役に立たない。その価値は実際に体験することにある。

このような人材を別々のグループに所属させている企業が多い一方で、一部の企業では、小規模な「プロダクトOps」部門にまとめている。その重要なサポート機能が組織に可視化されているのだ。

　とはいえ、たとえ善意であったとしても仲介者を設置しないように十分注意する必要がある。

　すでに説明したように、職能横断型のプロダクトチームが効果的なチームであり、成功するためには、ユーザーや顧客に直接アクセスし、それらのユーザーから生まれるデータに直接アクセスし、ビジネス全体のさまざまなステークホルダーに直接アクセスする必要があるのだ。

　プロダクトOpsに関して、注意点が一つある。

　企業の中には、プロダクトOpsの定義がここで述べた定義と大きく異なる場合がある。最も問題が深刻になるのは、善意のプロダクトOpsグループがプロダクトチームとユーザーや顧客、データやステークホルダーの間に入ることが自分たちの仕事だと考えている場合だ。そうならないように十分気をつけてほしい。

　後で詳しく説明するが、「プロダクトOps」という名前がプログラムマネジメントオフィス（PMO）の再構成の隠れ蓑として使われている場合も危険だ。旧態依然としたPMOは、置き換えられるべきコマンド＆コントロール文化の現れであることが多いため問題になる。おわかりのように、通常、抵抗なく旧来のモデルが消えることはない。したがって、この可能性にも十分注意しておいてほしい。

プロダクトチームへのAIの影響

　新たに開発されたAI技術によって、プロダクトチームは、既存の問題をこれまでよりも良い方法で解決する新世代のプロダクトやサービスを提供できるようになった。そして、これらのテクノロジーはコアコンピテンシーそのものにも影響を及ぼしている。

他の多くの職種と同様に、プロダクトマネジャー、プロダクトデザイナー、エンジニアは皆、面倒で平凡な仕事の多くを自動化するツールから大きな生産性向上の恩恵を受けている。もっと広く言うと、リサーチや新しいアイデアの評価においても恩恵がある。今後もこの傾向は続くと思われ、エンジニア向けのツールについては特にそうだろう。

　しかし、多くの場合、倫理的リスクや事業実現性リスクという点で、やるべきことが増えているのも事実である。

　今日のプロダクトチームはこれまで以上に多くのことができるようになっているが、その一方でリスクも高まっているのだ。

　AI技術やAIツールが進化するに伴って、プロダクトモデルを採用する企業は役立つものを受け入れ、取り入れながら、引き続き実験を続けることだろう。

　顧客を支援するために、新しいテクノロジーをどのようにプロダクトに取り入れられるかを継続的に評価するのと同様に、強力なプロダクトチームは新しいテクノロジーがどのようにプロダクトの生産活動に役立つかを評価し続けることだろう。

Part III　プロダクトモデル・コンピテンシー

CHAPTER 13　プロダクトリーダー

CHAPTER 14

イノベーションのストーリー：Almosafer社

マーティからのコメント：これはテクノロジーパワーなイノベーションとしてはあまり有名ではない地域における、印象的なイノベーションのストーリーだ。私は長年の経験から、才能のある人材は世界中どこにでもいて、そのような人材がプロダクトモデルに移行したとき驚くべきレベルのイノベーションが実現できると学んだ。これは、強力なリーダーシップと強力なプロダクトチームが組み合わさることで、パンデミックがもたらした課題に立ち向かうことができたストーリーだ。

企業の背景

　Seera Group傘下のAlmosafer社はサウジアラビア王国を拠点とする旅行・観光会社で、現在では中東全域にサービスを提供している。

　同社はこの地域の国や文化の現地ニーズに応えるとともに、世界中から来るこの地域への観光や巡礼旅行を専門に扱っている。同社は実店舗を持つ旅行代理店としてスタートし、長年にわたりこの地域の個人、企業、政府の旅行ニーズに応えてきた。

しかし世界の他の地域と同じように、インターネットが登場するとすぐに非常に大規模なグローバルの旅行事業者が現れ、多くの実店舗型の旅行代理店は競争に苦しむようになった。

しかし、そういったグローバルの旅行業者はテクノロジーパワードなソリューションを提供し、スケールメリットを活かして拡大していったが、地域ごとのニーズや習慣、行動にはほとんど対応していなかった。

世界の多くの地域で、現地のニーズを理解し、そのニーズに対応するスキルと技術を持つ地域プレイヤーが登場しうる明確な機会でもあったのだ。

Almosaferのプロダクトリーダーのロニー・ヴァルギース（Ronnie Varghese）とテクノロジーリーダーのカイス・アモリ（Qais Amori）と他の経営層のリーダーたちは、地域の顧客に真にサービスを提供するには、グローバルな旅行サービスよりも優れたソリューションを見つけ出しデリバリーできる必要があり、そのスキルを備えたデジタルチームを構築する必要があると判断していた。そこでプロダクトモデルへのトランスフォーメーションに着手したのだ。

このトランスフォーメーションの取り組みは2018年に本格的に開始され、すぐにビジネスに実際の成果をもたらすことになった。

最も重要なことは、トランスフォーメーションによって、Almosaferが新しく必要不可欠ないくつかの能力を身につけたことだ。満たされていないニーズを特定するために顧客に継続的にインタビューを行い、何がうまくいっていて何がうまくいっていないのかを正確に理解するためにデータを収集・分析し、アイデアを素早くプロトタイプ化してテストすることができるようになったのだ。そして、業界の大手企業には理解できないような方法で、顧客特有のニーズを満たし、顧客が本当に愛するソリューションをディスカバリーできるようになった。

トランスフォーメーションの最初の年、同社は二つの主要領域に集中した。それは顧客体験を大幅に改善すること、そして運営コストを削減し、なおかつ将来にわたって革新的なサービスを提供できるようなテクノロジー基盤とアーキテクチャを整備することだった。

Part III プロダクトモデル・コンピテンシー

CHAPTER 14 イノベーションのストーリー：Almosafer社

同社はこの投資によって、旅行事業の航空便の分野だけで10億ドル規模のビジネスに成長させることができた。

　プロダクトの改善だけにとどまらず、デジタルチームは独自の会社、つまり世界のどこでも通用するユニークな才能とテクノロジーの融合によって動かされている会社としての評判を地域内で築いていった。そしてどんな相手に対しても競争力があることを、地域社会、国、そして中東地域に対して証明したのである。

　Almosaferはこの地域における真のサクセスストーリーを作り上げようとしていたのだ。

　しかしその時、国境が閉ざされた。

解くべき問題

　世界中の他の地域と同様に、COVID-19のパンデミックによりサウジアラビアでも旅行がほとんどストップした。サウジアラビアは旅行のほとんどが海外旅行であったため、特に大きな打撃となった。

　パンデミックは確かに試練であったが、幸いなことに、デジタルチームは難問を解決するための準備を前年に整えられていた。

　チームは顧客である消費者と企業との継続的なやり取りを通して、すでに多くの潜在的な機会を発見していた。パンデミックをきっかけに、興味深い可能性に過ぎなかったある一つの機会が、必要不可欠なニーズへと変化していた。それは、家族や友人たちが安全に集まれる方法を考えることだった。

　サウジアラビアには古くから「イスティラーハ」という文化的な伝統がある。イスティラーハは「休憩所」と訳されるが、一般的には、広くて開放的な中庭などの屋外エリアのことを指し、そこで食べ物をグリルし、涼しい日陰に座りながら新鮮な空気を吸うのだ。

　家族や友人たちはただ一緒に過ごすために、あるいは特別な日を祝うためにイスティラーハに集まる。

パンデミックが起こり屋内での集まりを避ける必要が出てきたため、イスティラーハを見つけて予約することは、満たされない深刻なニーズへとすぐに変化した。しかしホテルや航空会社とは異なり、このようなユニークな施設に関しては登録情報やリストすらなかった。

また、宿泊施設では一泊予約するのに対しイスティラーハは午後から夕方まで予約されるという重要な違いもあった。

ソリューションのディスカバリー

チームはこれが特にリスクの高いタイプのプロダクトであることを理解していた。というのも、大多数のプロダクトはすでにある問題に対して新しいソリューションを提供するものだが、今回は新しい問題（イスティラーハを探して予約する）に対して新しいソリューションを提供する必要があるからだ。

これには強力なソリューションだけでなく、市場の開発も必要だった。本質的に、この新しいタイプのソリューションに対して、その地域の市場も教育される必要があったのだ。

旅行市場で新しいタイプの予約を提供するにあたり、プロダクトチームはビジネス開発部門およびマーケティング部門と密接に協力して、貸し出し可能なイスティラーハを特定し、供給を確保すると同時に、イスティラーハを予約しようとする人たちが必要とする顧客体験をディスカバリーする必要もあった。

プロダクトチームはプロダクトコーチのホープ・グリオン（Hope Gurion。本書の後半でプロフィールを紹介する）と協力してこの仕事に取り組み、素早く強力なソリューションへと収束させた。

もう一つの課題はプロダクトチームがリモートで仕事を進める必要があったことだ。しかしチーム内で信頼とスキルをすでに構築していたため、リモートコラボレーションや顧客とのリモートリサーチ（問題のディスカバリーとソリューションのディスカバリーの両方）に迅速かつ

効果的に移行できた。

成果

　この新しいプロダクトには未知の部分がかなりあった。どれだけの数のイスティラーハが存在しているのか、ましてやどれだけのオーナーがマーケットプレイスに掲載してくれ、どれだけの人が予約してくれるのか誰も知らなかった。

　チームの最初のビジネス目標はこの新しいマーケットプレイスにおいて、プロダクト・マーケット・フィット[23]を達成することだったが、それはすぐに実証された。

　その後、焦点はグロースに向けられたが、イスティラーハは現在、市場に不可欠なカテゴリーとして急成長を遂げている。

　この機能によって財務的な成功がもたらされただけでなく、必要とされているまさにその時に国や地域に対して真のサービスを提供できたのだ。そしてほとんどの人は、この地域ではグローバルの旅行会社が投資するほど関心を持つ領域があると思っていなかった。

　現在、Almosaferはこの地域で実に70％以上の市場シェアを獲得している。

　このような驚異的な成果は、決して単一の能力や提供物からくるものではない。顧客を真に気にかける人材と技術による、継続的な努力の結果だ。

　Almosaferのこのストーリーは中東における真のサクセスストーリーの一つであり、同社はこの地域でさらに多くの国々へ拡大を続けている。そして、成長と成功をこの先も続けていくための良いポジショニングを取っている。

23　訳注：顧客の課題を解決するプロダクトが提供できており、なおかつ自分たちが狙う市場からも受け入れられている状態のこと。

Part IV
プロダクトモデル・コンセプト

プロダクトモデルへの移行には、新しいコンピテンシーだけでなく、いくつかの重要なコンセプト、つまり効果的なプロダクトを継続的に生み出すための新たな活動が必要になる。

これらのコンセプトの中には、過去に行ってきた活動に似ている（とはいえ非常に重要な違いがある）ものもあれば、まったく新しいものもある。

このPARTでは、その重要なプロダクトモデル・コンセプトについて説明する。

プロダクトモデルへのトランスフォーメーションに関わるすべての要素が、同列に重要なわけではない。絶対的に重要なコンセプトがいくつかあり、この後の章で説明していく。

一方で、役には立つものの成功と失敗の分かれ目になるほどではないものもある。

さらに、同じ目標を達成するにしても、通常いくつかの道が選択肢として存在する。

とはいえ、いずれの道を選ぶにせよ、重要なプロダクトモデル・コンセプトについては正しく理解する必要がある。

この重要なコンセプトを正しく理解すれば、あなたは成功への道を歩めることだろう。一方で、この重要なコンセプトのいずれかの理解を誤ると、物事は崩壊し始める。

プロダクトモデルの第一級原則

ここで説明する重要コンセプトのそれぞれは、プロダクトモデルの一連の第一級原則に基づいている。

このプロダクトモデルの第一級原則は、私たちが知るすべての強いプロダクト企業に共通する信念を表すものだ。生まれながらにプロダクトモデルであった企業であろうと、プロダクトモデルへトランスフォーメーションを遂げた企業であろうとだ。規模の大小も問わない。消費者

向けプロダクトか企業向けプロダクトかも問わない。ソフトウェアを作っているのか、デバイスを作っているのかも関係ない。

さらに、これらのプロダクトモデルの第一級原則を理解していれば、新しいプロセス、新しい技術、新しい役割、あるいは面接中の候補者の経験さえも、それが役に立つのか、もしくは有害な可能性があるのかを素早く判断することができる。

プロダクトモデル・コンセプト

プロダクトモデルの根底にあるのは、職能横断型でエンパワーされた「プロダクトチーム」である。本書で取り上げることのほとんどは、そういったプロダクトチームが仕事を遂行するのを支援するものだ。

しかしどんな企業であれ、望む分だけの人材やプロダクトチームを抱えているわけではないため、今いる人材を最大限に活用することに知恵を絞る必要がある。そのためには、インサイト主導の「プロダクト戦略」と組み合わせた、刺激的なプロダクトビジョンを持つ必要がある。

旧来のモデルでは、機能開発チームは主にビジネスステークホルダーのニーズに応えるために存在していたため、プロダクト戦略はそれほど重要ではなかった。

しかしプロダクトモデルでは、プロダクト戦略は中心的かつ重要な役目を果たす。プロダクトの最良の機会を特定し、最も深刻な脅威を見極め、解くべき最も重要な問題を選び出すためである。

また、プロダクトチームには解くべき重要な問題が割り当てられるが、そういったプロダクトチームは「プロダクトディスカバリー」、つまり作る価値のあるソリューションを見つけ出す手法に熟練している必要がある。

プロダクトディスカバリーを通じて、何かを構築する前にプロダクトのリスクを評価し、可能な限り迅速でコストのかからない方法で潜在的なソリューションをテストするのである。

さらにプロダクトモデルでは、懸命に働き、多くの機能を発見し提供するだけでは不十分だ。ビジネスに役立つ方法で、顧客の問題を解決する必要がある。これは実際にプロダクトの成果を出すことを意味する。

　そして、作る価値のあるソリューションを特定したら、そのソリューションを構築し、顧客にデリバリーする必要がある。これを継続的に、素早く、確実に行うには「プロダクトデリバリー」と呼ばれる一連のスキルが必要になる。

　つまり、顧客のニーズに応え、継続的に新しい価値を提供するためには、プロダクトチームは頻繁で、小さく、信頼性が高く、独立したリリースを行い、リリースしたものを計測し、監視できる必要がある。

　PARTの最後では、継続的なイノベーションを生み出す強力な「プロダクト文化」の創造に特に貢献するプロダクトモデル第一級原則の追加セットについて説明する。

　そしてさらに、もう一つ理解しておくべき重要なポイントがある。この新しいプロダクト文化を確立するには多大な労力が必要な一方で、その文化を破壊するのは非常に簡単なことである。プロダクトモデルの原則の重要性を常に心に留めておく必要がある。企業には、常にあなたを軌道から引き離そうとする力が働いている。これを防ぐには、プロダクトモデルの原則を常に意識することから始める必要があるのだ。

CHAPTER
15

プロダクトチーム

　すべてのプロダクトモデル・コンセプトの中で最も基礎的なものは、エンパワーされた職能横断型のプロダクトチーム、というコンセプトである。効果を生み出し、革新的であるプロダクトはここから生まれ、プロダクトモデルのほとんどは、このようなプロダクトチームを作り、育てることにある。

原則 » 解くべき問題でエンパワーする

　まず、エンパワーするとはどういうことかを見てみよう。

　エンパワーされたプロダクトチームは、顧客に愛され、かつビジネスにも有効な方法で問題を解決するために存在する。

　解くべき問題（顧客の問題かもしれないし、自社の問題かもしれない）が割り当てられることでチームはエンパワーされ、その問題に対する最良のソリューションを考え出すことこそがチームの仕事となる。

　旧来のITモデルに存在する機能開発チームのように、優先順位が付けられた機能リストや構築すべきプロジェクトが与えられるのとは大き

く異なることを認識してほしい。

次に、職能横断型であるとはどういうことなのかを見ていこう。

与えられた問題を解決する強力なソリューションを考え出すために、職能横断型のプロダクトチームには、プロダクトモデルの各コンピテンシーをカバーできるメンバーが揃っている必要がある。

エンパワーされたプロダクトチームが本当に職能横断型になっているかどうかは非常に重要だ。必要なスキルをカバーしていないチームに、問題を解決し、結果に対して説明責任を負うことを期待するのは妥当ではない。

通常、各コンピテンシーとはプロダクトマネジャー、プロダクトデザイナー、そしてエンジニアのことを指す。

すでに説明したが、非常に重要なことなので繰り返そう。

- プロダクトマネジャーは、「価値リスク」と「事業実現性リスク」に責任を持ち、プロダクトのアウトカム達成に全体的な説明責任を持つ。
- プロダクトデザイナーは、「ユーザビリティリスク」に責任を持ち、プロダクト体験（ユーザーや顧客がプロダクトと接するすべてのインタラクション）に全体的な説明責任を持つ。
- テックリードは、「実現可能性リスク」に責任を持ち、プロダクトのデリバリーについて全体的な説明責任を持つ。

プロダクトチームのサブセットであるこの三人のことを「プロダクトトライアド」や「プロダクトトロイカ」と呼ぶ人たちもいる[24]。

プロダクトチームには、データサイエンス、モバイルテクノロジー、

---

[24] 「プロダクトトライアド」という言葉を否定はしないが、私たちは使っていない。理由は二つある。第一に、三つのコアコンピテンシーを二人や四人でカバーすることもあり、必ずしも三人とは限らないからだ。第二に、私たちが好きなプロダクトチームの中には、テックリード一人だけでなく、すべてのエンジニアがディスカバリー活動に参加しているチームがあるからだ。

テスト自動化/QA（Quality Assurance、品質保証）など特定の専門知識を持つエンジニアや、さまざまなテクノロジーに対応できる幅広いスキルを持つエンジニア（フルスタックエンジニアと呼ばれることもある）が必要に応じて加わるのが一般的だ。

プロダクトリーダーとエンパワーされたチーム

　エンパワーされた職能横断型のプロダクトチームは、信じられないほど強力なツールである。あなたが気に入っている、テクノロジーパワードなプロダクトを一つ思い出してみてほしい。おそらく、その背後にはエンパワーされたプロダクトチームが存在するはずだ。

　しかし、このようなプロダクトチームは自然に生まれるわけではない。

　プロダクトモデルでは、プロダクトリーダーがプロダクトチームのメンバーをコーチングし、チームが良い意思決定をするために必要な戦略的背景を提供する。

　本書では、プロダクトマネジメント、プロダクトデザイン、エンジニアリングのマネジャーやリーダーを「プロダクトリーダー」と呼んでいる。

　ほとんどの人は、エンパワーされたプロダクトチームの一員として成功するために必要なスキルや知識をあらかじめ持った状態で入社してくるわけではないことを必ず理解しておこう。

　たとえ強力なプロダクト企業出身の優秀な人材であったとしても、あなたの会社の戦略的背景を最初から知っているわけではない。

　そのため、プロダクトリーダーの第一の責務はプロダクトチームのメンバーをコーチングして育成し、各人がなすべき務めを果たせるようにすることなのだ。

　また、強いマネジャーやリーダーはプロダクトチームに影響を与え

ている課題を取り除くことにも積極的に取り組んでいる。

原則 》 アウトプットよりもアウトカム

　結局のところ、顧客がそれまで使っていたものよりも、新たに提供するソリューションの方がさらに良い形で問題を解決している、と顧客に信じてもらえていないとしたら、それは失敗である。

　機能をたくさん出荷すれば気分はいいかもしれないが、それが実際のビジネスの成果につながらない限りは失敗だ。

　このテーマに対しては、「ビジネス成果に対する説明責任」や「Time to Market（市場投入までの時間）よりも Time to Money（お金が得られるまでの時間）」など、同様の多くの表現がある。それらすべてが、プロダクトチームは顧客のため、そしてビジネスのために効果的に問題を解決するために存在する、という原則を表したものだ。使われない、買われないものを、ただ作るために存在しているのではないのだ。

　この原則の一例だが、データをよく見ているチームが、アウトカムを改善する最良の方法が、実は機能を削除することだと気づくことがある。これはモバイルアプリでよく見られる。画面上の空間は非常に限られているし、画面上のすべての要素がユーザーの注意を引こうとしており、根本的に相互に競合しているからだ。アウトカムを重視するチームは少なくとも機能の削除の可能性を検討する。

原則 》 オーナーシップ意識

　プロダクトチームがエンパワーされていること、そして説明責任を負っていることを、プロダクトチームに真に感じてもらいたいのであれば、チームが担当していることに対して、本当の意味でのオーナーシップ意識を感じてもらう必要がある。

　プロダクトチームが実行責任を持つ範囲を確認してみよう。

言い換えれば、チームが所有するものは何か？ということだ。チームの分割と各チームがオーナーシップを持つ領域の話はチームトポロジーの話であり、プロダクトリーダーシップの重要なテーマだ。しかしとりあえずここでは、各プロダクトチームが意味のある何かに責任を持つ必要性について話をしよう。

　それはプロダクト全体かもしれないが、今日では大きなプロダクトの意味のある一部分であることも多い。一つのプロダクトやサービスに何十、何百ものプロダクトチームが関わっていることは珍しくない。エンドユーザーが認識する大きなプロダクトの、さまざまな側面やコンポーネントに対してチームが存在する。

　プロダクトチームは解くように求められている問題に対するソリューションを考え出すこと（プロダクトディスカバリー）と、ソリューションを構築して顧客に提供すること（プロダクトデリバリー）の両方に責任を持つ必要がある。

　原則に反し、この二つの責任を二つの異なるチームに分けてしまうと、現実的にも文化的にも深刻な問題を引き起こす。このオーナーシップ意識がすべての仕事に適用されることが重要なのである。ディスカバリーとデリバリー、主要なイノベーションの取り組みや小さな最適化作業、バグの修正、ユーザーの拡大などの仕事だ。

　これは、プロダクトチームのメンバー全員がディスカバリーとデリバリーに同じだけの時間を費やすという意味ではない。

　実際には、プロダクトマネジャーとプロダクトデザイナーは一日の大半をプロダクトディスカバリーの作業に費やし、エンジニアは一日の大半をデリバリー作業に費やす。

原則 》 コラボレーション

　コラボレーションという言葉はあまりに頻繁に、そしてあまりにさまざまな場面で使われるため、多くの人にとってその意味が失われてし

まっている。

　そして、ほとんどの人は自分がコラボレーティブだと思っている。

　しかし、エンパワーされた職能横断型のプロダクトチームの文脈では、コラボレーティブであることは非常に特別な意味を持ち、ほとんどの人、特にほとんどのプロダクトマネジャーにとっては、好む仕事の仕方ではないだろう。

　プロダクトマネジャーが要求を定義し、それをデザイナーに渡して要求を満たすデザインを考えさせ、スプリントプランニングでそれをエンジニアに渡し、要求とデザインを実装するという、古いウォーターフォールのプロセスに沿うプロダクトチームがいまだに多すぎる。

　はっきりさせておくが、これは間違いなく私たちが言うコラボレーションではない。

　さらに言うと、コラボレーションは合議ではない。プロダクトチームが最良の行動方針について合意していることは良いことではあるが、それを必須とすることはない。そのため「Disagree and Commit（賛成できなくても全力を尽くす）」とういうリーダーシップ原則を実践することになる。

　同様に、コラボレーションは民主主義ではない。意思決定を投票で行うわけではない。その代わりに、プロダクトチームの各メンバーの専門知識に頼るのだ。

　一般的に言うと、その決定が技術に関わるものであればテックリードに頼る。決定が顧客体験に関わるものであればプロダクトデザイナーに頼る。ビジネス上の制約に関わる決定であればプロダクトマネジャーに頼る。

　時折コンフリクトが発生するだろうが、通常はテストを行って解決する。

　そして、コラボレーションは成果物のことを指しているのではない。多くのプロダクトマネジャーは自分たちの仕事を「要求」を捕らえたドキュメントを作成すること、もしくは少なくともユーザーストーリーを

書くことだと考えている。確かに、成果物を作成する必要があることはよくある（チームメンバーがリモートで仕事をしている場合は特にそうだ）。しかしそれは間違いなくコラボレーションではない。実際には、そういった成果物は真のコラボレーションの邪魔になることの方が多い。

　プロダクトマネジャーが何かを「要求」だと主張した時点で、対話はほぼ終わりで、議論は実装内容に移ってしまう。

　そうなると、プロダクトデザイナーは社内のスタイルガイドにデザインが適合しているか確認するためにそこにいるように感じ、エンジニアはコードを書くためだけにそこにいるように感じる。そしてウォーターフォールに逆戻りしてしまう。

　最後に、コラボレーションとは妥協することでもない。

　中途半端なユーザー体験、遅いパフォーマンス、制限のあるスケーラビリティ、顧客にとっての不確かな価値に帰結するなら、チームとしての敗北だ。

　うまくいくソリューションを見つける必要がある。つまり、そのソリューションに価値があり（ターゲットとする顧客が実際に購入したり、利用を選択したりするほどの価値がある）、ユーザビリティが高く（ユーザーが実際にその価値を体験できる）、実現可能であり（実際にその価値をデリバリーできる）、ビジネスとして事業実現性がある（社内の他の部門が効果的にそのソリューションをマーケティング、販売、サポートできる）ということだ。

　これらすべてを達成するには、真のコラボレーションが必要だ。

　プロダクトにおけるあなたの仕事は、顧客に愛され、かつビジネスにも有効な方法で、求められる問題を解くことであることを忘れてはならない。それが、職能横断型のプロダクトチームの役割であり、チームの各メンバーがそこにいるのは、特定の必要なスキルを持っているからに他ならない。

　すべてはプロダクトマネジャー、プロダクトデザイナー、エンジニアの真の意味での緊密なコラボレーションから始まる。

私たちが好んでいる方法は、チームでプロトタイプ（通常はプロダクトデザイナーが作成）を囲み、提案されたソリューションをその場で検討し、議論する方法だ。デザイナーは体験に対するさまざまなアプローチを検討し、エンジニアはさまざまなアプローチの想定結果や、さまざまな実現技術の可能性を検討し、プロダクトマネジャーは可能性のある方向性それぞれによる影響や結果（例えば、プライバシー侵害はないのか、営業チャネルとの相性は良いのか、など）を検討する。

　プロダクトチームは誰一人として、仕事のやり方を他の人に指示しない。むしろ、健全で有能なチームでは、チームのメンバーがそれぞれ必要なスキルを持っていると信頼している。

　かと言って、それぞれが独立して動くわけではない。

　デザイナーが持っているユーザーとその行動に対する深い理解に基づいたインサイトは、解くべき問題やそのアプローチを別の方向へと導いてくれる。多くの場合、このようなインサイトは価値に大きな影響を与え、パフォーマンスなどにも間接的な影響を与える。

　同様に、優秀なエンジニアはテクノロジーに対する深いインサイトを持っており、そのインサイトによって、自分が担当する問題に対して、プロダクトマネジャーやデザイナー、特に顧客が想像するよりもはるかに優れたまったく異なるソリューションを導き出す。

　プロダクトマネジャーは顧客やビジネスを深く理解しているため、同様にまったく異なるソリューションを導き出すことができるかもしれない。

　エンパワーされたプロダクトチームで、真のコラボレーションが起きたと感じる瞬間について、私たちが最も気に入っているものを一つ挙げるとすれば、それは、やる気があり、それぞれの専門分野（プロダクト、デザイン、エンジニアリング）に熟練した人たちから起こる魔法だ。プロトタイプを囲んだり、ユーザーがプロトタイプを操作するのを見ながら、エンジニアが新たな可能性を指摘し、デザイナーがさまざまな体験の可能性を指摘し、プロダクトマネジャーが営業や財務、あるいはプラ

イバシーに関連する影響について意見を述べ、いくつかのアプローチを探求した後、すべての関心ごとに真に応える一つの方法に共に辿り着くのだ。

　コラボレーションとはプロダクトマネジャー、プロダクトデザイナー、エンジニアが協力して、すべての制約を解決するソリューションを考え出すことを指す。そのソリューションこそが顧客に愛され、かつビジネスにも役立つソリューションなのだ。

　真のコラボレーションは強いプロダクトチームが機能するための核心になる。

Part IV　プロダクトモデル・コンセプト

CHAPTER
15
プロダクトチーム

CHAPTER 16

プロダクト戦略

　今後、数年をかけて達成しようとしている刺激的で意義深いプロダクトビジョンがあるのなら、プロダクト戦略はそのプロダクトビジョンを実現するための道筋となる。

　難しい問題の解決に焦点を当てるのがプロダクトチームであるとすれば、プロダクト戦略は、何が解くべき最も重要な問題なのかを決定することに焦点を当てる。

　追求できる良い機会は常にたくさんあり、ビジネスに対する真っ当な脅威もたくさんある。

　どのように最良の機会を選択し、どのように最も深刻な脅威が何であるかを決定するかが問題なのだ。

原則 ≫ 集中する

　スティーブ・ジョブズはこう言っている。「集中とは、集中しなければならないことに『イエス』と言うことだと思われている。しかしそれはまったく違う。他の100の良いアイデアに『ノー』と言うことなのだ。

慎重に選ばなければならない。実際私はやったことと同じくらいやらなかったことを誇りに思っている。イノベーションとは1000のことに『ノー』と言うことなのだ」。

ステークホルダー主導のモデルでは、このように必要なことに集中することは本質的に不可能に近い。なぜなら、各ステークホルダーにはそれぞれの目標とニーズがあり、会社はできるだけ多くのステークホルダーを満足させようとしているからだ。

対照的にプロダクトモデルでは、機会と脅威の両方を全体観的に見る必要があり、焦点を絞り、最大のインパクトを与えることに真剣に取り組むためにプロダクト戦略がある。

何に集中するのかの意思決定には、会社の経営層が加わる必要がある。またプロダクトリーダーは自分が隠れた意図を持っているわけではないと周囲に感じさせることも重要である。プロダクトリーダーは透明性を保つべきなのだ。

また多くの場合、どの目標が最も重要であると宣言されることよりも、宣言がなされたこと自体が重要であることも理解する必要がある。ほとんどの企業では、本当に優れた目標がいくつもあり、そのうちの一つでも達成すれば会社を劇的に改善することができる。しかし、多くの目標を追い求めすぎるとどれも成功しないことが多い。

私たちはよくプロダクトリーダーに対するコーチングを通して、CEOに追求すべき最も重要な目標を二つか三つ選んでもらうように促す。そうすることで、プロダクトリーダーはその選択の実行に集中できるようになる。

刺激的なプロダクトビジョンの力

集中に非常に役立つテクニックの一つにプロダクトビジョンの作成がある。プロダクトビジョンはあなたたちが創ろうとしている共通の、

共有された未来を描くものだ。

　プロダクトチームがいくつあったとしても、各チームに自分たちが全体に対してどのように貢献しているかを知ってもらいたいはずだ。プロダクトビジョンは通常、3～10年先の未来を描く。

　プロダクトビジョンでは、顧客の視点から見て世界がどのように良くなるかを描くことが最も重要だ。プロダクト戦略は企業の視点に立ったものだが、プロダクトビジョンはすべて顧客の視点に立ったものになる。

　よく練られたプロダクトビジョンには大きなメリットが多くある。プロダクト組織に大きなインスピレーションを与え、また、新たなプロダクト人材を採用するための唯一にして最高のツールになる。強力で刺激的なプロダクトビジョンの作成については、書籍『EMPOWERED』で詳しく学ぶことができる。

　ここでプロダクトビジョンについて言及するのは、それが集中と優先順位付けに非常に役立つからだ。もし議論中の取り組みやプロダクトのアイデアがプロダクトビジョンの実現に近づかないものなら、なぜそれを優先するのか疑問に思うだろう。

　それでもなおそれを追求する理由はあるかもしれないが、それがプロダクトビジョンに向かう道のりにおける回り道であることは意識しておくべきだ。

原則 ≫ インサイト駆動

　集中するには現実的な規律が必要な一方で、プロダクト戦略に力を与える重要なインサイトを特定するには現実的なスキルが必要となる。

　インサイトはどのように労力を集中すべきかを示すレバレッジポイントとなる。こういったインサイトはどこからでも得られるが、主要な情報源は以下だ。

- データ分析：顧客がどのようにプロダクトを利用、購買しているかについてのデータ。時系列の変化を示すデータ。
- 顧客との会話：何を作ってほしいかを聞くのではなく（顧客は何が実現可能か知らない）、現在どのようなソリューションを使っているか、その環境や背景情報について、そして新しいソリューションに切り替えるには何が必要かを聞く。
- 新しい実現技術：これまでは解決できなかったが、エンジニアが今なら解決できることは何か？　新しいテクノロジーが生み出す新しい機会は何か？　新しいテクノロジーが可能にする新しい体験とは何か？
- より広範な業界：より広範な競争環境から何を学べるか？　あなたの業界や関連業界に影響を与えているトレンドは何か？　顧客の期待は時間とともにどのように変化しているか？

プロダクトリーダーはこういったインサイトに没頭している。会社全体で、これらのインサイトをプロダクトリーダーにすぐに共有するよう奨励すべきである。

これらのインサイトを集約し分析する責任を負うのはプロダクトリーダーだが、インサイトはどこからでも生まれうるし、実際に生まれるものである。

> 原則 》 **透明性**

旧来のモデルにおいては、どの問題を解くべきかの意思決定はさまざまなステークホルダーに分散するが、プロダクトモデルではプロダクトリーダーに効果的に移行される。プロダクトリーダーはビジネスを全体観的に見て、経営幹部やステークホルダーと協力し、最もインパクトのあるプロダクトビジョンとプロダクト戦略を立案する。最も価値ある機会を追求し、最も深刻な脅威に対処するためだ。

ステークホルダーは、プロダクトリーダーが自らの利益や隠された意

図を追求しているのではないかと心配し、嫉妬や不満を抱く可能性は容易に想像できる。だからこそ、プロダクトリーダーはプロダクト戦略を決定するために使用しているデータや根拠をオープンにし、透明性を確保することが重要になる。

また、プロダクト戦略の実行には、通常、全社的な協力が必要であるため、プロダクトリーダーは社内のさまざまなステークホルダーからプロダクト戦略の賛同を得るために努力する必要がある（本書のケーススタディではそのような事例を複数紹介している）。

プロダクト戦略はその戦略を実行できて初めて効果を発揮することを忘れてはならない。

効果的なプロダクト戦略を簡単に導き出す方程式は存在しない。効果的な戦略を立てるには、インサイト、データ、顧客、テクノロジー、業界のトレンドや学びに没頭し、関連する情報を可能な限り吸収し、さまざまな選択肢を考え抜く必要がある。

これをプロダクトセンスということもあるが、実際には細部に没頭して時間を費やした結果なのだ。

この分析と透明性の利点は、選択の根拠が明確になること、組織の足並みが揃うこと、そしてこれによって組織がこのプロダクト戦略をより迅速かつ効果的に実行できるようになることにある。

原則 ≫ 複数に賭ける

最後に、プロダクト戦略が科学ではないということを誰もが認識する必要がある。

たとえ最高のプロダクト戦略があり、非常に熟練したプロダクトチームやプロダクトリーダーがいたとしても、すべてのプロダクトチームがすべてのプロダクトの問題を四半期ごとの時計仕掛けのように解決できるわけではない。

どのプロダクトチームも異なるスキルセットを持ち、異なる問題に取

り組み、異なるテクノロジーを使い、そして特に、異なるデータにアクセスしていることを理解しよう。

さらに単に、ある問題が他の問題よりもはるかに難しいこともある。他の問題と大きく異なるリスク特性を持っているかもしれない。また、達成すべき目標がはるかに厳しいのかもしれない。

旧来のITモデルにおける間違いはこのような現実を無視していることで、それを無視して、プロジェクトが予想よりはるかに時間がかかったり、意味のある結果を出せなかったと言って驚いている。

プロダクトモデルではテクノロジーパワーなプロダクトの現実としてこれを受け入れ、こうした事態を想定して計画を立てる。

この現実に対処するための有用な比喩の一つに「複数に賭ける」という考え方がある。つまり、極めて重要な解くべき問題がある場合、その問題を複数のプロダクトチームに割り当て、そのうちの少なくとも一つのチームが四半期中に価値ある進捗を遂げることに期待するのだ。

運良く複数のチームが価値ある進捗を遂げたり、期待以上の進捗を遂げた場合、それは特別に良いアウトカムとなるが、可能性は高くないだろう。

経験豊富なプロダクトリーダーは四半期ごとに一連の複数の賭けを行うことで、リスクのポートフォリオをマネジメントし、年度末までに会社の年間ビジネス目標を達成する可能性を最大化するように努める。

CHAPTER 17

プロダクトディスカバリー

　プロダクトチームの責任は、解くように求められている問題に対する最良のソリューションを見つけ出すことと、そのソリューションを構築してデリバリーすることの両方にある。

　前者がプロダクトディスカバリーであり、後者がプロダクトデリバリーだ。

原則 » ムダを省く

　プロダクトディスカバリーの第一級原則は、時間と労力のムダを最小限に抑えて問題を解こうと試みることだ。プロダクトディスカバリーがTime to Moneyを加速させる鍵となる。

　プロダクトチームが最良のソリューションを推測し、そのソリューションをエンジニアに説明し、エンジニアにそのソリューションを構築させデリバリーさせることは確かに可能だ。

　これは、ITモデルの多くの企業が何十年も行ってきたことだ。

　しかし、このような方法で構築されたソリューションの大半（一般的に70～90%）が必要なビジネス成果をもたらさないまま終わっているこ

とを、数十年にもわたるデータが明確に示している。

　これは直接的なコストの観点（特に、最大のコストは通常エンジニアであるため）だけでなく、機会コストの観点からしてもムダである。

　デリバリーした後に再挑戦する機会がチームにあることも時折あるが、その場合でも、このやり方では成功する確率は低い。

　プロダクトディスカバリーの概念が生まれたのは、賢明な企業がこのやり方にはムダがあると考えたからだ。そのソリューションが、解決しようとしている顧客やビジネス上の問題をうまく解決できると信じるに足る十分な証拠を持っていることを、エンジニアに構築を依頼する前に確かめたかったのだ。

　プロダクトディスカバリーの背後にある重要な考え方は、プロダクトアイデアを迅速にテストし、構築する価値のあるソリューションを特定し、そしてそれからそのソリューションを市場に投入するということだ。その意図は、ムダを劇的に減らすことでTime to Moneyを大幅に短縮することと、ビジネス上の成果を大幅に向上させることの両方にある。

原則 » プロダクトのリスクを評価する

プロダクトの構築には常に以下のリスクが伴う。

- 価値（Value）リスク：プロダクトを作ったものの、顧客は現在使っているものよりも十分に優れていると感じられず、利用や購入、乗り換えを検討してみようとは思わないかもしれない。
- ユーザビリティ（Usability）リスク：プロダクトを作ったものの、ユーザーが必要な操作方法を理解できなかったり、ユーザーの問題の捉え方とプロダクトにズレがあるかもしれない。これは、プロダクトがあまりにもわかりにくい、期待した動作をしない、学習曲線が急すぎるなどの形で現れる。
- 事業実現性（Viability）リスク：プロダクトを作ったものの、法律、

コンプライアンス、パートナーシップ、倫理的な問題があり、そのプロダクトを売ることができないかもしれない。そのプロダクトを顧客の手に届けるために必要なことが、マーケティングや営業の組織と調整できないかもしれない。運営コストが高すぎたりビジネスを維持するのに十分な収益を上げられないかもしれない。
- 実現可能性（Feasibility）リスク：当初考えていたよりもはるかに長い時間がかかることがわかり、コストが高くなりすぎて実際にプロダクトを作り、提供する余裕がないかもしれない。

あなたが取り組む問題に、非常に小さなリスクしかない場合もあれば、非常に大きなリスクが多くある場合もあるだろう。しかし、どんな取り組みにも考慮すべきリスクはある。

ここでの重要な原則は、何かを作ると決める前にそれらリスクを評価し、対処する必要があるということだ。

倫理的リスクの評価

倫理的リスクは事業実現性リスクの一つであり、Go-to-Marketリスクや収益化リスクといった他の重要なリスクと並ぶものだ。しかし他のリスクとは異なり、企業内に倫理リスク専任のステークホルダーがいることはほとんどない。最高倫理責任者がいる場合も時折あるが、まだまだ例外的だ。

なぜプロダクトチームが倫理的リスクを気にする必要があるのか不思議に思うかもしれない。その理由は、プロダクトチームが最初にそのリスクに気がつくことが多いからだ。プロダクトディスカバリーをする中で、その取り組みが環境、社会、安全に関して影響がある可能性に気がつくことが多いのだ。

ほとんどの場合、結果は意図的ではないものの外部性[25]やその他の影

響を引き起こす可能性がある。これらの影響を特定し予測できれば、問題のある副作用を避ける代替手段をあらかじめ模索できるだろう。

このような場合には、プロダクトリーダーが個人的に関与して問題解決を支援しなければならないことが多い。また一般的に、プロダクトリーダーは倫理の問題を特定し、解決する方法について部下をコーチングする。

原則 》 迅速な実験を受け入れる

四つのプロダクトリスクを真摯に受け止めるには、調査しなければわからないことが何か、そして顧客やステークホルダーすらもわかっていないことは何か（通常は技術的に可能なことを知らない）について、ありのままに受け止める必要がある。

プロトタイプを作成し何度か実験をしなければ、顧客が本当にその新しいプロダクトを理解して使うことができるのか、あるいは実際にその新しいプロダクトを購入するのかどうかを知ることは非常に難しい。

また、基礎となる技術や潜在的なソリューションを調査する時間がエンジニアになければ、何かを作るのに実際にどれくらいの時間がかかるかを知ることは非常に難しい。

プロダクトディスカバリーの核心はどのようなソリューションがありうるかについて、プロダクトのアイデアを迅速にテストすることにある。

顧客の問題を解決するソリューションを理解しているつもりでも、それは単なる推測に過ぎないことを謙虚に自覚しなければならない。そこで、そのアプローチがうまくいくか、いかないかを素早く判断するために実験を行うのだ。

実験の文化はリスクに対処するのに役立つだけでなく、イノベーショ

---

25 訳注：経済学の用語で、ある経済主体（個人や企業）の意思決定や活動が他の経済主体に影響を及ぼすこと

ンの絶対的な核となる。多くの場合、成功するアイデアは最初はほとんど見込みのないアイデアに見えるものだ。

　迅速な実験の文化があれば、プロダクトチームがこうしたアイデアを追求することが後押しされる。実験のスキルがあれば、プロダクトチームはこうしたアイデアを迅速かつ低コストでテストできる。

　より広く言えば、プロダクトモデルでは意見が一致しないのは普通のことだ。

　実際、プロダクトチームのメンバーや、協力するステークホルダーが自分たちの取り組んでいることに実際に関心があるのであれば、意見の相違はむしろ良い兆候だ。

　たくさんの意見の相違に対処するため、プロダクトチームは十分な情報に基づいた意思決定ができるように、多くのディスカバリーテクニックに熟練し、迅速なテストを実行してデータを収集する必要がある。さらには、ある特定の状況に対してどれだけのデータを収集する必要があるかを判断する力を養わなければならない。

　つまり、定量情報および定性情報を得るためのディスカバリーテクニックの両方に長けている必要があるのだ。定量情報を得るテクニックを使えば、ユーザーや顧客が実際にプロダクトのアイデアにどのように関わっているかを知ることができ、非常に大きな財産となる。しかし大きな限界として、一般的に定量データからは顧客がなぜあなたのプロダクトアイデアを使うのか（あるいはなぜ使わないのか）を知ることができない。そのため、定性情報を得るテクニックも必要であり、中でも最も重要なテクニックは実際にユーザーや顧客と話をすることである。

　また、プロダクトが実際にどのように利用されているかを知るためには、構築、デプロイするすべてのものを計測可能にする必要があるということでもある。

　そのようなデータがなければ、目隠しをして空を飛んでいるようなものだ。一方でデータがあればプロダクトをより早く改善することができ、また問題が発生した際にも迅速な診断ができる。

原則 》 責任を持ってアイデアをテストする

　プロダクトディスカバリーのテクニックは小さなスタートアップから大企業まで、あらゆる規模の企業で使われている。しかしそこにはいくつかの違いがある。それぞれにおいて簡単なこともあれば、難しいこともある。

　スタートアップは往々にしてトラフィックが少ないため、十分な量のデータを集めることができないことも多い。

　一方、大企業には顧客が多数いることが多い。そういった企業がプロダクトを計測可能にし、データを収集しているのであればそれは優位性になりうる。しかし前述したように、もしまだこういったデータを収集できていないのであれば、それが「作り方を変える」における基礎となることを認識しよう。

　もう一つの違いは、通常スタートアップは収益があまりなく顧客も多くないことだ。それが正常化するまでは失うものはほとんどない。一方で大企業には失うものが多い。

　だからこそ、大企業におけるプロダクトディスカバリーの原則は、リスクを評価し、実験を行い、データを収集し、迅速にイテレーションすることなのだ。その際には以下を確実に守る必要もある。

- 会社の収益
- 会社の評判
- 会社の顧客（混乱や不満から守る）
- 営業やカスタマーサクセスなどの従業員（不意打ちにならないように）

　上記のいずれかが懸念される場合のために、テストをより慎重に行う際に利用できるテクニックにはさまざまなものがある。明確に言っておくと、実験を行うことは絶対に必要だが責任を持って行う必要がある。

CHAPTER 18

プロダクトデリバリー

　プロダクトモデルに移行するほとんどの企業は、先に述べたテックリードというコンピテンシーを導入するだけでなく、顧客が依存しているプロダクトの構築、テスト、デプロイに関してのスキルと基盤も強化しなければならない。

　強力なプロダクト企業では「信頼性は、我々にとって最も重要な機能である」というフレーズをよく耳にする。

　テクノロジーパワードなモダンなプロダクトやサービスでは、プロダクトが壊れてしまうとユーザーや顧客、収益、ブランドの評判、従業員（特に営業やカスタマーサクセス）に対して、即座にダメージを与える結果になりかねない。

　重大な問題を引き起こせば、そのサービスを利用し依存しているすべての顧客やユーザーに障害が発生する可能性がある。それは、多くの利点があるクラウドコンピューティングの代償の一つである。

　どんなプロダクトであっても、早急な対応を必要とする、顧客に深刻な影響を与える問題というものに遭遇することだろう。

　このような場合には、システムを安定させるために直近の変更を即座

にロールバック（切り戻し）し、問題を素早く診断し、解決策を作り、その解決策で実際に問題が解消するかテストし、また、意図せず他の問題を引き起こすこと（リグレッション）がないかテストも行い、そしてその解決策を安全にデプロイする能力が必要となる。

　一般的に、顧客は時には問題が発生してしまうと理解しているが、問題が発生したときに迅速かつ適切に対応されるかどうかで、あなたたちを評価する。

　問題の解決に何週間も何カ月も待つことは、今やほとんどの企業にとって許されない。強いプロダクト企業には差し迫った顧客や市場のニーズに迅速かつ適切に対応する能力が必要だ。

　顧客にサービスを提供するためには、プロダクトが正しく機能し、必要な価値を生み出していることを確認する必要がある。これが、デプロイ、計測、モニタリング、アナリティクスをサポートするための一連の重要な機能が必要となっている理由だ。

　本章のコンセプトと原則は本来的にはやや専門的ではあるが、いずれも本質的なものであり、概念レベルの理解は比較的簡単なはずだ。

原則 》小さく、頻繁な、独立したリリース

　そういったニーズに対応するために利用される基本原則は、小さく、頻繁な、独立したリリースのデプロイである。

　まずこれは、各プロダクトチームが最低でも二週間に一回は新しいものをリリースするということだ。強力なプロダクト企業では一日に数回リリースする（CI/CD、つまり継続的インテグレーション、継続的デプロイメントと呼ばれる）[26]。

26　これに対する最もよくある反対意見はモバイルアプリを開発しているプロダクトチームから来る反対意見だ。月一回よりも多い新バージョンのリリースの申請を、アプリストア側が嫌うという指摘だ。しかし、数年前から継続的デプロイの利点を得るために、管理された顧客デバイスのセットに対して継続的にリリースできるツールが提供されている。

135

あなたが気に入っているプロダクトでこのようなことがなされていることに気づかないのは、まさに非常に小さなリリースがほぼ絶え間なくされているからだろう。

　しかし、信頼性の確保は思っているよりもやや複雑だ。一般的に、作るものに対して主に次の二点をテストすることになる。一つ目は簡単だが、二つ目はそうではない。

　一つ目は、新しい機能を構築するとき、その新しい機能が期待通りに動くかどうかをテストする必要がある。簡単ではあるが、今後数カ月から数年にかけてその新機能を何千回も再テストすることになるため、通常はテストの自動化にある程度投資をすることになるだろう。

　二つ目は、新しい機能を有効にするために行った変更が、意図せず、あるいは不注意に他の何かを壊してしまわないようにすることである。これはリグレッションテスト（回帰テスト）と呼ばれる。そして、多くのテクノロジーパワードなプロダクトやサービスは、文字通り何百人ものエンジニアが何年もかけて何万もの相互作用を作り上げてきた結果であることを理解していれば、新しい機能が導入されたときに、複雑なプロダクトが一つも壊れないことを保証するのがいかに重要な仕事になりうるかがわかるはずだ。

　新機能を確実に告知通りに機能させ、リグレッションが発生しないようにするために、一連の変更を非常に小さくデプロイするのだ。

　リリースの増分が小さければ小さいほど、より早く新機能の品質が保証でき、より早くリグレッションしていないことを確信できる。

　また、このような小さく頻繁なリリースでは、問題が発生した場合にその原因を特定するのがずっと簡単になる（変更点がごく少数だからだ）。

　だから、もし本気で顧客を大切にしたいと考えているのなら、非常に頻繁な非常に小さなリリースを提供できるように投資する必要がある。

　もしそれが直感に反するように思えたり、品質を確保するためにはもっと少ない頻度でリリースする必要があるのではないかとまだ信じて

いるのなら、理論と証拠を深く調べることが、自分自身、会社、そして特に顧客に対しての責務になるだろう。強力なプロダクト企業では、なぜ頻繁で小さなリリースによって多くのスループット（速いスピード）と高い品質の両方が実現されているのかを理解する必要がある[27]。

残念ながら、多くの企業でこのような小さく頻繁なリリースを行う能力をまだ獲得できていない。

その代わりに、プロダクトに何百、何千もの変更を加え、月に一度、四半期に一度、あるいは年に一度、これらの変更すべてを統合しようとする。そして、そのすべての新機能が期待通りに動くかどうかをテストし、新たに発生した問題（リグレッション）をすべて特定して取り除くための辛く単調な作業に取りかかる。

お気づきかと思うが、このような大規模なリリース（ビッグバンリリースと呼ばれる）が、数週間から数カ月の遅延が発生することで悪名高いのはこのためだ。すべての機能を信頼性のあるリリース可能な状態まで戻す作業が伴っているのだ。

実際、このような方法で作られたプロダクトの多くは、信頼できる品質の状態に達することは決してなく、顧客は次々と発生する不具合や問題に対処することになるか、別のソリューションプロバイダーを探すことを余儀なくされる。

さらに、新しいリリースが実際に想定通りに機能したとしても（それはかなり可能性の低い話だが）、顧客は何百、何千ものプロダクトの変更点を一度に理解することを余儀なくされる。そのため、再教育、再認定、再統合などの作業が必要になる可能性が高く、プロダクトを提供する会社が強要したすべての変更に対応するために、顧客自身の仕事が大幅に中断されることになる。

このような場合、顧客はその量の変化に対応する時間を取れないため、リリース頻度を下げるようにその会社に迫るのが一般的だ。ここまで見

---

27 「LeanとDevOpsの科学［Accelerate］」という素晴らしい本を改めてお勧めしたい。

てきたように、顧客がリリースの頻度を減らすよう要求する理由は完全に理解はできるが、実際にはそうすることは顧客にとってもその会社にとっても悪いことだ。

　顧客の正当な懸念を無視したり軽視するのではなく、顧客がプロダクトの変更の影響に対処する必要がないようにプロダクトをデザインし、テストし、リリースする責任があるのだ。そして、プロダクトの変更を本番環境にできるだけ早くデプロイすべきだが、それと同時に、顧客にその新しい機能をいつ見せてアクセスさせるのかをコントロールするテクニックもある。

ハイインテグリティーコミットメント

　プロダクトモデルでは、プロダクトチームは顧客と会社のために、顧客に喜ばれ、かつビジネスにも有効な方法で難しい問題を解くことを重視する。

　とはいえプロダクトモデルでも、時には特定の期日に特定の成果物を提供する必要がある。

　これをハイインテグリティー（信頼性、誠実性の高い）コミットメントと呼ぶ。

　もしかするとあるパートナーシップがあり、パートナー側が自分達の仕事の計画を立てなければならないかもしれない。あるいはあなたの会社が大規模なマーケティングキャンペーンや業界イベントを計画しており、その準備完了にコミットする必要があるのかもしれない。

　一般的なアジャイルチームがこの種の約束を果たすという点において、ひどい実績なのはよく知られている。

　しかし、強力なプロダクト企業は顧客、パートナー、そして他部門との信頼を構築・維持するために、その約束を果たすことがどれほど重要であるか理解している。

顧客やパートナーがあなたの会社の特定の成果物に依存するのであれば、あなたが約束した期日に必ず納品してくれること、そしてその成果物が必要な価値を提供してくれることを確信する必要がある。

　この場合、根本的な問題を解決し、特定の日付に成果物をコミットできるかどうかを高い信頼性で確定する必要がある。

　ハイインテグリティーコミットメントの責任を負うプロダクトチームが、プロダクトのリスクに合理的に対処できるような十分なプロダクトディスカバリーを最初に行える場合に限り、安全かつ責任を持って期日に成果物をコミットすることができる。これが重要な点だ。

　エンジニアが経験豊富であるか有能なコーチングを受けている場合、ほとんどの場合、プロダクトチームは何かを約束する前にまず実現可能性を確かめるフィジビリティプロトタイプを作成する。この一般的なテクニックは、書籍『INSPIRED』で紹介している。

　さらに、提供可能な期日を実際にプロダクトをデリバリーする人たちから提示することが絶対不可欠だ。プロジェクトマネジャーやプログラムマネジャー、プロダクトマネジャー、アーキテクトなど、実際に作業を行わない人から出してはならない。

　さらに、CTO（エンジニアリング責任者）は、所属するエンジニアリング組織のコミットメントに対して最終的な責任を負うため、CTOがすべてのハイインテグリティーコミットメントを個人的に承認することがベストプラクティスである。

　ハイインテグリティーコミットメントは、会社の経営層が適切かつ慎重に利用し[28]、プロダクトチームがプロフェッショナルに取り扱うのであれば、組織全体に必要な信頼を構築する上で大いに役立つ。

28　すべての取り組みをハイインテグリティーコミットメントにしようとする企業があるが、それは完全に的外れだ。それによって実際にはプロダクトモデルを台無しにしていることを認める必要がある。

原則 》 計測可能にする

　プロダクトモデルでは、問題解決にコミットしアウトカム達成に責任を負うことになるため、プロダクトが実際にどのように利用されているのか（もしくはそもそも利用されているのか）を理解することが不可欠である。

　つまり、何が起こっているか理解できるようにプロダクトを確実に計測可能にする必要がある。

　これはテレメトリー（遠隔測定法）とも呼ばれ、あらゆるレベルで必要となる。健全性やパフォーマンスをレポートするサービス（下層レベル）から、利用状況分析や会社のダッシュボードを生成するアプリケーション（上層レベル）までのあらゆるレベルでだ。この計測データがなければ、目隠しをしてただ飛んでいることになる。

　つまり、新しい機能をリリースしても、それが利用されているかどうか、どのように利用されているか、顧客がどこで苦労しているかがほとんどわからない。しかし適切に計測と分析が行われていれば、問題を素早く発見して修正し、必要な価値を提供していることを証明できる。

　必要なレベルの計測を提供するためのさまざまなツールやサービスが世の中に存在する。計測化の種類やレベルの違いに応じて複数のツールが必要になるのが普通だが、そもそもまず、この遠隔測定データの重要性への理解が重要になる。

　また、プロダクトがどのように利用され、どのような改善が必要かを深く理解するにつれ、収集する遠隔測定データも常に進化させていく必要があることを認識しなければならない。決して「完成」するものではなく、常に改善されるべきものなのだ。

原則 》 モニタリング

　計測には多くの利点があるが、重要なことの一つとして、計測可能に

することによってもう一つのデリバリー原則であるモニタリング（可観測性、オブザーバビリティとも呼ばれる）が可能になるという点がある。

計測と同様に、モニタリングもあらゆるレベルで必要となる。基礎となるコンピューティングシステムとサービスが適切に動作し機能していることの確認から、アプリケーションが正しく動作し顧客に適切にサービスを提供していることの確認まで、あらゆるレベルで必要だ。

強力なモニタリングができれば、多くの場合、顧客が問題に遭遇する前に非常に迅速に問題を検出することができる。

計測と同様に、モニタリングに役立つさまざまな商用ツールが提供されている。また計測と同様に、情報の種類やレベルに応じて複数のモニタリングツールやレポーティングツールが必要になるだろう。

計測とモニタリングの両方において、そういったツールでは機密情報や個人を特定できる情報の追跡やレポーティングを防止する技術が使用されている。

原則 ≫ デプロイ基盤

ここまでの原則によって、小さく、頻繁にリリースをデプロイでき、必要な遠隔測定データが計測可能になっており、そのリリースの状況もモニタリングできていることになる。

しかし、必要な価値を確実に提供するためにもう一つ重要な要素がある。それは、デプロイに使われる基盤に関わるものだ。

新しい機能をプロダクトにリリースする準備ができ、その新しい機能をテストし正しく動作することを確認したと仮定しても、時には本番環境で何らかの問題が発生することがある。デプロイ基盤には、必要なときにその変更をロールバックする機能が必要だ。

しかし、たとえ正常なデプロイとロールバックの運用ができたとしても、実際に顧客がその機能をどのように日々利用するかまではまだわからない。

機能の利用状況については三つのケースが考えられる。

1. 顧客はその新しい機能を気に入り、すぐに使い始め、それに依存する。これはもちろん皆が望むことだ。
2. プロダクトとしてリリースしたが、何らかの理由でこの新機能が実際の顧客のプロダクト利便性を損なう。この原因の一般的なものとして、特にモバイルアプリケーションの場合に、画面上の領域が非常に限られており、ある機能を追加したことで、より重要な機能を顧客が見つけられなくなることがある。この場合、この問題を解決するまでは、この機能のデプロイを取り下げたいだろう。
3. 新機能がデプロイされ技術的には問題なく動作しているが、単に使われない、または少なくとも期待したレベルには使われていない。その結果、新機能は何の利益にも何の不利益にもならない。実はこのケースは驚くほどよくあり、非常にフラストレーションがたまる。

ビジネスアウトカムを達成するという基準を自らに課すのであれば、新しい機能をデプロイした場合に、これら三つのケースのどれが起きるのかを把握する必要がある。

そのための最も一般的な方法は、デプロイ基盤でA/Bテストをサポートすることだ。これが「金字塔」のような手法と考えられているのは、ある一つの新機能の貢献度を簡単に切り分けることができるためだ。しかし、結果を迅速に決定するためにはかなりの量のトラフィックが必要となる。

あなたが気づいているかはわからないが、プロダクトモデルで運営されている企業はこのようなテストを多数（多くは数百以上）同時に実行している。デプロイ基盤はこれらのさまざまなテストを実行し、各テストの分析結果を収集し、統計的に有意な結果が出るまでテストを継続する。

デプロイ基盤の別の機能では、特定の新機能をどの顧客に見せるかも

制御できる。特によく使われるものとして、新機能を本番環境にデプロイするが準備が整うまでその新機能を顧客に見せないようにできる機能がある。このテクニックは、公開する必要のある変更が同時に複数ある場合や、特別なマーケティングイベントでの公開を待ちたい場合などに特に役立つ。

デプロイ基盤に関しても商用ツールがいくつか提供されているが、企業のニーズがさまざまなため、企業によっては商用ツールとカスタムの基盤が混在していることも珍しくない。

技術的負債のマネジメント

ここで技術的負債の問題に言及するのは、技術的負債の状況が一定に深刻になっているなら、他のすべて（作り方やデプロイ方法の変更から始めることなど）の支障になるからである。

どんな企業でも技術的負債[29]を抱えてはいるが、トランスフォーメーションを必要としている企業ほど、非常に深刻なレベルの技術的負債を抱えていることが多い。

その理由は二つある。

1. 買収を繰り返してきた企業は、買収した企業の負債を引き継ぐだけでなく、他のシステムとの統合の必要性があり、さらには買収後

---

[29] おそらく技術的負債という概念を聞いたことがあるだろうが、これは急場しのぎという名目でのエンジニアリングやアーキテクチャのショートカットの累積的な影響だけでなく、何年にもわたる成長の累積的な影響でもある。明確に言っておくと、これは普通のことであり、むしろある程度は望ましいことでさえある。しかし、技術的負債を放置しておくと企業を文字通り破壊しかねない。この問題が手に負えなくなっていることを示すよくある兆候は、通常なら数日でできる作業が数週間かかるようになっており、それによって社内や顧客からのフラストレーションの声を耳にするようになることだ。

に経験豊富なエンジニアを失うため、問題は通常、倍増する。
2. ほとんどの旧来のモデル、特に古典的なITスタイルであるプロジェクトベースの予算付与モデルのもとにある企業では、予算付与が特定のプロジェクトに対してのみ行われ、プロダクトと、プロダクトを運用するシステムを常に改善するためのシステムに対して全体観的な検討がなされていない。これは非常に高いレベルの技術的負債を迅速に生み出す秘訣と言ってもいいくらいだ。

原因が何であれ、技術的負債の症状はたいていはっきりしている。以前は数日から数週間でできていた作業が数カ月かかるようになっている。プロダクトチームは、依存関係が強すぎて自律性が低すぎると不満を漏らす。小さな機能でさえ多くのコストがかかり、企業にとって重要な大規模な取り組みの遂行が非常に困難になり、企業はそれを避けるためにあらゆる手段を講じようとする。

これが、技術的負債が多くの企業で恐れられている理由である。

これは、企業が直面する数少ない真の事業継続リスクの一つである。プロダクトチームが主要分野に真のオーナーシップを持つプロダクトモデルへの移行は、その状況を改善するための大きな一歩だが、それでも自力で解決する必要がある。

プラットフォーム再構築のさまざまな取り組みの詳細については、本書の範囲を大きく超えてしまっている。しかし必要であれば、専門的な会社がコードベースをモダン化するための堅実な計画を策定する手助けをしてくれることだろう。しかし、最も重要なことは、技術的負債に対処するための取り組みにすぐ着手し、この取り組みを継続的かつ無期限に行う必要があるということだ。

技術的負債にうまく対処しているほとんど企業は、エンジニアリングのキャパシティの10～30％程度を使って、日々技術的負債に取り組んでいると言うだろう。時にはキャパシティの40～60％以上を必要とするほど悲惨な状況もある。そのような状態では、顧客に対応す

るキャパシティがほとんどなくなるため、慎重かつ意図的に進める必要がある。

　このような技術的負債の問題をコントロール下におけるまでには、通常1〜3年かかるが、幸いなことに、確かな計画があり経験豊富なエンジニアがいれば、多くの場合、わずか数カ月で具体的な成果が出始める。

Part IV　プロダクトモデル・コンセプト

CHAPTER 18　プロダクトデリバリー

CHAPTER

19

プロダクト文化

　本書のここまででプロダクトチーム、プロダクト戦略、プロダクトディスカバリー、プロダクトデリバリーというプロダクトの核となるコンセプトについて紹介してきた。それぞれのコンセプトの背後にある基本原則をすべて考慮すれば、強いプロダクト企業における強いプロダクト文化とは何を意味するのかがよくわかるだろう。

　プロダクトチームは困難な問題に対して優れたソリューションを見出すようにエンパワーされ、必要なスキルを備えた職能横断型の人材で構成され、顧客、データ、ステークホルダーへ自由にアクセスできる。

　プロダクト戦略はインサイトに支えられており、そのインサイトは組織が追求すべき最も価値ある機会と、対抗すべき最も深刻な脅威を決定するのに役立つ。

　プロダクトチームはプロダクトディスカバリーに長けており、前もってリスクを評価し、実験を採用し、プロトタイピングし、ユーザーや顧客との迅速なテストを行うことで、実際に構築する価値のあるソリューションを迅速に決定する。

　そしていったんプロダクトチームが構築すると決めたら、プロダクト

デリバリーのスキルを発揮し、小さく、頻繁に、信頼性の高いリリースを行い、計測とモニタリングを行いながら、構築、テスト、デプロイを行う。

しかし他にも、決定的に重要なプロダクトモデルのメタ原則とも言える原則がいくつかある。これらはもっと広くプロダクト開発に適用されるものでありながら、強力なプロダクト文化を定義する上で非常に重要な役割を果たす。

原則 》 プロセスよりも原則

トランスフォーメーションを望む企業の多くは、創業当初はイノベーションに長けていたはずだが、いつの間にかその能力を失ってしまった。

残念ながらこれはよくあることであり、強力なプロダクト企業であっても常に恐れていることだ。

ジェフ・ベゾスは「良いプロセスによって、顧客にサービスを提供することができる。しかし注意しなければプロセス自体が重要事項になってしまう。大きな組織であればこれは非常に簡単に起こりうる。(中略)プロセスは重要事項ではない。我々がプロセスを所有しているのか、それとも我々がプロセスに所有されてしまっているのか、と常に問いかけるべきだ」と警告する。

スティーブ・ジョブズは「優れたプロダクトを生み出すのはプロセスではなく、中身だ。(中略) システムがないことがシステムだ。だからといってプロセスがないわけではない。(中略) しかし、それが目的ではない」と警告する。

リード・ヘイスティングス (Reed Hastings) は「(Netflixがこれほど成功したのは、) プロセスよりも人を重視し、効率性よりもイノベーションを重視し、コントロールがほとんどない文化があるからだ」と警告する。

スティーブ・ブランク (Steve Blank) は「プロセスは問題とソリュー

ションの両方がわかっている世界で生きているのなら素晴らしいものになる。プロセスは組織の他の部分を壊すことなく、スケールの大きなソリューションを確実にデリバリーするのに役立つ。(中略)このようなプロセスは組織全体のリスクを低減する。しかし、プロセスの各層ではアジャイルさとリーンな能力が低下し、(そして最も重要だが)新たな機会や脅威への対応能力が低下する」と警告する。

プロセスが根本的に悪いというわけではない。しかし、あなたの会社に入社するリーダーやマネジャーの多くは、とっくの昔にイノベーションを起こす能力を失った会社のプロセスや文化を持ち込む。あるいは、テクノロジー以外の分野からプロセスを持ち込み、イノベーションのために最適化しようとしている組織にそれを押し付けようとする。

本質的には、プロダクト組織をプロセスで運営しようとするか、それとも人で運営しようとするかだ。

ある人がミスを犯した場合、そのミスを二度と起こさないようにするためのプロセスを追加することもできるが、しかし、その人が今後どのようにその状況に対処すればよいか理解できるようにコーチングを提供することもできるのだ。

従業員をエンパワーメントし、真のオーナーシップを持たせ、もっとプロダクトチームやユーザーに近いところで意思決定を下そうとするのであれば、コーチングをマネジャーの責務の柱に据える必要がある。

コーチングには、スキルや原則を教えるだけでなく戦略的背景(プロダクトビジョンやプロダクト戦略の全体像)を共有することも含まれる。

継続的なプロセス改善

特定のプロセスよりも、ここで議論している原則を常に重要事項に置き続けるためのもう一つの方法は、意図を持って継続的にプロセス改善を実践することである。

常に自分たちの経験とニーズを振り返り、さらに良くなるよう絶えず努力するという考え方だ。つまり、プロセスを宗教のようにしてしまう罠に陥らないように注意することと言える。

原則 》 コントロールよりも信頼

コマンド＆コントロールのモデルからプロダクトモデルへの移行は、単なるコンピテンシーやコンセプトの変化ではなく、根本的な文化の変化だ。

多くの企業リーダー、特にトップダウンのコマンド＆コントロールのモデルでキャリアを築いてきたリーダーにとってこれは大きな飛躍となる。

プロダクトモデルはコントロールよりも信頼が重視されるモデルだ。この大きく異なる働き方の背後には、こうした変化があることを理解しよう。

このアプローチは多くの形で表れる。しかしまずは、プロダクトチームに解くべき問題を与えてエンパワーし、その問題に対する最良のソリューションを考え出す責任を持たせることだ。ステークホルダーがプロダクトチームに優先順位をつけた機能のリストやプロジェクトのリストを提供するのではない。

より広く言うと、直接手を出すマイクロマネジメントから積極的なコーチングを伴う奉仕型（サーバント型）のリーダーシップへの移行を意味する。つまり、コントロールではなくコンテキスト（背景、文脈）をもとにリードするということである。

原則 》 予測可能性よりも革新性

多くの企業でイノベーションが起こらない根本的な原因は明白だ。作るものや期日の予測可能性を目標にして組織や仕事の進め方を設計して

いるのだ。毎四半期、大量の機能をただ出荷することに集中している。

その会社がイノベーションという目標を意図的に放棄しているわけではないのだろうが、ヘンリック・クニバーグ（Henrik Kniberg）が言うように、「100％の予測可能性＝0％のイノベーション」なのだ。

予測可能性を重視する企業では、出荷する機能に価値があるかどうかを心配するのはステークホルダーの仕事だと言われる。しかし、強力なプロダクト企業はこれはステークホルダーが賢ければうまくいく、という問題ではないことをわかっている。それはテクノロジーパワードなプロダクトの本質に関わることであり、特にステークホルダーや顧客は何が可能かを知らない。今、何が可能なのかを知っているのはエンジニアなのだ。

今日、企業の成功はこれまで以上に継続的なイノベーションにかかっている。予測可能性は良いことではあるが、イノベーションと比べると重要でも必要でもないことを認識しよう。

なお、時折必要となる成果物の予測可能性に対処する最良の方法はハイインテグリティーコミットメントだ（CHAPTER 18の囲み記事を参照）。

プロジェクトからプロダクトへ

プロダクト文化の話は非常に理論的な話に聞こえるかもしれないが、しかしその文化はすべての人たちの日常に影響を与える。原則を現実的に捉えるために、よくあるビフォーアフターの例を挙げよう。

旧来のモデルでは、特定の期日までにプロジェクトを達成することがすべてであるということがよくある。

この事情がどこに由来しているのかは想像にかたくない。IT部門は常に特定の機能やプロジェクトをできるだけ早く納品するよう求められているのだ。

問題はこの考え方がテクノロジーパワードなプロダクトの現実を無

視していることにある。

　プロジェクトとは通常、特定の期日までに何らかのアウトプットをデリバリーしようとする、大規模で、遅く、コストのかかる試みだ。チームの規模を決め、プロジェクトにかかる時間を推測しなければならない。そして、その取り組みのための予算を確保しようとする必要がある。そして必ずと言っていいほど当初に予想した以上の作業が必要だとわかり、最終的に完了させるために危機的な状況になる。

　ほとんどの取り組みは実際の価値を提供する希望を失い、単に何かを出荷することだけを目指すようになる。そしていざ出荷すると、通常プロジェクトメンバーはすぐに次のプロジェクトに配属され、プロダクトを改善するためのイテレーションもできない。誰もアウトカムに対して責任を持たず、その取り組みから得られる重要な学びもほぼ確実に失われてしまう。

　この方法には多くの問題がある。

1．本来、必要な成果を達成するには、過去のイテレーションからの学びに基づいて何度かイテレーションを行う必要がある。しかし、追加のイテレーションにおいて最初のプロジェクト以上の予算が得られることはめったにない。たとえ予算を得られたとしても、それは通常、何四半期も後になる。

2．本来、メンバーに技術やアウトカムに対する真のオーナーシップを感じてもらう必要があるが、プロジェクトの期間中だけ特定の領域に配属されたところでオーナーシップはほとんど生まれず、インパクトのあるものを作ろうという動機はほとんどない。

3．プロダクトチーム、特にエンジニアがステークホルダーの求める機能の出荷やプロジェクトの完遂に終始してしまい、テクノロジーによって今だからこそ可能になったことに目を向けていない。その

結果、プロジェクトでイノベーションが起こることはまずない。

4．チームはそのプロジェクトに必要なものだけを作ってしまい、その仕事から生まれる長期的な影響や、基盤技術の改善について心配する人が生まれず、技術的負債が急速に蓄積される。

5．必要なアウトカムの達成を導く責任は誰がとるのだろうか？　オーナーシップ意識が複数のステークホルダーの間に分散してしまい、その結果、最終的にはプロジェクトチームが仕事の出来の悪さを非難されてしまう。

　対照的に、プロダクトモデルではプロダクトとアウトカムに集中する。

　プロダクトチームはビジネスのアウトカムに焦点を絞る。解約率の削減や成長率の向上など自社の状況に関連するKPIが何であれだ。プロダクトチームは常にその成果をモニタリングし、改善に取り組む。チームが追加する機能はすべて、その成果を後押しするものになっている。アウトカムにこだわっているのだ。

　これは、ビジネス上の成果に焦点を絞った永続的なプロダクトチームへ変化するという側面もあるが、文化的な変化、つまりチームに、単に機能を出荷するだけでなく成果に対して責任を持つことを求めるということでもある。

　プロジェクトモデルでは、最大限求められるとしてもTime to Marketだ。しかしプロダクトモデルでは、よりインパクトのあるTime to Moneyに焦点を合わせることができる。

　特に皮肉なことだが、Time to Marketを標榜するプロジェクトは少なくとも、Time to Moneyを標榜するプロダクトチームが特定のアウトカムを達成するよりは早くプロジェクトを終えられると考えられがちだが、しかし多くの場合、実際にはその逆である。

プロジェクトチームの場合は、人員を集め、必要な技術を学び、必要な人間関係を築き、必要な背景情報を理解することから始めることになるが、プロダクトチームはすでに機能しているし、おそらく同じようなプロジェクトや機能をすでに数多くこなしている。そのため、チームはテクノロジーに精通しているだけでなく、問題とソリューションの両分野に詳しく、データにも精通しており、チームとして問題に取り組む方法を熟知している。

旧来のプロジェクトモデルで運営されている企業には圧倒的にムダが多いのだ。

Time to Marketが重要でないと言っているのではない。もちろん重要だ。スピードは重要である。そして、確実な期日が優先される場合には確固たるテクニックがある。

とはいえ問題の核心となるのは次の質問だ。その取り組みではその期日に間に合わせることと、そのアウトカムを達成することのどちらの方が重要か？　時には日付が優先されることもある。しかしそれは例外であってルールではない。

多くの企業が「アウトプットよりもアウトカム」の重要性を口にしながらも、実際の企業文化や行動は成果よりも予測可能性を優先していることはよくある。

原則 ≫ 失敗を乗り越え、学ぶ

多くの企業は失敗を深く恐れている。この恐怖によって人とプロセスはリスク回避に駆り立てられ、市場のニーズや新しい実現技術の変化に対応できなくなっている。

決して失敗を美化したいわけではないが、リスクに取り組み、素早く学ぶことに焦点を絞ろう。プロダクトディスカバリーで実験を行う場合、成功や失敗という概念はない。そこにあるのは「何を学んだか？」という問いだけだ。

目標はプロダクトディスカバリーで何がうまくいき、何がうまくいかないかを学ぶことであり、そうすることでコストと時間が劇的に削減され、リスクも軽減される。そして時間と費用をかけて実際にプロダクトを作る前の段階で、そのプロダクトは失敗しないという根拠と自信を得ることができる。

　とはいえプロダクトの取り組みによっては失敗することもある。そのリスクを理解し、リスクを取ることをいとわない人たちとその学びを受け入れる、強いプロダクト文化が必要なのだ。

CHAPTER 20

イノベーションのストーリー：CarMax社

マーティからのコメント：CarMax社はプロダクトモデルへのトランスフォーメーションの効果を実感し始めていたちょうどその頃にパンデミックが起き、組織の真価を問われることになった。プロダクト戦略、プロダクトディスカバリー、プロダクトデリバリーなど、新たに獲得した力を総動員することとなった。時には、危機によって組織の真の実力が明らかになるという好例だ。

企業の背景

　CarMax社はバージニア州リッチモンドに本社を置く、1993年に設立された米国最大の中古車販売業者だ。同社は過去30年間、中古車の売買に信頼と誠実さをもたらすことで強固なビジネスを築いてきた。

　CarMaxはもともと家電販売のCircuit City社から独立する形で設立され、瞬く間に中古車販売のトップ企業へと成長した。時が経つにつれ、CarMaxのリーダーたちは消費者の期待、特にオンラインショッピングや購入体験に対する要望が変化し始めたことや、デジタルネイティブな

競合他社の出現を目の当たりにし、トップ企業としての地位を維持するためには自らをも破壊する必要があると悟った。

　プロダクトモデルへの移行における同社の最初の取り組みは、消費者向けのデジタル体験に焦点を絞ったもので、それをアン・ヨーガー（Ann Yauger）が率いた。アンはcarmax.comのチームとともにプロダクトモデルへの移行を主導した。プロダクトモデル・コンピテンシーを大規模に構築するための数年にわたる組織の成長が始まり、その取り組みはすぐに価値を証明することとなった。

　2020年の初めには、CarMaxの店舗数は200を超え、それぞれの店舗で数百台の中古車が販売されていた。同社は一貫して利益を上げ、成長を続けていた。

　トランスフォーメーションはすでに実際の成果を上げており、自動車販売業界におけるイノベーションの好例として高い評価を得ていた。

　消費者はオンラインで購入可能な車を調べ、自分が購入できそうな車を見つけ、その車の試乗のための来店予約ができた。

　一般的な自動車購入の体験とは異なり、CarMaxでは売買される各車両に、交渉の必要がないシンプルな価格が設定されていた。また販売用に再整備される各車両は、高い品質基準を満たすために125項目にわたる徹底的な検査に合格しなければならなかった。

　基準を満たした車両は顧客に販売され、7日間の返金保証と30日間の保証が付いていた。

　一方で、この品質レベルをクリアできなかった車はオークションを通じて他のディーラーに売却された。

解くべき問題

　パンデミックが発生したとき、CarMaxを含む多くの実店舗型販売業者は、州や地域のさまざまな規制や義務に対応する必要があった。店舗を閉鎖したり、同時に入店できる客数を減らしたり、屋外でのみ車両を

販売する必要があるケースもあった。

　こうした新たな規制やパンデミックによるマクロ経済への広範な影響によって、同社は2020年4月上旬までに売上が前年比で75％以上減少したことを明らかにした。

　しかし他の実店舗型の販売業者が直面する課題に加え、CarMaxは数十億ドル相当の在庫（敷地内に置かれた車両）を抱えていた。そしてその車両の販売手段には制約があった。

　幸いなことに、CarMaxはすでにオムニチャネル[30]での販売への移行を始めており、顧客はオンラインでも店舗でも購入、またはその両方を組み合わせて購入できるようになっていた。そのオムニチャネルへの移行は今や、ビジネス成長のための単なる一つの機会ではなく、ビジネスの存続にとって極めて重要なものに変化していたのだ。

　オムニチャネルでの販売への移行を加速させ、パンデミックの制約の中で膨大な在庫を販売するための新たな方法を見つけ出す必要があった。

ソリューションのディスカバリー

　この時点で、CarMaxには強力なプロダクトチームがいくつかあり、その時点で優先事項となっていたオムニチャネル機能に関連する分野に、多くのチームがすでに取り組んでいた。

　顧客が販売店舗を訪れて営業担当者と現場でやり取りしなくても良い体験への移行が必要なことは明白だった。

　そこで同社はバーチャルな顧客体験センターへの移行を加速させ、車の購入や販売のプロセスのどの段階であろうともサポートができるスタッフをそこに配置した。

　しかしオンラインで車を閲覧できるだけでなく、車の選択、ローン契

30　訳注：ECサイトなどのオンラインの接点と店舗などのオフラインの接点を、その境界が消費者に意識されないほど融合することを目指す販売戦略のこと

約や支払い、注文の完了、配送や引き取りの手配まで行う手段を提供する必要もあった。また、下取りが必要な場合は、有効な下取り価格をオンラインで即座に提示する必要もあった。

さらに、CarMaxは自社の品質基準を満たさない下取り車両を売るための、他のディーラーとの対面オークションに頼ることもできなくなっていた。

このような新しい車の購入・販売体験は、取引のすべての段階に関係するいくつかのプロダクトによって構成されていた。取引の段階はローン契約から、下取り金額の即時提示、電子契約による頭金支払いと融資条件への同意、配送ロジスティクス（非接触引き渡し、宅配を含む）の手配にまで多岐に渡った。そして新たに「愛車保証」として、保証期間を30日から90日に、返品期間を7日から30日に延長した。この保証は自動車業界としては他に類を見ないものだった。

これらの取引のすべての側面において、消費者の大きな購入を伴うため本質的にリスクがあるが、特にリスクが高い領域がいくつかあった。

一定の利幅を得ることを前提としたビジネスモデルであるため、同社は仕入れる車と販売する車の両方の価格設定が正確かつ公正であることを保証しなければならなかった。

CarMaxは車両の状態を明確かつ正確に、買い手に伝える必要があった。顧客やオークションで購入する卸売ディーラーが後から車の現物を見て驚くことになれば、CarMaxへの信頼は失われ、取引が完了されない可能性が高いからだ。

このようなリスクに対処するため、プロダクトチームはまず少数のグループを対象にプロトタイプを使ったテストを行い、次に地域ごとに、そして最終的には全国規模でテストを行った。

新しい販売モデルの主要要素はテストの進行に伴って順次導入され、CarMaxはパンデミック発生からわずか6カ月で、車の購入と販売のプロセスのすべての主要要素を全国的に運用できるようにした。

成果

　CarMaxはパンデミックの初期にこそ深刻な収益減少に見舞われたが、失った以上の収益をすぐに取り戻し、自動車業界における数少ない技術イノベーションの成功事例の一つとなった。

　その後2年経っても、その新しいテクノロジーパワードなサービスはパンデミック以前に使われていた手作業ベースのソリューションに比べて、はるかに豊かな顧客体験と従業員体験を提供している。

　今日、CarMaxはプロダクトとテクノロジーの人材にとって最高の職場の一つという評価を得ている。また、プロダクトとテクノロジーの組織のスピードと能力は社内の他の部門からの信頼を得るのにも役立っている。

　未来が何をもたらすかは誰にもわからないが、CarMaxのチームは顧客と会社にとって重要で困難な問題を解決するために、迅速かつ効果的に対応できることを証明したのだ。

Part V

トランスフォーメーションのストーリー：Trainline社

by ジョン・ムーア（Jon Moore）

マーティからのコメント：Trainline社はわずか数年で、テクノロジーパワードなプロダクトイノベーションにおける、ヨーロッパで最も優れた事例の一つとなった。そしてその過程で事業を完全に立て直した。少し珍しいのは、このトランスフォーメーションは大手プライベート・エクイティ・ファンドであるKKR社がTrainlineを買収したことから始まったことだ。KKRはTrainlineが著しく低く評価されており、プロダクトモデルに移行すれば会社の真の価値を引き出すことができると信じていた。KKRはクレア・ギルマーティン（Clare Gilmartin）という強力なCEOを迎え入れ、そしてそのクレアはマーク・ホルト（Mark Holt）という実績のあるエンジニアリング責任者とジョン・ムーアという実績のあるプロダクト責任者を迎え入れた。そのジョンがこの印象に残るトランスフォーメーションについて一人称で語ってくれた。

2015年1月、世界最大級のプライベート・エクイティ・ファンドであるKKR（レバレッジド・バイアウト[31]を発明したことで有名）が、鉄道チケットを長きに渡って再販売している英国のTrainline社を買収したと発表しました。

この買収は、一見するとあまり意味を持つものではありませんでした。鉄道業界は依然としてレガシー産業です。切符販売の変更には数十億ポンドのインフラ投資が必要になることもありますし、業界全体が政府の厳しい監視下に置かれています。このような環境では、成長への道のりは通常、数カ月や数年単位ではなく、数十年単位で測られます。

このような制約を考えると、TrainlineはKKRの投資ポートフォリオが求めるような進展を遂げる余地はほとんどないように思えました。

しかしその後、eBay社から直接引き抜かれた若く新しいCEOが、レガシーな鉄道事業から強力な消費者テクノロジー事業への劇的なトラン

---

31 訳注：企業買収において、買収対象の企業の信用力を担保に金融機関から融資を受け、買収資金を調達する手法

スフォーメーションの陣頭指揮を執り、めざましい成果を上げたのです。

動機

新CEOであるクレア・ギルマーティンが私（ジョン）を同社初の最高プロダクト責任者（CPO）として採用したのですが、彼女は私に、自分たちの期待通りの成長を達成するには組織のあらゆる部分を変える必要があるとその時予告しました。

当時、会社にはほとんど進展がありませんでした。Trainlineは古典的なITモデルを採用してビジネスを支えようと努力をしていましたが、ほとんど成果を上げられていませんでした。

ソフトウェアエンジニアリングは発展途上で、多くの分野でアウトソーシングされていました。

プロダクトマネジメントはまったく存在せず、プロダクトオーナーという曖昧な肩書きを与えられた個人が数名いるだけでした。

数少ないデザイナーは、自分たちのことをさまざまなマーケティング資産を所有する者と説明していました。

プロダクト自体もひどく時代遅れでした。

もともと1997年にローンチされたTrainlineは、英国の鉄道網の民営化に伴う混乱への解決策でした。その数年前に、イノベーションと競争を促進するため国鉄が解体されたのです。

しかし、その民営化は性急なもので、その結果100社以上におよぶ契約ネットワークが生まれました。顧客から見たエントリーポイントは多岐に渡っており混乱していて、鉄道チケットを購入するには、どの会社がどの路線を運行しているのかを顧客自身がわかっている必要がありました。

Trainlineの一元化されたオンライン予約プラットフォームはその解決策となったのです。予約窓口に並ぶ毎日のイライラを解消したTrainlineは、1999年に最初のオンラインチケットを販売し、その後10

年以上かけて徐々に市場に浸透していきました。しかしその後、失速したのです。

2014年、KKRがTrainlineを買収し、KKRはこれを好機と見て才能あるモダンなテクノロジーリーダーを説得してeBayから引き抜き、CEOに就任させました。彼女にとっては初のCEO職でした。そして彼女は経験豊富なCTOのマーク・ホルトと私をプロダクト担当として迎え入れたのです。

私たち三人はすぐにチームとして結束し、それぞれの分野に取り掛かりました。

作り方を変える

まずエンジニアリング、プロダクトマネジメント、デザインが優先事項となり、初期の経営会議では、継続的な採用ニーズや人材不足に関する会話が定期的に交わされました。

特にエンジニアリングには緊急の投資が必要でした。アウトソーシングが蔓延していて、シニアエンジニアの職務は内部の人材ではなく多数の請負業者によって埋められていました。その請負業者たちはプラットフォームやシステムのさまざまな複雑性に対する重要な知見を持ってはいましたが、会社の将来の方向性に対する理解や影響力はほとんどありませんでした。

組織は8週間のリリースサイクルで運営されていて、顧客に効果的なサービスを提供するには不十分でした。

私たちは古典的なCIO（最高情報責任者）的な文化を受け継いでおり、テクノロジーがただ必要なコストとみなされていたのです。

その結果は目に見えていました。技術的負債が蔓延しており、システムはモジュールで分割されておらず、さらにはクラウドではなく完全にオンプレミスで運営されていました。早急に大幅な技術的改革が必要だったのです。

すべての人材要件を書き直し、新しいエンジニアをどんどん採用し、チームレベルのテックリードの役割を新しく設けました。実際のところ、かなりの人数の人たちに会社を辞めてもらいました。

エンジニアリングの課題は相当なものでした。何百台ものサーバーで構成されるレガシーなデータセンターはその目的にそぐわないものでした。そんな折、データセンターが入居していたビルが取り壊されることになったという知らせを受けたのです。

しかし、私たちは18カ月以内にTrainlineをAWS（Amazon Web Services）に完全に移行し、100％クラウドネイティブにすることに向けて急速に加速していました。

やがて、週に100以上のペースで、2万以上の個々のコンポーネントがクラウドにリリースされました。CTOのマークは「5月のある午後のことでしたが、誰かが『ちなみに、すべて継続的デリバリーに乗っていますよ！』と言ったのです。本当に夢のような瞬間でした」と当時を振り返っています。

エンジニアリングは構造的だけでなく文化的にも急成長を遂げていました。社員を単に技術力の高さだけで採用するのではなく（AWSへの移行は、英国で最も熟練したクラウドの専門家の一人が担当しましたが）、顧客理解への意欲と能力も重視して採用しました。

エンジニアに、プロダクトを幅広く利用し、顧客やビジネスの背景を可能な限り理解することを求めたのです。

問題解決の方法を変える

優秀なエンジニアが続々と入社してくる中で、強力なプロダクトマネジメントも実現する必要がありました。私が引き継いだチームはステークホルダーからの要求を満たすだけの仕事に慣れていました。ビジネスに奉仕するように仕事をしてきたチームであったため、プロダクトディスカバリーや、強力なプロダクトチームがどのように顧客のために問題

を解決し、顧客に喜ばれ、かつビジネスにも有効なものを提供するかをほとんど理解していませんでした。

しかし新しい任務は明確でした。ビジネスの中心として強力なプロダクトマネジャーの規律が必要だったのです。私たちの意図するところは、最大限の価値を発見し、それを達成できる集団へと急速にトランスフォーメーションすることでした。

私は人材を総入れ替えする必要があるのではないかとも危惧していました。しかし入社してみると、何人もの人が一流の仕事の仕方を学びたいと明言してくれました。さらに、直近で採用した一人が最大級の可能性を秘めていることにすぐ気がついたのです。

チーム全体としては最新のプロダクトマネジメントに触れたことはありませんでしたが、チームは知的で野心的で、そして学ぶ意欲がありました。私はチームに自分たちの力を示す機会を与えることにしました。

そうしてコーチングが最優先事項となり、毎日何時間もかけてチームメンバーと個別に仕事に取り組みました。私たちはプロダクトディスカバリーの重要性、重要なテクニック、そしてテストと学習をもっと迅速かつ強力に行う必要性について話し合いました。

文化の移行をサポートするため、毎週金曜日の午後に「Weekly Wins」と呼ばれる広範な非公式ミーティングを設定しました。私が意図したのは、全チームが一堂に会して進捗状況を議論し、討論できる心理的に安全な場を作ることでした。その取り組みはすぐにチームの勢いにつながりました。ディスカバリーのインサイト、テストデータ、プロトタイプを定期的に披露し、質問がなされ、アイデアが議論されました。これによりコミュニケーションと調整も大幅に改善されました。このWeekly Winsは誰もが欠席を惜しむミーティングとなりました。

しかし、まだどこを見ても取り組むべき問題が山積みでした。

私たちが取り扱っている「旅行」というものは本来、人々にインスピレーションを与えるものですが、私たちのプロダクトは紛れもなく事務的で無味乾燥でした。

潜在的な優先事項はたくさんありましたが、私たちはすぐにプロダクト戦略として二つの重要な核となる問題、すなわちモバイルアプリの利用状況とウェブサイトのコンバージョンの問題に焦点を当てるべきだと意思決定しました。この二つの領域は即座に劇的な成果をもたらす見込みがあったのです。

当時のTrainlineは依然として完全にデスクトップでの体験に注力しており、それは約10年遅れていることを意味していました。マーケットプレイスのプロダクトであるため、コンバージョンに対する専門性を磨くことは明らかにグロースのレバーでしたが、テストはほとんど実施されておらず、データプラットフォームもありませんでした。

同社は最適化を推進するために外部のコンサルタントを利用しており、そのコストは毎月数万ポンドに上っていました。

過去12カ月で実施したテストがわずか8回である（一回あたり4万ポンド近くかかる計算となり、しかも明らかな成果を示すテストは一つもなかった）ことを私が指摘したことで、その契約を破棄することにほとんど異論は出ませんでした。私たちはこの分野で自分たち自身の能力を身につけ、それを迅速に実行する必要があったのです。

新設したモバイルアプリのチームが先頭に立ち、迅速にイテレーションしたことで、Appleエコシステム内で急速に支持を得るプロダクトが実現されました。カテゴリーランキングで圧倒的な存在感を示せたのです。私たちは高い水準を自分たちに課すことを決意しており、内部の水準を引き上げるためにチームを厳選していたのです。そして、そのチームが期待に応えたのです。

目をみはるような新しいプロダクトマネジャーとテックリードに率いられ、過去との差はこれ以上ないほどに明確でした。二人は大きな野心とペースをチームに持ち込んだのです。

モバイルアプリの利用は急速に伸び、私たちはリーダーとしてそのアウトカムとチームを繰り返し称えました。

私たちはこういった取り組みが社内の他の人たちに不満を引き起こす

Part V トランスフォーメーションのストーリー：Trainline社

かもしれないことも理解していました。しかし、新しい文化に対する期待の具体的な例を示すことで、ビジネスのアウトカムに集中することの意味を理解させようと試み、そして、それはうまくいきました。

採用とコーチングに重点を置くことで、私たちは急速に勢いづき、他のチームもその模範にどんどん倣っていきました。

デザインの強力な力

高速な定性テストを強く推進するためにデザインチームも採用しました。プロトタイピングは重要な強みになりました。高速なユーザープロトタイプがすべてのチームで継続的に活用され、無数にある潜在的なソリューションに対する素早いフィードバックを得る手段となったのです。

チームは急速に育ちましたが、初期にはいくつかの抵抗を乗り越える必要もありました。ある時、財務部門がプロダクトデザイナーの追加採用を承認しなかったのです。この点については、同社がプライベートエクイティから支援されていたため、支出が適切に管理されているかが常に焦点となるビジネスであったことも理解する必要があります。しかし、プロダクトマネジメントとエンジニアリングへの投資を最大限に活用するためにはプロダクトデザイナーが必要だったのです。

最初のアピールが失敗に終わったのはビジネス成果の証拠を共有できていなかったからだと後になって気がついたため、強力なプロダクトデザイン人材がいるチームでアウトカムが改善されたことを伝えると、デザイン人材の採用はすぐに承認されました。

多くの仕事が並行して進行する中、認知的負荷を軽減して依存関係を最小化するためにチームトポロジーも設計しました。この決定はクラウドベースのマイクロサービスプラットフォームへの投資を拡大することで強化され、依存関係を（完全になくすことはできないものの）最小限に抑えることへとつながりました。

多様なエクスペリエンスチームは、デスクトップとモバイルといった主要なデバイスの体験を担当しました。その後も、新しいB2B領域や付

随するグロース機会をターゲットとするチームが追加されてチームトポロジーは進化していきましたが、時間とともに、深い議論の的はプラットフォームへの投資方法、特にデータに関するものへと移っていきました。

データサイエンスへの投資

　Trainlineのデータは、多種多様なシステムに一貫性のない複数のフォーマットで保存されてしまっており、そこに明白なデータ戦略はありませんでした。

　私はCEOのクレアに「私たちの持っているデータは10インチの埃をかぶった金の箱のようなものなんだよ」と言い、「そこにアクセスする手段を構築しなければ」と、また新たな多額の投資を要求したのですが、クレアはすでにその可能性を見抜いていました。

　多くの相容れない優先事項があるにもかかわらず、CTOのマークはデータエンジニアリング分野の採用を進め、私も並行して最初のデータサイエンスチームの構築に挑みました。

　私たちは自分たちが少し先を見越した投資をしていることを認識していました。データを整理し、サイトの最適化の取り組みを強化するという明確な必要性はありましたが、その先にある、これらのチームが最終的に何を成し遂げられるようになるのかについてのコンセプトは、まだあまりありませんでした。しかし、それなしでは潜在的なソリューションの可能性を大幅に制限してしまうだろうことだけはわかっていたのです。

エンパワーされたエンジニア

　モダンなプロダクト文化へのトランスフォーメーションをさらに定着させるために、私たちは最初の「ハックデー」を企画しました。チームは自分たちで選んだ顧客またはビジネスの任意の問題に取り組むというイベントです。正直なところ、主な目的はエンジニアに自分たちのアイ

デアをもっと追求することを奨励し、構築されつつあったイノベーション文化をさらに強化することであり、すぐに結果が出るとは期待していませんでした。しかし結果的にその期待は良い意味で裏切られることになったのです。

あるエンジニアが顧客が混雑の少ない列車を選ぶのを支援するという差し迫った問題を、非常にシンプルながらも見事なアイデアで解決しようとしました。これは顧客に常につきまとう悩みの種でした。

鉄道会社は以前、数百万ポンドもかかる床の圧力センサーの複雑なアップグレードでこの問題に対処しようとしていました。しかしそのエンジニアは「単純に乗客に尋ねてみてはどうだろう？」と提案したのです。つまり、私たちはすでに大規模な運営を行っており、モバイルアプリに少しの機能を追加するだけで、乗客が私たちに知らせてくれるかもしれなかったのです。

実際にその通りでした。数週間以内に、最初のハックとして本番データを送受信できるプロトタイプが検証され、何十万ものデータが生成されました。

そして新しいデータサイエンスチームが作業に取りかかり、その結果を顧客に返すことができました。これは、私たちのデータ活用能力が高まっていることを示す最初の重要な事例でした。全国的メディアで報道されるだけでなく、非常に影響力のあるテック企業の内部でも話題になり、お金のかからない宣伝がかなり行われる結果となったのです。Googleマップのチームからコンタクトがあり、AmazonのAWSチームにも注目されました。

エンジニアリングチームが迅速にプラットフォームをAWSに移行したことで、新たな強力なパートナーが生まれたのです。AWSは私たちの専門知識に感銘を受け、著名なAWSカンファレンスであるre:Inventで発表するよう私たちを招待してくれました。

Trainlineはそこでヘッドライナーを務め、AWS CTOのヴァーナー・ボーガス（Werner Vogels）氏自身から紹介を受けました。私たちの

ハックデーから生まれたソリューションはプレゼンテーションの中心に据えられたのです。

　私たちはAWS上に構築した独自のユーザー生成データを活用して、何百万もの鉄道旅行のデータを提供し、顧客が混雑の少ない車両を選べるようにしたのです。その日、何千人もの視聴者の中にいた数多くの著名なエンジニアがTrainlineに入社することを選択してくれました。これは、トランスフォーメーションによる影響が予期しないさまざまな形で会社を前進させた一つの例と言えます。

解くべき問題の決定方法を変える

　Trainlineのミッションは誰もが簡単に鉄道を利用できるようにすることです。これは、英国がさらに低炭素な交通手段を選択できるようにするための重要な要素として長い間支持されてきました。実際、私を含む多くの社員がそれを入社の重要な動機だと考えていました。

　ですが、動機が共有されていることは有益である一方で、意味のある協力関係を作り出すには決して十分とは言えません。才能ある従業員が続々と入社してくる中で、統合的な未来像を示す必要があることは明らかでした。もし私たち全員が一丸となり、新しく、さらに高い期待に応えて実行すれば、成功はどのようなものになるのでしょうか？　私たちには、株主、経営陣、ステークホルダー、そしてプロダクトチームをひとつにまとめる、モダンで強力なプロダクトビジョンが必要だったのです。

　その目標を達成するためには、最も差し迫った顧客の問題を詳細に理解する必要がありました。すでにいくつかの重要な戦略的ビジネス目標（グローバル展開、収益の多様化）を設定していたため、プロダクトビジョンは顧客にとって重要な多くのペインポイントを理解し、それを解決することから生まれるべきでした。

　その頃、新たに、深い顧客分析のスキルセットを持つプロダクトリ

サーチの責任者が入社しました。彼女のチームの目標は現在の顧客、および新規の潜在顧客についての包括的かつ最新の理解を社内に提供し、その顧客にとっての最大の価値をどのように実現できるかを見極めることでした。

最初にまず、さまざまなターゲット地域における小規模で代表的な母集団を選び、複数回のインタビューを実施しました。その結果、数百もの問題が発見されましたが、大きな問題な傾向も同時に見えてきました。何度も繰り返し言及される問題がいくつかあったのです。私たちはこれらを「スーパーセブン」と名付けました。

これらの7つの問題はすべての顧客領域、およびセグメントに共通する重要な問題であることがわかりました。結論を大規模に検証したところ、これらの問題のいくつかを解決するだけで、新たなグロースフェーズに突入する大きな一歩になるかもしれないことが明らかになりました。

ですが問題もありました。Trainlineは多くの人からチケット販売会社と見なされていましたが、発見した問題の多くはチケットが購入された後の下流の部分で発生していたのです。

Tainlineは鉄道のeコマースサイトであり、複数の鉄道APIを取り込み、顧客のチケット購入の取引を支援するものでした。しかし、新たに発見した問題の多くはその範囲を超えており、乗り換えの間違いや列車の遅延、車両の混雑などだったのです。

このような問題は鉄道業界に長らく存在していましたが、誰も満足のいく解決策を見いだせていませんでしたし、おそらくそれができないのには妥当な理由がありました。どの問題も複雑であり、私たちがその中から一つでも解決できるかどうかに確信は持てませんでした。

しかし、もしこれらの問題を解決できれば、顧客の通勤や日常が大幅に改善されることはわかっていました。

私たちのビジョンにはモバイルが中心に据えられており、野心的な未来が描かれていました。初期に行われた、紙のチケットからモバイルのデジタルチケットに切り替えるモバイルアプリのテストからは大きなイ

ンサイトが得られました。モバイルチケットに対応した少数のルートにおいて、鉄道の利用頻度と全体の売上が大幅に増加したのです。

　このテストは簡単に実施できたわけではありませんでした。規制の厳しい環境下でプロダクトイノベーションを成功させるには、パートナー、組合、規制機関、さらには政府との膨大で複雑な取り組みが必要なのです。

　Trainlineには小規模ながら専門知識を持つオペレーションチームがあり、鉄道パートナーへのエバンジェリズムに多大な時間を費やしてくれました。このチームのメンバーがいなければ、大きく進展することはなかったでしょう。

　鉄道チケットのデジタル化には、パートナーが実際の業務を大幅に変更する必要があり、インフラのアップグレードに数百万ポンドもの投資が必要となります。このデジタル化を達成するには、政府の全面的な支援と英国の交通政策の大幅な更新も必要になります。

　ですがデータは明らかでした。顧客は自動券売機を使う手間がなくなり、また、簡単にチケットの変更や払い戻しができるようになったことで、鉄道が移動手段として以前よりも良い選択肢となったのです。

　大成功を収めるテストのほとんどがそうであるように、結果は後から見れば明白に思えますが、これは重要な新しいデータでした。モバイルチケットによって鉄道利用の頻度は増加し、それによってLTV（顧客生涯価値）も向上しました。このインサイト、そして顧客のペインを可能な限り軽減する方法への深い理解が、新たなプロダクト戦略の核を生み出し、新しく、そして一貫した道の前進を達成することとなったのです。

　この頃には、プロダクトチームには揺るぎない四半期のリズムが確立され、各四半期の終わりに経営陣の前で二日間かけて高い水準の発表を行っていました。

　アウトカムを最優先することを求められたチームメンバーがリーダー陣の前に晒されるのです。単にアウトプットするよりもアウトカムを生

むことの方がはるかに難しいため、この形式は多くの人がストレスを感じるものですが、ほとんどのチームメンバーがその場を楽しんでいました。もう元には戻れませんでした。チームの成果を出す能力によって勝敗が決まるのですから。

アーキテクチャは生まれ変わり、クラウドネイティブなプラットフォームの輝かしい事例にまでなり、プロダクトチームはエンパワーされており、強力なアウトカムを目指して編成されていました。

非常にコラボレーティブなプロダクトチームが毎年数百のプロダクトアイデアのテストを主導しました。データセットは一元化され、一貫性があり、有用なものとなり、顧客の位置情報データからは、下流の問題である遅延や混雑を解決する新たな可能性が発見されました。新しい、独自のユーザー生成データを活用し、既存の相当量の旅程データや料金データにも関連づけました。同時に、自社で機械生成データも作成し始め、それによって、さらに多種多様かつ長年の根深い問題を解決する、ますますユニークな方法を生み出す能力へとつながりました。

成果

Trainlineは、鉄道業界でこれまでには見られなかったようなことを実現できるようになりました。

あるアナリストは私たちを「鉄道業界のUber」と表現しました。Uberが継続的に成功していることと、私たちのスタートが遅かったことを考えると当時としては大きな褒め言葉でした。実際は、Trainlineは平日のApp StoreランキングではUberを上回って旅行カテゴリーで第一位のアプリとなっていたため、このたとえを面白がってもいました。そういった評価は、市場がまさに私たちのビジネス価値を評価する時期において、私たちの会社への認識が大きく変わったことの表れでした。

KKRが5億ポンド弱で会社を買収してから4年余り、ロンドンの証券取引所で上場の鐘が鳴り、会社の評価額は20億ポンド強となりました。

これは、その年のヨーロッパ最大規模のIPO（新規上場）でした。

このトランスフォーメーションは成功でした。有能なプロダクトマネジャー、デザイナー、エンジニア、データサイエンティストの力が、専門的なオペレーションチームや法務チームと組み合わさることで、飛躍的な成長を遂げることができたのです。

「解くべき問題」が、「作るべき機能」に取って代わり、「強固な指標データ」が、「臆測」に取って変わったのです。テクノロジーはいまや会社の最前線であり中心になっています。

週ごとに、月ごとに生まれる目に見える成功がこれまで以上に素晴らしい人材を惹きつけ、会社を急速に前進させました。

私たちは自社を、「鉄道」だけではなく、さらに広範な（そしてさらに収益性の高い）「旅行」というカテゴリーにポジショニングし直し、複数の新しい地域に展開し、長距離バスなど、旅行の選択肢も多様化しました。

強力なリーダーシップ、優秀な技術者の可能性に対する深い理解、高度にコラボレーティブな企業文化、そして何よりもアウトカムに集中的に専念することを通して、小さなチームが何百万人もの旅行者の日々を向上させ、株主に対しても並外れたリターンを提供したのです。

プロダクトモデルの実践

ここまでのPARTで、プロダクトモデルの背後にある理論について主に説明してきた。

　このPARTではプロダクトモデルにおける働き方を現実的に紹介する。イノベーションのストーリーではプロダクトチームの内部がどのようなものかを紹介したが、このPARTではプロダクトチームが顧客や営業、マーケティング、財務、ステークホルダー、経営幹部など、社内のさまざまな部門とどのように関わるかを紹介する。

　このPARTの各章を読むにあたって心に留めておいてほしいことがある。各章では、あなたが目指すべきインタラクション（相互作用、やり取り）について述べている。こういったインタラクションには人が関わるため、時にはあなたの意図通りにはいかないこともある。

　各章は理想的なインタラクションについて記述している。しかし、たとえ優れた会社であり、最高の人材が揃っており、最良の意図がそこにあったとしても、物事が常に思い通りに進むとは限らない点には注意してほしい。

CHAPTER 21

顧客とのパートナーシップ

　旧来のモデルの多くの企業、特に企業向けプロダクトを提供する企業では、顧客との関係が誰も望んでいないような状態になっていることがよくある。

　顧客の視点から見るとその会社は当てにならず、信頼できず、約束を果たさないと思われているかもしれない。

　これには多くの理由があるが、まず重要なのは、プロダクトモデルでは顧客とプロダクトチームの間にこれまでとはまったく異なる、新しく、かつ直接的な関係が導入されるということである。

　企業がプロダクトモデルに移行すると、プロダクトチームと顧客[32]とのインタラクションの方法にかなり大きな変化が生じる。

　こういった変化のほとんどは、ソリューションをディスカバリーしデリバリーするためにプロダクトチームがどのように日々の業務を行うか

---

[32] ここでは「顧客」という一般的な用語を使用しているが、これは関連するさまざまな形態の顧客を指している。たとえば、さまざまなタイプのユーザー、購買者、承認者、影響力のある人物、最終顧客にサービスを提供するためにテクノロジーを活用している社内の従業員などを含む。

についての変化であるため、顧客からは直接見えない。

　しかし、もうご存知のように、プロダクトモデルはプロダクトチームと実際のユーザーや顧客との直接的かつ頻繁なインタラクションにかかっている。

　このインタラクションは、顧客の問題や、ソリューションが成功裏に機能するための背景情報や環境を、チームがより深く理解するためにある。また同時に、ソリューションが顧客とって価値があり、さまざまな種類のユーザーにとって利用しやすいかどうかを確かめるという側面もある。

　私たちは、プロダクトチームがユーザーや顧客と直接かつ真剣にインタラクションする際には、チームが自分たちの持つ意図を相手に説明するように推奨している。なぜなら、この変化は顧客の視点から見てもそれまでとは大きく異なる可能性があるからだ。

　ほとんどの顧客は自分たちが必要だと思う機能を営業担当者に指定するのが常であり、その機能がプロダクトロードマップに載ることを期待している。さらに、できればすぐにでも計画を立て始められるように、提供される日付を知りたがる。しかし同時に、その機能を約束の期日に提供するというその会社の能力に対する信頼を失い始めている可能性もある。

　いらだった顧客はどこかの時点で他社のプロダクトを探し始めるかもしれない。しかし、顧客が良くも悪くもその会社のプロダクトに依存している場合は、通常、そのプロダクトを使い続けざるをえない。

　ほとんどの顧客は関係性が変化することには前向きだが、それは自分たちのニーズがこれまで以上に満たされる可能性が高いと信じられた場合に限る。

　ここから先は、プロダクトモデルで働くエンパワーされたプロダクトチームから顧客が期待できるインタラクション、そして、これまでのインタラクションと異なる理由について説明する。こういったやり方が有益だと感じたのなら、そのまま適用するか、それとも自分たちの状況に合わせて調整するかを決めてほしい。

約束

　プロダクトチームはその約束を実現するために何が必要かを本当に理解しない限り、期日や成果物を約束することはない。このやり方はこれまでの働き方とは大きく異なり、また、この変化にはいくつかの重要な意味がある。

　プロダクトチームが約束をするためには、関連するユーザーや顧客と直接関わり、真の成功のために何が必要かを理解する必要がある。注意すべきは、企業では顧客との関係を管理する人を善意で割り当てていることが多い点、また同様に、顧客側にもベンダーとの関係を管理する人が善意で割り当てられていることがある点だ。しかしこういった代理人（自社の担当であれ、顧客側の担当であれ）では満たせないものがある。プロダクトチームと実際のユーザーとの直接アクセスが不可欠であり、それがあらゆるコミットメントの前提条件となるのだ。

　また、プロダクトの成果物について約束できるのは、その約束の実現に責任を負うプロダクトチームだけである。

　それは会社の経営幹部でも、営業でも、マーケティングでも、カスタマーサクセスでも、プログラムマネジャーやデリバリーマネジャーでも、プロダクトマネジャーでもない。その約束はプロダクトチーム、特にその約束を果たす必要のあるチームのエンジニアからのものでなければならない。

　プロダクトチームは十分なプロダクトディスカバリー作業を行い、何が本当に必要であり、そのソリューションが顧客にとって効果があるのかどうかを理解しない限り約束をしない。通常、これは特定のリスクに対処するために一つ以上のプロトタイプを作成することを意味する。ニーズが理解でき、他の作業やコミットメントも考慮に入れてはじめてチームは約束ができるようになる。こういった約束を「ハイインテグリティーコミットメント」と呼び、ハイインテグリティーコミットメントを行うプロダクトチームは、一度約束すれば、そのコミットメントを実

現するために人知を尽くしてあらゆる努力をする。

　強力なプロダクトチームはコミットメントを行う際に、他の仕事も考慮に入れる必要があることを認識している。そこには影響を受ける可能性のある必須日常業務なども含まれる。コミットメントが「ハイインテグリティー（信頼性、誠実性の高い）」となる理由とは、まず何が必要かが深く見極められ、そして、そのコミットメントを実行する必要がある人たち自身が直接約束するからである。

　また、プロダクトチームは顧客に対して、自分たちが営利プロダクト企業であることを改めて認識してもらう必要もあるかもしれない。つまり、プロダクトチームの仕事は特定の顧客だけでなく、他の顧客にも有効であると考えられるソリューションを考え出すことなのだ。

　これが、カスタム・ソリューション・プロバイダーと営利プロダクト企業との本質的な違いである。実際、顧客自身が考えた具体的なソリューションが一般化されておらず、他の顧客にとっては役立たないことがあり、その場合には、プロダクトチームは代替アプローチを検討する必要がある。ほとんどの場合、顧客の抱えるその問題は解決可能で、すべての関係者にとって良いソリューションが提供できるものだ。しかし、必要となるソリューションが、ある単一の顧客の環境でしか役に立たないと判明し、なおかつその顧客が継続的なサービスやイノベーションの恩恵が受けられなくなることを良しとするのであれば、プロダクトチームはその顧客にカスタム・ソリューション・プロバイダーを勧めることになるだろう。

プロダクトディスカバリー

　プロダクトディスカバリーの目的は、顧客の問題に対する効果的なソリューションを考え出すことである。プロダクトチームは、顧客に愛され、かつビジネスにも有効なソリューションを発見するように尽力する。

　これを行うために、プロダクトチームはプロダクトマネジメント、プ

ロダクトデザイン、エンジニアリングなど、職能横断的なスキルを備えている。プロダクトチームはユーザーや顧客と直接関わり、解くべき問題を深く理解し、潜在的なソリューションをテストする。

顧客との直接のインタラクションの大部分において、プロダクトチームは顧客の問題を理解することと、価値があり、ユーザビリティが高く、事業実現性があり、実現可能なソリューションを見つけられたかどうかを判断することに焦点を絞っている。

そのため、プロダクトチームと顧客との直接のインタラクションの多くの時間で、さまざまなユーザーへのインタビュー、そしてそれらのユーザーを対象としたソリューションのプロトタイプテストが行われる。

プロダクトデリバリー

プロダクトチームが必要なソリューションを発見し開発した後に、顧客に適切なサービスを提供するための追加の責務がある。

まず、ソリューションを効果的にテストすることを約束することになる。これは二つの異なる活動を意味している。

1. 新しい機能が期待通りに動作するかをテストする。

2. 新しい機能が、不注意によって別の機能に問題を引き起こしていないことをテストする。これらはリグレッションと呼ばれるもので、リグレッションを防ぐことは難しく、最大限の努力をしたにもかかわらずリグレッションが発生することもある。しかし、新しい機能が予期しない問題を引き起こさないようにする責任があることをチームは認識している。

また、顧客がその構築中のソリューションを早く必要としている一方で、顧客には自分たちの別の仕事もあるだろう。プロダクトの再認証や、

再学習、再トレーニングに時間を費やすことは誰も望んでいないし、そうする必要がないように努めるべきだ。新しい機能を日常的に利用するためのコストに常に配慮するように努め、可能な限りスムーズな導入ができるように、最新のデザインおよびデプロイ技術を活用しよう。

最後に、現実的に「絶対にミスを犯さない」とは約束できないことをあなたも分かっているはずだ。しかし、ベストプラクティスの活用と最良の努力を尽くすことによって、ミスを最小限に抑えることは約束できる。そして最も重要なことは、ミスが発生した際にその問題を迅速かつ適切に修正するために全力を尽くすこと、そしてその問題をその後どのように回避できるかを分析すると約束することだ。

ハッピーなリファレンスカスタマー[33]とビジネスインパクト

プロダクトチームの最優先の目標は、各顧客が重要かつ意味のある仕事を効果的に行うために日々プロダクトを利用し、そしてその顧客がプロダクトを愛し、高く評価し、その体験を他人に喜んで共有するように最善を尽くすことだ。その顧客の成功があなたのビジネスの成功に反映される。

これは、あなた自身も自分のお気に入りのプロダクトに対して感じていることのはずで、顧客があなたのプロダクトに対しても同じように感じてくれるように日々努力していることだろう。

---

33 訳注：プロダクトの代表的な顧客のこと。特に、プロダクトにお金を払った上でその価値に満足しており、積極的にフィードバックしたり他者にプロダクトを推奨したりするなど、協力的な顧客のこと

CHAPTER 22

営業とのパートナーシップ

　この章のテーマはすべての企業、すべてのタイプのプロダクトに適用されるわけではないことに注意してほしい。しかし適用される場合、つまり企業にそのプロダクトを市場に届けるための直販の営業部隊やチャネル営業部隊がある場合は、プロダクト組織と営業組織の関係が文字通り会社の成功を左右しうる。

　おそらく、企業においてプロダクト部門と営業部門ほど相互依存する役割はないだろう。

　プロダクト部門はプロダクトを顧客の手に届けるために営業に依存する。そして営業部門は、プロダクトが顧客のニーズを真に満たすソリューションを提供してくれるかどうかにかかっている。

　どちらかがつまずけば深刻な問題となる。

　しかし、一見このように自然と利害が一致しているように見えるにもかかわらず、実際には両者がまったく異なる目標を追っていることが多い。旧来のモデルの組織では、プロダクトと営業の両者とも不満を持っていることが多いのだ。

　プロダクトチームが営業に不満を抱く理由は、顧客の真の問題を解決

しないとわかっているのに、営業部門がそれを作るように要求（または強要）してくるからだ。

一方で営業部門は、顧客の要求をわかりやすく中継しているのに、顧客のニーズに合わないソリューションをプロダクトチームが提供し続けたり、もっと悪い場合にはまったく何も提供しないことに不満を抱く。

営業担当者の収入は歩合に依存している。これは新規販売、契約更新、単価向上、そしてなんらかの顧客の支払い増加から生じる。

そのため、営業担当者は顧客の要望に非常に直接的に反応するようになっている。営業チームは、プロダクトチームも自分たちと同様の目標を後押しするために存在しているという確信が持てない限り、自分たちが生き残るために戦わなければならないと考えてしまう。幸いなことにプロダクトモデルはこの問題を正すように設計されており、その実績は豊富だ。

まず、プロダクトチームと顧客との間に必要となる関係性を理解することが重要である。これはCHAPTER 21「顧客とのパートナーシップ」で説明している。営業担当者が見込み顧客から要求事項を収集し、その要求をプロダクトチームに伝えてプロダクトを作るというモデルはプロダクトモデルではない。

しかし、プロダクトモデルの中核には、ハッピーなリファレンスカスタマーを創り出すことへの焦点がある、プロダクトチームは営業チームと協力してリファレンスカスタマーとなるような見込み顧客を探し出し、育成する必要がある。

プロダクトがハッピーなリファレンスカスタマーを生み出せていない場合、営業の仕事が劇的に難しくなることを指摘しておきたい。その結果として営業がプロダクトチームを不信に思うことが増えるのも無理はない。こういった状況により、営業が何かしらを売れるようにするために、カスタム（「特別対応の」）ソリューションを要求するのも当然だ。

必要な変化を起こすためには、プロダクトチームと営業チームの間に信頼を築くことが重要であり、その最良の方法は、現在の顧客や見込み

顧客の前で質の高い時間を一緒に過ごすことである。これをプロダクト責任者と営業責任者から始めるのが良いが、最終的な目標はこれを個々のプロダクトマネジャーや営業担当者にまで広げることである。

営業担当者は、プロダクトチームが顧客の問題に対してどのようにして最良のソリューションを見つけ出すかを間近で目撃できることも多く、そのソリューションが顧客も想像していなかったものであることもある。

プロダクトチームは、営業担当者が多面的で効果的なGo-to-Marketをどのように進めるかを間近で見ることになる。購買者、さまざまなタイプのユーザー、影響力のある人物、承認者、そして、購入決定とプロダクトの成功裏の利用に影響を与える様々な要素を理解できるだろう。

密接に協力することで、プロダクト・マーケット・フィットの二つの主要な側面（プロダクトとマーケット）が明確になり始める。その後、さらに複数の見込み顧客に触れることで、プロダクトチームは顧客間で一貫している点とそうでない点の両方を学べる。そうすることで多くの顧客に成功裏に展開できる単一のソリューションを創り出せるようになるのだ。

上記のいずれも簡単なことではないが、それを難しくしているのはリスクや複雑さではなく、プロダクトと営業の両方に求められる努力である。時間をかけることをいとわない人であれば、本物の報酬が得られることだろう。

また、プロダクトチームはプロダクトマーケティングの助けを借りることで、こういったタイプのプロダクトの取り組みに特化したさまざまな手法を活用できる。目標は常にハッピーなリファレンスカスタマーを作り出すことである。

プロダクトモデルが営業にもたらす強力な影響がもう一つある。ほとんどの旧来のモデルでは、営業組織が唯一、成果に基づいて運営されている顧客中心のグループになっている（成績に応じて報酬が支払われ、インセンティブが与えられる）。プロダクトモデルになると、顧客中心でアウトカム重視である、営業組織の真のパートナーが生まれることに

なる。うまくやれば、プロダクトと営業は真に協力的なパートナーとなるのだ。

CHAPTER

23

プロダクトマーケティングとの
パートナーシップ

　プロダクトチームにとって最も身近なパートナーの一人が、そのプロダクトを担当するプロダクトマーケティングマネジャー（PMM）だ。プロダクトとプロダクトマーケティングの間に効果的なパートナーシップを築くことが、プロダクトモデルの成功にとって重要であることは明白だ。

　プロダクトチームが、そのプロダクトチーム専任のPMMとペアを組める幸運な企業もあるが、ほとんどの場合は複数のプロダクトチームで一人、ないしは数名のPMMを共有することになる。これは、プロダクトマーケティングをチームトポロジーの構造と同じように組成してもほとんど意味がないからである。専任のPMMがいる場合でもPMMを共有する場合でも、プロダクトマネジャーは必要な関係を築くためにそのPMMと連絡を取り合うことが望ましい。

　インタラクションの性質と頻度は、取り組んでいる内容によって変わるが、コラボレーションが必要なインタラクションはかなり多岐にわたる。

　ほとんどの人がプロダクトマーケティングとのインタラクションについて直感的には理解しているものの、強力かつ効果的なコラボレーショ

ンの深さとその力を見て驚く人も多い。プロダクトモデルで目指していくものを紹介しよう。

市場理解と競合分析

　プロダクトチームが異なる市場を理解しようとするとき、PMMは業界アナリスト、市場インサイト、競合調査などへのアクセスにつながる重要な情報供給源となる。さらに、新しい競合他社や新技術について学ぶ際には、得られた情報がプロダクトチームとプロダクトマーケティングの間で共有される。

　市場理解の分野でのコラボレーションの良い例としては、新しい競合プロダクトを評価し、競合対策案をまとめ、営業組織に共有することだろう。

プロダクトGo-to-Market

　プロダクトGo-to-Marketは間違いなく最も重要なコラボレーション領域だ。既存市場向けに新プロダクトを開発する場合や、新規市場に既存プロダクトを投入する場合、また特に新規市場向けに新プロダクトを開発する場合、効果的なプロダクトの開発は問題の半分に過ぎない。問題の残りの半分は、そのプロダクトをいかに効果的に顧客の手に届けるかということだ。これをプロダクトGo-to-Marketと呼ぶ

　パートナーであるPMMは多くのGo-to-Marketの選択肢とテクニックに関するお抱えの専門家であり、プロダクト・マーケット・フィットを見つけ出す際には、プロダクトとプロダクトマーケティングが協力して多くの制約を解決する必要がある。

　プロダクトGo-to-Marketが確立されると、PMMは各プロダクトチームがこの市場への道のりの力学とニュアンスを理解できるように努める。

　フェーズが進み、プロダクトに段階的な変更を加える際には、Go-to-

Marketに基づいたメッセージングやポジショニングの検討が必要になり、その際にプロダクトマネジャーはPMMに相談することになるだろう。

プロダクトの重要な意思決定

プロダクトディスカバリーでは、常にプロダクトに関する意思決定が求められるが、その多くについてはパートナーであるPMMに相談したくなるだろう。特に重要な決定については、PMMがターゲット市場とプロダクトGo-to-Marketに関する深い知識を持っているため、プロダクトチームは必ずPMMの視点を含めるべきだ。

明確に言うと、プロダクトGo-to-Marketはプロダクトを成功に導く戦略を決定する上で、最も重要な検討事項の一つである。

顧客ディスカバリープログラム

顧客ディスカバリープログラムは新プロダクトを創り出したり、既存プロダクトを新市場に投入したりする際に特に威力を発揮するテクニックだ。このテクニックはプロダクトチームとプロダクトマーケティングのコラボレーションを前提として設計されている。

この手法については書籍『INSPIRED』で詳しく説明しているが、同じターゲット市場から複数の見込み顧客を特定、選定し、その顧客と密接に協力して取り組むプログラムだ。プロダクトマーケティングや営業と協力し、対象となる顧客群にインタビューして選定し、その顧客群のニーズを満たすソリューションをディスカバリーしてデリバリーする。その結果として、リファレンスカスタマーの初期セットが得られる。

プロダクトマネジャーとPMMはこのプログラムのすべての側面で密接に協力する。プロダクトマネジャーは得られた学びを新プロダクトに活かし、PMMはGo-to-Market、営業ツール、営業プロセスに活かす。

メッセージングとポジショニング

　日常的なプロダクトの変更であっても、それが目に見える変更であればメッセージングやポジショニングに影響を与えることもよくある。

　このような変更が戦術的に行われることも場合もあれば、メッセージングとポジショニングがプロダクトに対して広範な影響を及ぼすこともある。

　このような場合、プロダクトマネジャーやプロダクトデザイナーはPMMと相談して足並みを揃え、確実に新しい機能が顧客から注目され理解され、顧客に定着するようにする。

顧客へのインパクトの評価

　継続的デプロイのようなモダンなプロダクトデリバリー技術により、プロダクトの変更は一日に何度も行われるが、変更内容によっては顧客や営業チーム、カスタマーサクセスチームに影響を与える可能性がある。このような場合はパートナーであるPMMと調整し、来たる変更が不意打ちにならないようにし、全員が変更に対して確実に準備できているようにする必要がある。

　もし、パートナーであるPMMが変更に対する準備が整っていない、例えば変更について知ったばかりの場合などは、変更を延期するか、もしくは適切なデプロイ基盤を持っているのなら、PMMから準備ができたと報告を受けるまでは顧客には見えない形で新しい機能をリリースすることもできるだろう。

プライシングとパッケージング

　プロダクトモデルを採用しているほとんどの企業では、プロダクトチームはプライシングとパッケージングの決定をプロダクトマーケティ

ングに委ねている。

　これは、必要な専門知識が理由でもあるし（多くのプロダクトマーケティンググループは専門のプライシング会社と関係を持っている）、また通常、プライシングはプロダクトチームの担当範囲よりも大きい単位で行われる必要があり、プロダクトマーケティングの担当範囲の方がそれと一致しているためでもある。

　プロダクトチームは確かにプライシングの決定に対して情報を提供はするが、理想的な価格を算出するためには他の多くの要素が考慮される。

セールスイネーブルメント

　各プロダクトチームはそれぞれの専門知識をPMMに提供するが、PMMはプロダクトの販促資料や営業部隊の強化に必要となるさまざまな営業ツールに責任を持つ。

　プロダクトマネジャーがPMMとの関係構築に時間を費やしてきたのであれば、プロダクトチームはPMMがプロダクトの機能やニュアンスを高いレベルで理解していると感じているはずだ。もしそうでなければ、こうした仕事の多くはプロダクトマネジャーに降りかかることになる。このため、経験豊富なプロダクトマネジャーはPMMへプロダクトのニュアンスを説明するのに時間を費やすことが、非常にレバレッジの高い時間の使い方であることを過去の経験から理解している。

　プロダクトマーケティングの重要な役割については、SVPGシリーズの書籍『LOVED 市場を形づくり製品を定着に導くプロダクトマーケティング』（マルティナ・ラウチェンコ著）を参照してほしい。

CHAPTER 24

財務とのパートナーシップ

　財務部門、そして多くの場合、関連するIR（投資家向け広報）部門とのパートナーシップは非常に重要だ。なぜなら、効果的に協力する以外に現実的な代替手段がないからだ。会社は販売するプロダクトに依存しているし、プロダクト担当者は財務に依存している。

　他の多くの分野とのパートナーシップと同様に、効果的に協力するための鍵は足並みを揃えること、そして相手のニーズと制約を理解し、意見ではなくデータを提供することにある。

　まず、プロダクト責任者が財務責任者とともにプロダクトモデルへの移行の理由を確立することが重要だ。

　まずデータを一緒に見て、現在のモデルは予算付与の意思決定を適切に行う上では予測的ではなく、プロダクトからの増収を見積もる上でもあまり予測的ではないことを認めることから始めよう。そこに疑問があれば、事前のビジネスケースに書かれていた主張と前四半期の実績を比較すればわかるはずだ。

　より広く言えば、旧来のモデルでは機会コストは言うに及ばず、あまりにも多くのお金と時間を浪費しているにもかかわらず、示せるビジネ

ス成果があまりにも少ないと認めることが重要だ。

通常、これだけは痛いほど明確なはずだ。しかし唯一現実的な問題は自分たちが今よりもうまくやれるのかということだ。

プロダクトモデルをテストする

提案すべきことは、プロダクトモデルをテストし、他の企業にもたらしたようなリターン生み出しうるかどうかを一緒に学ぶことである。

旧来のモデルに対する不満の度合いやプロダクトモデルに対する緊急度によっては、プロダクトモデルをとても慎重に（少数のプロダクトチームで）テストした方が良いかもしれないし、逆にもっと積極的にテストした方が良いかもしれない。

プロダクトモデルへの移行が成功すれば、顧客の満足度向上やビジネス成果の改善に加えて、会社がテクノロジーパワーな企業として、株式市場で少なくとも一部では評価される可能性があることを指摘するのも有益だろう。そういった評価はしばしば投資家の投資の動機へとつながっている。

プロダクトと財務のコラボレーション

プロダクトモデルへの移行の一環として、プロダクトと財務のコラボレーションにおけるインタラクションが、次のように変化する。

プロダクトチームは機能やロードマップの背後に隠れながら、新機能の準備さえできれば良い成果が出ると約束するのをやめる。プロダクトチームはビジネスケースをでっち上げて、結果が出なかったら言い訳をするのをやめる。

その代わりに、会社がビジネス成果で評価されるのと同様の方法でプロダクトが評価されることを受け入れる。新プロダクトをローンチすれば、そのビジネス上の成功によってプロダクトを評価する。新しい機能

を追加すれば、その価値とビジネスへのインパクトでプロダクトを評価する。

プロダクトチームが顧客や会社の問題を解決することに同意したら、その成功をビジネス成果で定義し、その結果が達成されるまで取り組み続ける。問題を解決する方法が一つの新機能であれ、多数の機能であれ、あるいはソリューションとは別のアプローチであれ、結果を出すために努力する。

プロダクトチームは自分たちが知らないことを認め、知ることができないことを正直に伝える。誠実な答えが必要なときには必要なテストを実施し、十分な情報に基づいたビジネス決定を下すためのデータを収集する。

物事が前に進みプロダクトチームが追加のリソースを要求する際には、その要求の根拠となるデータと透明性の高い分析結果を提供する。

プロダクトチームは大規模な予算の要求をする代わりに、まず必要なデータを収集するために非常に低コストなテストを実施する。その後、さらに大きな要求がある場合は、その投資を裏付ける実際のデータを添える。

成果物に対して確約できる期日が必要とされる場合、プロダクトチームはハイインテグリティーコミットメントを提供するプロセスを発動する。これには多少の時間がかかるが、その期日は正当なものとなり、チームが説明責任を果たせるものとなる。

プロダクトモデルが実際に継続的なイノベーションを生み出し始めたら、プロダクトチームは投資が実際に成果を上げているという証拠を財務部門やIR部門に共有することを忘れない。

財務への要請

財務とのパートナーシップを機能させるために、プロダクトチームが財務部門に求めることもいくつかある。

- プロジェクト単位で予算の決定をするのではなく、特定の重点分野とビジネス成果の指標を持ったプロダクトチームに対して、四半期または複数四半期にわたって人員配置するように求める。プロダクトチームはリアルタイムにビジネス成果を提供し、四半期ごとにその成果が評価される。
- プロダクトモデルにはいくつか新しい職務コンピテンシーが必要である。ほとんどの場合で、既存の従業員をコーチングし、トレーニングできるが、それができない場合はプロダクトリーダー陣は既存のスタッフを新しいスタッフに置き換える提案を行う。ほとんどの場合で、プロダクトモデルへの移行はコスト増加ではなく、むしろコスト節約になるものである。その移行には、重要なコンピテンシーの内製化が含まれるだろう。
- プロダクトチームは機能やプロジェクトの出荷で評価されるのではなく、ビジネスインパクトで評価されることを求める。そのためには、プロダクトチームは必要なテストを実施し、どの機能やプロジェクトが最も目的を達成できるかについて意思決定する余地が必要になる。その粒度のレベルについてはプロダクトチームに委ねられる。
- 最後に、プロダクト部門は財務部門に対し、ハイインテグリティーコミットメントを必要最小限にとどめるように求める。なぜなら、こういったコミットメントは期日を提供するだけでも多大な作業を必要とし、組織に混乱をもたらす可能性があるからだ。

プロダクトと財務が効果的に協力すれば、会社の資金を最大限に活用できるだけでなく、これまで以上に効果的、かつ責任を持って財務リスクをマネジメントできる。

CHAPTER 25

ステークホルダーとの
パートナーシップ

　ここでいうステークホルダーとは、プロダクトチームのメンバーとは言えないが、重要な支持層、ビジネス領域、または特別な専門領域を代表する人たちを指す。

　プロダクトモデルへの移行がビジネスステークホルダーにとって大きな変化をもたらすことは否定できない。

　ステークホルダーの中には、これまでのやり方に不満を抱いており新しいことを試したいと切望している人たちもいる。

　また、ビジネスの成果を上げる責任はあるものの、かつてのようにテクノロジーのリソースをコントロールする権限はなくなってしまうと感じる人もいるだろう。

　さらには、様子見のアプローチをとる人もいる。

　しかしいずれの場合でも、旧来のモデルではテクノロジーのリソースがステークホルダーのニーズを満たすために存在していたのに対し、プロダクトモデルではそれらのリソースは最終顧客に直接サービスを提供するために存在することになる。これが大きな変化であることを認識していることだろう。

Part VI プロダクトモデルの実践

CHAPTER 25 ステークホルダーとのパートナーシップ

　プロダクトモデルはプロダクトチームがステークホルダーと協力的なパートナーとなるように設計されている。確かに、プロダクトチームはもはやステークホルダーに従属する存在ではないが、それでもなおステークホルダーから影響を受けることには変わりない。

　これはステークホルダーとプロダクトマネジャーの間に信頼関係を築く必要があることを意味している。

　エンパワーされたプロダクトチームは、顧客やビジネスの問題を、顧客に愛され、かつビジネスにも有効な方法で解決するように設計されている。

　プロダクトチームがユーザーや顧客、そしてプロダクトデータに直接かつ不自由なくアクセスできるのであれば、顧客に愛されるソリューションを作り出すことは通常それほど難しくない。

　しかし、顧客に愛されて、なおかつさまざまなビジネス部門の間で競合するたくさんのニーズを同時に満たすソリューションを作ることは、非常に難しいことだ。

　ソリューションは効果的にマーケティング、販売、サービス提供できるようにする必要がある。プロダクトに確実に資金を供給し、そのプロダクトを効果的に収益化できるようにする必要がある。プロダクトを運用できるようにする必要もある。プロダクトが関連規制を遵守し、プライバシー関連の法令やパートナーシップ契約を尊重し、人々や環境に意図しない影響を与えないようにする必要もある。

　これらすべてを独力で行うことはできない。

　しかし一方で、どのようなプロダクトを作るにしても文字通り何百、何千もの意思決定が必要であり、すべての意思決定においてすべてのステークホルダーを集めることは、時間とお金の過剰な浪費になることを理解しているだろう。また、委員会がイノベーションを起こすことはほとんどないこともわかっているはずだ。

　イノベーションを起こすには顧客に直接アクセスし、実現技術に直接アクセスする必要があるのだ。

また、ステークホルダーがプロダクトチームと敬意に満ちた信頼関係を築くためには、プロダクトリーダーがすべてのプロダクトチームに、ビジネスのさまざまな制約を理解し、ステークホルダーにとって効果的なパートナーとなるように努める有能なプロダクトマネジャーを配置する責任がある。

　このような土台を持たないプロダクトマネジャーをステークホルダーが信頼すると期待するのは、非現実的だし賢明ではない。

　しかし、プロダクトマネジャーがこれらのさまざまなビジネスの制約に対応するためにプロダクトチームに所属するとは言っても、関連するすべてのビジネスの側面を、はじめから十分に深く理解していることはほとんどないものだ。

　したがって、プロダクトチームのステークホルダーに対するコミットメントは、各プロダクトマネジャーが関連する各ステークホルダーと直接関わり、それぞれの分野が抱えるさまざまな制約やニーズを学び、理解すると約束することである。

　さらに、プロダクトチームはこの知識と信頼を築くには時間がかかることを理解している。特定のステークホルダーに影響を及ぼす可能性のあるソリューションを検討する際には、プロダクトマネジャーは提案となるソリューションのプロトタイプをステークホルダーに示し、チームが作ってしまう前に、その変更による影響を検討できるようにすると約束する。

　理想的には、プロダクトマネジャーがさまざまな制約を正しく理解しているなら、ステークホルダーは数分でそれを確認して、ただ賛同するだけで済むはずだ。

　しかし問題がある場合には、プロダクトチームは迅速にプロトタイプを繰り返し改良し、ステークホルダーがそのソリューションは自分たちの懸念に対処し、ビジネスにとっても有効であると信じられるまで調整を行う。

　これが簡単に済むこともあるが、顧客だけでなく、異なるニーズを持

つ複数のステークホルダーにとっても有効なソリューションを見つけるには多くのイテレーションが必要になることもある。さらに、すべての関係者にとって有効なソリューションというものは、最終的にはどのステークホルダーも想像していなかったようなものになるかもしれない。

より広く言うと、プロダクトマネジャーは望ましいビジネスアウトカムに向けて努力する。プロダクトチームは機能を出荷するだけでは顧客やビジネスの根本的な問題が解決されるとは限らないことを理解している。プロダクトチームは必要な成果を追求することにコミットするのだ。

ビジネスの重要なニーズを満たせないようなソリューションを構築、ましてや出荷することはしないと約束する。

万が一、ビジネスにとっての事業実現性のないものが作られてしまった場合、またはさらに悪いことに顧客に出荷されてしまった場合は、プロダクトチームはできるだけ早く状況を正し、その失敗がどのように発生したかを特定し、再発を防ぐことを約束する。

プロダクトマネジャーはステークホルダーの時間を尊重し、信頼を獲得することを約束する。また、透明性を保つよう努力する。ユーザーや顧客とのテストにステークホルダーが参加することを歓迎し、奨励する。作成されたプロトタイプをいつでも見ることができる。プロダクトに関するデータ、プロダクトがどのように利用されているか、および本番データを使ったテストの結果を見ることも歓迎する。

プロダクトチームとステークホルダーが協力することで、顧客が想像もしなかったような方法で、顧客と自社の問題を解決することができるのだ。

CHAPTER 26
経営幹部との
パートナーシップ

　現在の企業文化にもよるが、プロダクトモデルへの移行によって、経営幹部がプロダクトチームやプロダクトリーダーとどのように関わるかが大きく変わることになる。

　プロダクトモデルへの移行、特にトップダウンのコマンド＆コントロール型のリーダーシップスタイルからの移行の場合には、多くの場合で大きな文化的変化が必要になる。

　トランスフォーメーションにおいて必要な変化が何かについて議論するとき、私たちはプロダクト組織と技術組織内における変化に目を向けがちだ。しかし、トランスフォーメーションの重要な側面として、経営幹部とプロダクト組織の間の力学とインタラクションに変化があることを忘れてはならない。

　多くのプロダクトリーダーやプロダクトチームは、経営陣に「どうか一歩引いて、プロダクトチームの仕事に余白を与えてください」と言うだけで済むだろうと思いたがっている。

　しかしそれは現実を無視している。経営幹部には会社を責任を持って効果的に運営するための非常に現実的なニーズがあるのだ。

意思決定をプロダクトチームに委ねるためには、プロダクトチームが戦略的背景を理解する必要があり、その情報の多くは経営陣からもたらされる。

つまり、プロダクトモデルでは経営幹部とのインタラクションが減るのではなく、プロダクトチームは頻繁かつ質高く経営幹部と関わる必要があるのだ。本当に重要なのはそのインタラクションの性質である。

経営幹部がビジネスを営むために必要な情報を、チームから提供しつつ、プロダクトリーダーやプロダクトチームが自分たちの能力を発揮できるようにエンパワーされるようなインタラクションのあり方が望まれるのだ。

経営幹部とプロダクトリーダーやプロダクトチームとの間の建設的で効果的なインタラクションを促進するのに役立つ、一連のテクニックを紹介しよう。

意思決定

プロダクトモデルにおける中心的な考えの一つは、最良の答えを導き出すのに最適な立場にあるプロダクトリーダーやプロダクトチームに意思決定を委ねることだ。通常、そういった人たちは実現技術を直接扱っており、ユーザーや顧客とも直接関わっている。

しかし、チームが適切な意思決定を行うためには必要な戦略的背景が提供される必要がある。したがって、経営幹部が広範な背景情報、つまりビジネス戦略、財務指標、規制の動向、業界トレンド、戦略的パートナーシップなどを共有することが重要になる。

関連する戦略的背景を経営幹部ができるだけ多く共有することで、プロダクトチームは適切な意思決定を行うための情報を手に入れられることになる。

一方で、経営陣はプロダクトリーダーやプロダクトチームが意思決定に利用したデータや理由を、オープンかつ正直に共有することを期待し

ている。

アウトカム

　プロダクトチームは重要なのは成果であることを理解している。プロダクトチームは可能な限り、アウトプットではなくアウトカムに対して責任を問われることを期待している。

　しかしその考え方がうまく機能するのは、プロダクトチームが決まった特定のソリューションを作ることを求められるのではなく、解くべき問題が与えられ、うまく機能するソリューションを自分たちで考え出すようにエンパワーされている場合に限られる。

　最良のソリューションを考え出せるかどうかは、経営幹部がプロダクトチームに、問題を解決するための自由度を可能な限り与えているかどうかによる。

　そうすることで、プロダクトチームは問題のソリューションを考え出す責任を持ち、顧客、ビジネス、技術の問題を同時に解決するために最善を尽くすことを約束できる。

意見の相違

　最も広範なデータにアクセスでき、ビジネス全体の背景を最もよく理解しているのが経営幹部であることをプロダクトチームは理解している。一方で、プロダクトチームはプロダクトを利用する実際のユーザーや顧客、そして実現技術に日々接している。

　プロダクトチームは、時には意見の相違が生じることを理解している。旧来のモデルでは反対意見や直感に反するアイデアは検討もされず、そのせいでイノベーションはめったに起こらない。プロダクトモデルではこうした直感に反するインサイトから真のイノベーションが生まれることがよくある。もし何かが重要そうなのであれば、必要な根拠を集める

ために迅速かつ責任を持ってテストを実施し、必要に応じて証明する方法をプロダクトチームにコーチングしよう。

　成功するためには代替のアプローチが必要だとプロダクトチームが考えている場合、経営幹部はその検討を許可し奨励する必要がある。

　プロダクトチームがリスクを伴うアプローチを提案する場合、チームは責任を持ってプロダクトディスカバリーのテストを実施し、必要な根拠を収集して、その結果を共有することを約束する。

約束

　経営幹部が特定の成果物に対して具体的な期日が必要な場合があることをプロダクトチームは理解している。各チームはこのような約束をハイインテグリティーコミットとして扱う。

　プロダクトチームは約束を交したのにそれが守られなかった場合に組織に損害を与えることを理解している。

　その約束をして良いのは、約束の実行に責任を負うプロダクトチームだけであるべきだ。チームはその約束に何が含まれていて、そして成功のため何が必要かを知らないまま約束をしたり、その約束を実行することを求められるべきではない。

　さらに、ハイインテグリティーコミットメントはルールではなく例外である。なぜなら、それを行い、それを実現するための時間と労力は、大きなものになりうるからである。

　しかしひとたびプロダクトチームによって約束がなされると、チームはそのハイインテグリティーコミットメントを真剣に受け止め、実現するために全力を尽くすことを誓う。

サプライズ

　時にはサプライズが避けられないことをプロダクトチームは理解して

いるが、同時にそれを最小限に抑えるために努力しなければならないことも理解している。つまり、少しでもセンシティブな可能性があれば、プロダクトマネジャーはそれを把握し、ソリューションを構築する前に、影響を受けるステークホルダーや経営幹部にそれを示し、話し合うことが期待される。

最悪のムダの一つは、プロダクトチームが高品質でスケーラブルな機能を実装したものの、後になってその機能が受け入れられないソリューションであると判明することだ。

プロダクトチームは潜在的にリスクのあるソリューションを構築する前に、関係する経営幹部と一緒に事前確認することを約束する。

同様に、経営幹部がディスカバリーの際にプロトタイプをレビューし、大きな問題を提起しなかったにもかかわらず、プロダクトが構築されリリースされた後になって何か重大な問題があると判断を下した場合、これも同様に大きなムダであり、組織にフラストレーションを与えることになる。

原因が何であれ、何かが構築された後に深刻な問題があると判断された場合は、そのようなムダを今後どのように回避できるかを検討するために事後分析を行う必要がある。

信頼

プロダクトチームはエンパワーメントが一定の信頼に基づいていることを理解しており、その信頼を得るために努力する。

同様に、プロダクトリーダーとプロダクトチームは経営幹部が会社を前向きな方向に導いていると信頼している。

プロダクトリーダーもプロダクトチームも、互いに完璧であることを期待しているわけではないが、それぞれが相手に依存することを認識し、お互いの成功を支援するために最善を尽くすことを約束する。

CHAPTER 27

イノベーションのストーリー：Gympass社

マーティからのコメント：今日、世界中に素晴らしいトランスフォーメーションとイノベーションのストーリーがあるが、このブラジルのスケールアップ企業がパンデミックにさらされたときに成し遂げた事例は特に私のお気に入りだ。

企業の背景

　Gympass社は2012年に設立されたブラジルの企業で、運動不足を解消することで従業員の健康とウェルビーイングを向上させることをミッションとしている。

　Gympassは自社のプラットフォームを通じて、11カ国、5万以上のジムやスタジオへのアクセスを企業の従業員向けに提供していた。

　アーリーステージのスタートアップから800人以上の従業員を抱えるまでに成長した最初の5年間は、IT組織はごく小さなものだった。スプレッドシートを使ってビジネスを運営する大規模なビジネスオペレーションのチームに主に依存していた。

2018年に、テクノロジーを効果的に活用するためにトランスフォーメーションが必要だと同社は判断し、首脳陣は経験豊富なプロダクトリーダーであるジョカ・トーレス（Joca Torres）をCPOとして迎え入れた。

　CTOとCMO（最高マーケティング責任者）を含めた三人のリーダーは互いに協力し、テクノロジー組織とプロダクト組織を急速に構築した。各チームはビジネスオペレーションのチームが行っていた大半のタスクの自動化と、ジム向け、エンドユーザー（企業の従業員）向け、人事スタッフ（従業員へのインパクトを確認する）向けに、完全に新しい体験を作り出す作業にまず取り掛かった。

　これらの取り組みはすぐに成果を上げ、会社は2020年に向けて力強い成長軌道に乗っていた。

　しかし残念なことに、その後パンデミックとなった。

　フィットネス業界、特に対面式のジムやスタジオはパンデミックによって即座に深刻な影響を受けた業界の一つだ。

　従業員はオフィスに行けないだけでなく、ジムにも通えなかった。

　そして、数え切れないほどのジムやフィットネスの会社が閉鎖を余儀なくされた。

　この時期に多くの企業がそうであったように、Gympassのリーダーシップチームも存亡の危機に直面したのだ。運動不足を解消するというミッションがこれまで以上に重要であることは分かっていたが、同時に、有意義かつ迅速にアプローチをピボットする必要があった。

解くべき問題

　幸いなことに、プロダクト組織はすでに多くのフィットネスに関するプロダクトアイデアをユーザーから学び、テストしてきていた。ジムに行くことを前提としたフィットネス以外にも、瞑想、マインドフルネス、食生活、自宅でのエクササイズなどのウェルネス活動に関心を持つユー

ザーがかなりいることをすでにディスカバリーしていたのだ。

プロダクトチームが解くべき問題はGympassユーザーに自宅でできるさまざまなウェルネスソリューションを提供し、ジムやスタジオに行かなくても健康や体力を維持できるようにすることだった。

そこで戦略として、プロダクトチームはビルド＆パートナーのアプローチをとった。つまりソリューションの重要な部分を自社で構築しつつ、特定のフィットネスソリューションについては他のフィットネスソリューション提供者と提携したのだ。

ソリューションのディスカバリー

チームは以下の二つの主要なリスクに対処するために、迅速なプロトタイプ作成を繰り返す、集中的なプロダクトディスカバリー作業を開始した。

一つ目、かつ最も深刻なリスクはそのソリューションがエンドユーザーにとって価値があるかを確認することだった。エンドユーザー（顧客企業の従業員）がこの新しいソリューションを利用しなければ、顧客企業がこの福利厚生サービスの契約を解除するのは時間の問題だと理解していた。

二つ目のリスクは、この新しいプロダクトとそれに関連するビジネスモデルに事業実現性があるかどうかを確認することだった。特にフィットネスパートナー、そしてもちろんGympassにも十分な収益があり、なおかつ顧客企業の福利厚生要件に準拠しているかの確認だ。

このディスカバリー作業においては主に、さまざまなウェルネスサービスのユーザー体験を示すユーザープロトタイプを利用した。また、必要なパートナーとの統合をテストする、実現可能性を確認するためのフィジビリティプロトタイプもいくつか用意した。

チームがこれらのリスクに対処できたと感じられたら、次は記録的な速さでプロトタイプからプロダクトに移行する必要があった。

それらの困難にもかかわらず、同社はそのプロダクト開発とデリバリーを実現しただけでなく、二カ月足らずで100社近くのフィットネスパートナーを採用し、多言語に対応した幅広いウェルネス活動を確実にカバーできるようにした。

成果

Gympassは4週間で10カ国に展開し、わずか数カ月でユーザー数をゼロから数十万人に増やした。

この取り組みに関わったプロダクトチームはプロダクトマネジャー一人、プロダクトデザイナー一人、エンジニア四人で構成され、専任のビジネスオペレーション担当者とPMMが協力していた。また、地域ごとの現地パートナーの募集を営業組織が支援した。

もしGympassがもともとトランスフォーメーションへの取り組みに投資していなかったら、ビジネスをこれほど迅速にピボットするのに必要なスキルは持ち合わせておらず、フィットネス業界の他の多くの企業と同じ運命をたどっていた可能性が非常に高い。

しかしGympassはそうならず、パンデミックの間に法人顧客の数と収益を二倍以上に増やすことに成功した。会社の評価額は22億ドルまで上昇し、ラテンアメリカのテクノロジー業界の成功事例の一つとなったのだ。

Part VII

トランスフォーメーションの
ストーリー：Datasite社

by クリスチャン・イディオディ（Christian Idiodi）

マーティからのコメント：私はクリスチャンのことを、この会社のプロダクト部門の責任者として入社する数年前から知っており、彼を業界トップクラスのプロダクトリーダーとして才能のある人材だと考えていた。彼には「あなたならどんな大手企業であっても、プロダクト部門の責任者として迎え入れられるよ」と伝えていたが、彼は営業主導の古い金融サービス会社を最高の企業にトランスフォーメーションできるかどうかをどうしても確かめたかったようだ。彼が優秀であることは知っていたが、「特に厳しい挑戦を選んだのだね」と彼に伝えた。しかしクリスチャンを知っている人なら、彼が困難な挑戦にも怯まないことを知っているだろう。そして彼は実績のある他の二人のリーダーと一緒にその会社へ入社した。その二人は、トーマス・フレデル（Thomas Fredell）とジェレマイア・アイヴァン（Jeremiah Ivan）だ。この三人は、なしうることを再定義することに成功したのだ。

ミネアポリスの工業地帯に位置するMerrill Corporation社は、1968年にロジャー・メリル（Roger Merrill）氏とその妻によって設立されました。私（クリスチャン）が着任した当時、Merrill社はアイデンティティの危機に瀕しており、変化を強く求められていました。

Merrillは伝統的な家族経営の実店舗型企業で、主に金融印刷サービスで知られていました。そのサービスには年次報告書、目論見書、委任状説明書、およびその他の証券取引委員会への提出書類などの金融文書の印刷、構成、および配布が含まれていました。また、顧客の情報整理、保管、共有を支援する文書マネジメントサービスも提供しており、このサービスには、文書のスキャン、インデックス作成、保管、検索、配布のためのソリューションが含まれていました。他にも、顧客が機密文書や情報を承認されたユーザーと安全に共有できる仮想データルームのサービスもありました。

しかしもちろん、世界はすでに変わっていたのです。

同社はトランスフォーメーションの必要性を認識しており、実際、す

でにアウトソーシングによるトランスフォーメーションを試みて惨敗していました。

CEOのラスティ・ワイリー（Rusty Wiley）はMerrillが自力でトランスフォーメーションを行う必要があると認識しており、そのために、トーマス・フレデル、ジェレマイア・アイヴァン、そして私を招き入れました。そして、私たち三人は取り組みを開始したのです。

動機

次のようなさまざまな外部要因によって、急速に変化する市場でMerrillはうまく競争力を発揮できていませんでした。

- レガシーなビジネスへの大きな依存：主に金融業界向けに印刷・通信サービスを提供していましたが、デジタル技術の導入が進んだことで伝統的な印刷媒体が減少し、Merrillのビジネスモデルは急速に時代遅れになりつつありました。
- 技術革新の限界：既存技術の更新や新プロダクトの市場投入において競合他社に遅れをとっていました。この失敗の一因は、進化する顧客のニーズを理解する能力に欠けていたことにありました。
- レガシーなモデル：プロジェクトベースのモデルでタスクを実行しており、コマンド＆コントロールのアプローチと相まって、社内のモチベーションとイノベーションを阻害していました。
- 多額の負債：Merrillには多額の負債があり、これが業績を圧迫し新たな成長機会への投資を制限していました。
- 評判の低下：データ漏えいや情報セキュリティ問題に関する複数の訴訟や、規制当局による調査を抱えていました。

このセキュリティ問題によって会社の評判には傷が付いており、顧客の信頼も揺るがしていました。私たちが入社した当時、Merrillが直面

していた最も差し迫った問題だったのです。しかし私は、これは単なる結果に過ぎず、根本的な原因を特定すべきだと考えていました。

遅々として進まない物事

　Merrillにいる人たちにとって、自分たちが遅れをとってしまった理由は単純でした。自分たちよりも迅速で低コスト、そしてテクノロジーを活用する方法を心得ている競合他社が現れたからです。

　それは正しくはあるのですが、部分的な問題に過ぎません。根本的な問題を理解するために、私は営業部門の責任者であるダグ・カレン（Doug Cullen）と多くの時間を過ごしました。彼は信頼できる協力者でした。彼は私にこう言いました。「クリスチャン、理解してほしいのは、Merrillは何よりもまず営業主導の会社で、私たちの文化はそこから生まれているんです。営業担当者が顧客を保有していて、つまりそれは他のすべても保有しているということなんです。顧客の問題を解決しようと意思決定するのは、営業担当者がそれを望んでいるからなんです。新しい技術を構築しようと意思決定するのも、同じ理由です。すべてにおいて営業が主導権を握り、他の人たちはただそれに従っているのです」

　この点を強調するために、ダグは自社で開発していた新しいテクノロジープラットフォームの7つ目のバージョンと、新しい競合他社と対抗するために買収したソフトウェアについて話してくれました。

　そのプラットフォーム開発プロジェクトはインドの企業に開発を委託しており、営業部長がその管理をしていました。このプラットフォームの完成には六年近くかかり、600万ドル以上の費用がかかったのですが、最終的にリリースされたときの売上は3万ドル以下だったのです。

　根本原因の一つは明確でした。権力の中心が営業組織内にあり、テクノロジーは従属的な役割を担っていたのです。これがあらゆる種類の競争上の弱点を生んでいました。

　例えば、営業担当者が個人のノルマに駆られて、会社の戦略目標よりも自分独自の機会を優先することはよくあることでしょう。

どの営業担当者と接するかによって、顧客が受ける会社に対するイメージやサービスのレベルが異なってしまい、これが会社の評判や顧客ロイヤルティに悪影響を及ぼしかねません。

もう一つの問題は、各営業担当者は特定の取引や機会に集中しているため、顧客基盤全体の中で、新しい市場やプロダクトの機会を特定する役割には適していないことです。

これによりイノベーションが起きず、顧客のニーズを効果的に見つけて対処している競合他社と比較して、会社が脆弱になっていました。

ディスエンパワーと傭兵文化

そういった営業主導の文化から、私は同社のもう一つの核心的問題である「ディスエンパワー（無力化。エンパワーの逆）」にすぐに気が付くことができました。

営業とサービス提供組織には英雄主義があふれる一方で、社内の他の部署は傭兵のように扱われていました。エンジニアリングはアウトソーシングされ、意思決定はトップダウンで行われ、チームには提供すべき機能やプロジェクトのロードマップが渡されていました。

オフィススペース、特に机の高い仕切りと日照不足は、チームメンバーの間に孤立感と断絶感を生み出していました。

そのため、従業員同士のコラボレーションや効果的なコミュニケーションは不可能とは言わないまでも、難しく、エンパワーされているという従業員の意識はどんどん低下していました。

さらに階層構造を感じさせるフロアレイアウトや共有スペースの不足もあり、社員の士気は低く、エンゲージメントも低下していました。

社員は自分たちで意思決定をしたり仕事のオーナーシップを持つためのエンパワーがなされていないと感じており、拒絶されることを恐れて、リスクを取ったり新しいアイデアを提案することを嫌がっていました。

組織内でイノベーションや創造性が抑制されていたため、変化する市場環境に適応する能力は実質的に存在していませんでした。

集中の欠如

　Merrillは、23か国に4,000人以上の社員を抱えるまでに成長していましたが、その成長は有機的なものではなく買収によるものでした。

　資産ポートフォリオは全体的に収益を上げていましたが、統一的なシナジーやテーマはありませんでした。営業組織は顧客に対して大きな将来像を提示して売り込むことはできず、個人的な関係性やサービスに大きく依存していました。

　Merrillは単に多くのことに手を出し過ぎていました。明確なビジョンと戦略がなかったため、会社が進むべき方向やその達成方法がはっきりしていませんでした。従業員は自分たちが何に取り組むべきか、その労力が会社全体の成功にどのように貢献するかを理解することが難しかったのです。また、どのプロダクトやサービスに投資するのか、どの市場をターゲットにするのか、どの取り組みを優先するかを意思決定することもほぼ不可能でした。

　中核ビジネス全体で焦点が定まらないことで、Merrillは市場シェアを失い始めていました。目を覚ますきっかけとなったのは、クラウドベースの最新ソリューションを提供するWorkiva社という新たな競合の登場でした。

　四半期報告書や決算書の提出にWorkivaを利用する顧客が次々と現れ、Merrillは市場で存続していくためには自分たちが変わらなければならないことを悟りました。しかし、変わる、とは何を意味するのでしょうか？

プロダクトモデルへのトランスフォーメーション

　私たちはあらゆるレベル、つまりどのように作るのか、どのようにディスカバリーするのか、どのように集中するのかというレベルで、仕事のやり方を変える必要があると自覚していました。

営業主導の文化が根付いているMerrillのような古い会社にとって、これは深く大きな変化を意味しています。

　デジタルネイティブとして生まれた企業にとっては、テクノロジーはビジネスと切り離せないものであり、テクノロジーそのものがビジネスでしょう。しかしMerrillの場合は正反対でした。

　Merrillは営業主導の企業で、収益は営業チームが生み出し管理していたため、テクノロジーの役割は営業組織のニーズに応えることでした。

　プロダクトモデルを成功させるためには、テクノロジーが営業に従属することをやめなければなりませんでした。代わりに、テクノロジーを最前線に移し、問題解決の手段として、またソリューションを実現するものとして、顧客にサービスを提供する役割になる必要がありました。

作り方を変える

　長年の歳月、長期的な投資不足、アウトソースの多用により同社のレガシープラットフォームは脆弱で時代遅れとなり、市場の要求に対応できなくなっていました。

　会社としても、問題への対応だけでなく市場機会や競争圧力にも迅速に対応できる、もっとモダンなプラットフォームの構築に再投資する必要があることを理解していました。

　解決策は既存のレガシーシステムから最新のマイクロサービスのアーキテクチャへの移行でした。

　多くのレガシー企業がこの問題を抱えているものの、同時に、この穴から抜け出すスキルを持ち合わせていないのも事実です。幸いなことにトーマスがプロダクト組織の運営のために私を採用するのと同時に、私たち二人が以前一緒に仕事をしたことのあったジェレマイア・アイヴァンという非常に優秀なエンジニアリング責任者を採用しました。

　私たちには、現在の顧客のニーズに対応できるだけでなく、将来的に必要となるであろう新しい機能の迅速な実験とデプロイを可能にするプ

ラットフォームが必要でした。

スピードの必要性

　また、モダンなプラットフォームに移行する目的は単に迅速なデプロイを実現することだけでなく、問題を迅速に発見し修正するためでもありました。

　これがいかに重要であったかを強調するために、破滅的な結末を迎える可能性もあったにもかかわらず、結果的にはトランスフォーメーションの転機となったエピソードを紹介しましょう。

　ある日の早朝、私たちはある大手の顧客から電話を受けました。その顧客は私たちのシステムにセキュリティバグを見つけ、激怒していました。そのミスは顧客にとって非常に重大で、契約を解除すると脅されました。警報が鳴るかのように電話は私にエスカレーションされました。

　私はすぐに営業部長とCEOのラスティに連絡を取り、顧客企業のCEOからの電話に備えるよう伝えました。同時に、エンジニアリング担当VPにも電話をかけ問題を伝えました。

　するとエンジニアリングチームは一時間足らずで問題を特定し、修正プログラムを実装し、テストし、そしてデプロイしました。

　午前10時、顧客から二度目の電話がありました。苦情ではなく謝罪のためです。

　「システムに問題があると思っていたのですが、どうやら私たちの思い違いだったようです。ですから、CEOへの電話のことは忘れてください。何も問題ありません」というものでした。

　顧客からの二度目の電話の内容をCEOのラスティに伝えると、彼は安堵し、そして同時に興奮もしていました。彼はテクノロジーと人材に投資していたものの、彼の視点からはまだ実際の効果を実感できていなかったのです。しかし、それがその時に変わったのです。

　彼は私に言いました。「クリスチャン、問題を特定して診断できる当社のこの新しい能力は素晴らしいし、問題解決の能力も同様に素晴らし

い。でも、エンジニアリングチームが顧客のニーズにこれほど迅速に対応できたことに私は本当に感心しているんです」。

ラスティの言うとおりでした。この修正の重要性は、実際の顧客の問題を解決したことだけでなく、同社が懸命に取り組んできた技術やプロセスの変更を象徴するものだったからです。取り組んできたものには以下がありました。

- オンプレミスから、クラウドベースのプラットフォームへの移行
- ウォーターフォールから、アジャイルなデリバリーモデルへの移行
- モノリシックなプラットフォームから、独立したマイクロサービスへの移行
- 不定期で低頻度のリリースから、頻繁で小さなリリース（CI/CD）への移行

この最適化された新しい環境で、安定性を向上させながら可用性を高め、サービスレベル契約も実現しました。そして、このソリューションにより、運用コストも30％削減されました。新しいプラットフォームではダッシュボードへアクセス可能になり、運用が明確に可視化され、会社の重要なアプリケーションすべてのインフラとデータベースの詳細な監視が可能になりました。サーバー、ストレージ、コンピューティングパワーの追加が必要な場合には、迅速に割り当てできるのです。

問題解決の方法を変える

多くの場合、計画によって成功が決まるのではなく、不確実性や不測の事態に対応できる人材やプロセスを導入することによって成功が決まります。

六カ月の計画を承認し、予算を組み、その期間に学んだことを無視してやみくもにその計画を実行に移すのではなく、問題解決のためにエン

パワーされたプロダクトチームに資金を提供し、日々顧客やテクノロジーから学び適応するためのスキルを身につけさせるのです。

コラボレーティブな問題解決

問題解決はコラボレーティブなプロセスです。最前線にいる顧客や、営業担当者、すべてを知っているCEOが問題を解決するのではありません。

こういった人たちは誰も、今技術的に何が可能なのかを知りません。そのため、革新的なソリューションのほとんどはテクノロジーに最も近いところで働く人たちから生まれるのです。

しかし、そのためにはチームに情報を提供し、意思決定の権限を与える必要があります。価値のあるソリューションを特定し、提供する際に伴うリスクに対処するための能力とスキルが必要なのです。

トップダウンによる意思決定は時間がかかり面倒なだけでなく、顧客やテクノロジーに関する重要な知識が存在する場所から遠く離れた場所で行われてしまうことになるのです。

顧客ニーズへの対応

エンパワーされたプロダクトチームはテクノロジーに関する問題にだけ関心があるわけではありません。ユーザー、顧客、市場、ニーズ、動機など顧客に関する質問もします。Go-to-Market、コンプライアンス、セキュリティ、プライバシー、コスト、収益化などビジネスに関する質問もするのです。

より広く言うと、新しいソリューションを開発する際、プロダクトチームはコードを一行書く前に、実際にそのソリューションが購入され利用されるのかどうかを知りたがります。また、自分たちが作ったプロダクトが壊れないように、つまり顧客、営業やサービス担当の同僚、会社の評判、収益を損なわないようにあらゆるリスク要因を知りたいと考えます。

では私たちはどのようにプロダクトチームをエンパワーしたのでしょうか？

最初のステップはプロジェクトに予算を割り当てるのではなく、人とチームに予算を割り当てることでした。そのためには、作るべき機能ではなく解くべき問題を与える必要がありました。

そして、上からの指図やマイクロマネジメントを受けることなく、自分たちに決定権があることをチームメンバーが認識できる心理的に安全な環境を整えました。またチームには問題解決志向のある人材、つまりビジネス上の成果を出すために進んで取り組む人材を配置しました。

これはMerrillのトランスフォーメーションの重要な部分でした。会社は従来のプロジェクトベースの予算割り当てモデルから転換し、問題解決チームに予算を割り当てる必要があったのです。

これには、新しい役職としてプロダクトマネジャーやプロダクトデザイナーを配置することも意味していました。また、エンジニアリングをアウトソースするのではなく社内にエンジニアリングのコンピテンシーを構築することも必要でした。

しかし、このコラボレーティブなチームによって、顧客から愛され、かつビジネスにも有効な形で、顧客の真の問題に対するソリューションを見出すことが可能になったのです。

共同の知識と経験の活用

プロダクトモデルへのトランスフォーメーションを意思決定したからといって、自動的に優れた問題解決者になれるわけではありません。

しかし、エンパワーメントされたチームはそれをもたらします。異なるスキルを持つ優秀な人たちが協力して問題を解決することで、より良いプロダクトが生まれるのです。

そして、エンパワーメントされたチームを作ることは、あるグループから権力を奪って別のグループに渡すということではありません。そうではなく、異なる分野の人たちを集め、その共同の知識や経験を活用す

るということなのです。

　Merrillではプロダクトとテクノロジーの担当者が顧客と対話することで、それを実現しました。

　また、問題解決の方法を変えるために以下も行われました。

- ビジネスアナリストとプロダクトオーナーという従来の役割の廃止
- プロフェッショナルなプロダクトマネジャーの採用とコーチング
- 真のプロダクトデザインのコンピテンシー、つまりプロフェッショナルなプロダクトデザイナーの採用
- エンジニアリングのアウトソーシングから社内エンジニアリング部門の構築への移行
- プロダクト、デザイン、エンジニアリングの「トライアド」モデルを構築し、プロダクトマネジャー、プロダクトデザイナー、エンジニアリングのテックリードが営業やマーケティングとコラボレーションしながら、担当する問題のソリューションに取り組む
- プロダクトディスカバリーのコンピテンシーの構築

　プロダクトディスカバリーと重要なプロダクトモデル・コンピテンシーの導入は、組織に新しい重要なスキルと筋力を身につけることを意味し、リーダーシップチームが一丸となって組織のスキル向上に取り組むことを約束する必要がありました。

解くべき問題の決定方法を変える

　「すべてが重要だ」「優先事項が多すぎる」と言って何も成し遂げられない時の定番の言い訳は「リソースに問題がある」「テクノロジーに問題がある」などの責任転嫁です。ですが、本当は「集中」に問題があるのです。

　魅力的なプロダクトビジョンとインサイトに基づいたプロダクト戦略

によって、集中的な問題解決が生まれます。

　プロダクトビジョンは数年間持続するような大きなものであるべきですが、プロダクト戦略は学びに基づいて、いつでも（通常は四半期ごとに）変更できます。

背景情報とインサイト

　どの機会を追求するか、どの問題に取り組むかに対する最良の意思決定はインサイトと背景情報によって導かれます。

　インサイトからは何が起こっているかがわかり、背景情報からはなぜそれが起きているのかがわかります。インサイトは顧客や競合他社、市場や業界から得られますが、自社のデータから得られるということが最も重要な点です。

　背景情報は知識と経験から得られます。データに視点を加えるのです。インサイトと背景情報を組み合わせることで、何が起きているのか、なぜ起きているのか、そして何をすべきなのか、全体像を把握することができます。

　これこそがプロダクトモデルの本質なのです。どのような機会を追求するかの意思決定は反応的、または日和見的なビジネス要求ではなく、背景情報とインサイトによって導かれるのです。

　Merrillにおいては、これは統一されたプロダクトビジョンに基づいて動き、明確なプロダクト戦略を描くことを意味しました。

　どのような顧客にサービスを提供し、その顧客のどのような問題を解決したいのかを明確にする必要がありました。

　そしてそれは、私たちがやらないことをすべて明確にすることでもありました。その結果、いくつかの事業を切り離し（売却し）たり閉じたりすることで、もっとも重要な機会に真に集中できるようにしたのです。

成果

　2020年、MerrillはDatasiteとしてリブランドされました。この新しいブランド名はレガシーな金融印刷事業を手放し、急成長を遂げるグローバルなSaaS型のM&A（合併、買収）コミュニティ向けテクノロジープラットフォームに注力するという、同社のトランスフォーメーションの完了を反映したものでした。

　トランスフォーメーション前のMerrillでは、新機能の決定から構築、顧客へのデリバリーまで数年とは言わずとも数カ月はかかっていました。

　新生Datasiteでは、ほぼ毎日、顧客に新しい価値を提供するところまでに進化しています。

　このスピードとイノベーションのすべてが収益に結びついています。2019年には年間10,000件以上のM&A取引を促進し、会社の収益は30%以上増加しました。今日、Datasiteは業界リーダーであるだけでなく、そのイノベーション文化も高く評価されています。

Part VIII

トランスフォーメーションの
テクニック

ここまでのPARTで、プロダクトモデル、新しいプロダクトモデル・コンピテンシー、新しいプロダクトモデル・コンセプトへのトランスフォーメーションとはどういうことかを説明し、そしてトランスフォーメーションに成功した企業の事例をいくつか紹介してきた。次は、さらに一般的な変革マネジメントのトピックについて説明していく。

言い換えると、今いる場所から目指すところへ到達するための最良の方法とはなんだろうか？

取り組む組織の規模にもよるが、プロダクトモデルへのトランスフォーメーションには半年から二年はかかるだろう。それも会社が真剣にトランスフォーメーションに取り組み、単なる見せかけの形ではないことが前提である。

このPARTの7つの章ではトランスフォーメーションに取り組む際に役立つテクニックを紹介する。

- トランスフォーメーションのアウトカム

まずは目標から始める。トランスフォーメーションはいつ完了するのか？

- トランスフォーメーションのアセスメント

トランスフォーメーションを開始する前に、現在の会社の状況を明確に把握する必要がある。

私たちが企業のトランスフォーメーションを支援する際に利用しているアセスメントを紹介する。

このアセスメントはプロダクトがどのように生み出されているかという全体観的な視点から始まり、具体的なプロダクトモデル・コンピテンシー、プロダクトモデル・コンセプト、プロダクトモデルの原則へと深く掘り下げていく。各項目について、何に目をむけるべきかも紹介する。

- トランスフォーメーションの戦術

トランスフォーメーションの旅路に役立つさまざまな戦術がある。プロダクトモデル・コンピテンシーを確立するのに役立つ戦術、プロダクトモデル・コンセプトを確立するのに役立つ戦術、組織がプロダクトモデルを学ぶのに役立つ戦術に分類して紹介する。

- トランスフォーメーションのエバンジェリズム

　その次に、プロダクトモデルとその進捗状況を組織内に広範に継続して頻繁に伝えることの重要性について説明する。

- トランスフォーメーションの支援

　最後に、プロダクトモデルをプロダクトチームのメンバーにどのように教えるかについて説明する。リーダーがすでにプロダクトモデルの経験を積んでいる場合と、プロダクトモデルの経験がない場合に何をすべきかについて説明する。

CHAPTER 28

トランスフォーメーションの
アウトカム

　トランスフォーメーションの取り組みはいつ完了するのだろうか？
　あるレベルで見ると、強力なプロダクトカンパニーは継続的に改善を続けているため、その意味ではトランスフォーメーションが完全に完了することはないと言える。しかし非常に意味のあるマイルストーンが一つだけある。
　プロダクトモデルの原則の一つに、プロダクトチームは成果に対して責任を負うというものがある。新しいテクニックを導入するだけでは十分ではない。チームにトレーニングを提供するだけでは不十分だ。アウトプットを出すだけでも不十分だ。プロダクトチームは成果を出さなければならないのだ。
　もしプロダクトチームが顧客や会社に対して実際の成果を出さないのであれば、何を達成したことになるのだろうか。
　プロダクトモデルへのトランスフォーメーションを議論する際には、その取り組みを常に「真の成果を出すこと」という枠組みで捉えることが重要だ。
　本書でプロダクトモデルにトランスフォーメーションした企業の実際

のイノベーション事例を多く紹介しているのもそのためだ。

どのケースでも、まず新しい筋力を身に付けなければ成果を生み出すことができなかった。これこそがプロダクトモデルに移行する本当の理由である。

したがって、トランスフォーメーションのアウトカムについて語るなら結果を中心に議論するのが良いと考えている。トランスフォーメーションを遂げた後、今は効果的にできていない、何をできるようになりたいのだろうか。

未来は予測できないため、将来に訪れる機会に対する具体的な目標を言うことはできないだろう。

最終的には、ほとんどの企業がその時に最も将来性のある機会を特定し、その機会を活用できるようになり、そして最も深刻な脅威にも効果的に対処できるようになりたいと考えている。

先んじてプロダクトモデルへとトランスフォーメーションした企業の多くはパンデミックという課題に適応し、それまで以上に強くなった。

また、新しい生成AI技術を含め、関連する新技術を素早く習得し、これまでにはできなかった方法で顧客の問題を解決することがでているのだ。そういった企業は今や、かつてないほど強力な存在になっている。

新しいテクノロジーがいつ利用可能な状態で登場するかは誰にも予測できない。できることは機会の活用と脅威への対処に対応できるよう、自分自身と組織の準備を可能な限り整えておくことだけだ。

CHAPTER 29

トランスフォーメーションのアセスメント

概要

　成功するトランスフォーメーションを計画する際には、まず組織の現状を率直かつ正確に評価することが不可欠だ。

　期待値を合わせるために言うと、経験豊富なプロダクトコーチであれば通常一日で組織（一つの事業部まで）を評価することができる。誰に何を尋ね、何を見るべきかを知っていることは経験者の強みだ。

　しかし、もしあなたがこれまでこういったアセスメントをしたことがなくても、自分でアセスメントを行う際にこの章が役立つだろう。その場合にはアセスメントにおそらく数日かかるはずだ。

　アセスメントの内容に入る前に重要な注意事項をいくつか伝えておく。

現実的にみる

　完璧な企業は存在しない。どんなに優れたプロダクト企業でも、中には他のプロダクトチームと同じようには働けないチームや、プレッシャーがかかるとトップダウンのコマンド&コントロール型のリーダー

シップスタイルに逆戻りしてしまうマネジャーもいるかもしれない。

　通常、プロダクト企業ではそのような状況を強く認識しており、是正に取り組んでいる。だからといって会社全体がプロダクトモデルで動いていないということにはならない。

　多くのプロダクト担当者が、すべてが完璧でなければならないという非現実的な期待を抱いてしまうことで経営層の信頼をすぐに失ってしまう。コンピテンシーや能力をアセスメントするときはすべての組織で満たせているかどうかではなく、多数派の状況を理解することを目指すべきである。

　他の極端な話として、何もかもがひどいという会社もめったにない。通常は少なくとも良い部分がいくらかあり、それを認識し認めることも重要だ。

全階層に話を聞く

　正確な状況をつかむには、CEOや管理職から個々のエンジニアに至るまで、組織のあらゆるレベルの人と話すことが重要だ。認識や理解がどれほど多様で、また特に中間管理職が経営層からの情報をいかに曖昧にしているかを知って驚くだろう。何かを聞いたからといって、すぐに結論を出すべきではない。

証拠を探す

　正しそうな言葉を口にするのは難しくない。したがって、人々がその言葉の本当の意味を理解しているかどうか、また、日々実践しているかどうかの証拠を探すことが重要である。ほとんどのアセスメント項目には客観的な尺度や観察可能な行動がある。例えば、プロトタイプを見せてもらったり、OKR（目標と主要な成果）[34]を見せてもらったり、プロ

34　訳注：チームやメンバーのパフォーマンスを向上させるために、少数の高い目標（Objectives）とその成果を定量的に表す指標（Key Results）を設定するゴール設定フレームワーク。

ダクトビジョンを見せてもらったり、プロダクト戦略を見せてもらったり、プロダクトロードマップの事例を見せてもらったりすることができるだろう。

内側に目をやる

　プロダクト作りに唯一の正しいやり方はない（CHAPTER 9の囲み記事「唯一の正しい方法は存在するか？」を参照）。「ある」と言う人は、自分のフレームワークやサービスを売りつけようとしているだけだ。強力なプロダクト企業を複数回訪ねれば、プロダクトには効果的なやり方がたくさんあることに気がつくはずだし、弱いプロダクト企業を訪問すれば、効果的でないやり方も少なくとも同じくらいあることに気がつくはずだ。アセスメントで主に気にするべきは組織がプロダクトモデルの原則を実践しているかどうかである。

　役割と責任をどのように定義して仕事を分担しているか、プロダクトの概念を指すのにどのような言葉を使用しているか、どのようなデリバリープロセスを具体的に適用しているか、そしてどのようなディスカバリーテクニックを好んで利用しているかなど、そういったことはすべて二次的な考慮事項である。

友好的に行う

　最後に、あなたがやりとりする多くの人は自分が評価されていることを当然恐れていることを忘れてはならない。今後置き換えられる仕事に、その人が関係している場合には特にそうだ。

　アセスメントは個人を評価するものではなく、プロダクトを生み出すために利用されている特定のモデルを評価するものであることを強調することが重要だ。

　アセスメントがうまく行われれば、そういった人たちが今後の変化におけるリーダーになるにはどうすればよいかを考え始める助けにもなる。もしうまく行えなければ、そういった人たちは会社を辞めることを考え

るかもしれないし、もっと悪い場合は会社に残りながらトランスフォーメーションを妨害しようとするかもしれない。

上位レベルのアセスメント

　組織アセスメントは組織が現在どのようにプロダクトを生み出しているかという上位レベルな概要から始まり、そして必要なプロダクトモデル・コンピテンシー（さまざまなプロダクト担当者とそのスキル）、および重要なプロダクトモデル・コンセプト（プロダクト担当者がそのスキルを活かして何をするか）の詳細なレビューに進む。

　本書の前半のPARTでは、プロダクトモデルを利用する組織についてこの全体観的な見え方を説明した。しかしここでは、組織が現在のようにその仕事を行っているかを見ていく。

プロダクトはどのように作られ、どのようにデプロイされているか

　どれくらいの頻度でリリースしているチームが多いか？　各チームが独立してリリースするか、それとも一つの統合パッケージとしてリリースする必要があるか？

　顧客が重大な問題に遭遇した場合に、それを検知して修正する仕組みはどうなっているか？　エンジニアが「自信を持ってリリース」[35]するためには何が必要か？

　新しい機能が正しく動くことを保証する責任は誰にあるか？　それは主に自動化されたプロセスになっているか、それとも手動が多いか？

　チームの自律性のレベルはどの程度か？　言い換えると、プロダクトチームは単純なことであっても、それを成し遂げるためにあまりにも多

35　このフレーズはよく使われるが、新しい機能が前情報通りに動作し、意図しない悪影響（リグレッション）を起こさないとエンジニアが確信した時点でリリースすることを指す。

くの依存関係のマネジメントや他チームとのやり取りをしなければならないという不満を、どれくらいの頻度で言っているか？　それぞれのプロダクトチームの責任範囲が狭いという共通の不満はあるか？　もっとエンド・ツー・エンドでの責任を望む声はあるか？

　新機能がデプロイされる際には当たり前のように計測可能にしており、データが収集されているか？　そのデータは誰が見ているか？

　エンジニアリング組織のスピード、品質、信頼性について組織内ではどのように認識されているか？

　技術的負債のレベルはどの程度か？　誰もが技術的負債を抱えていることを念頭に置いておこう。その状況は深刻か？　症状として何が現れているか？　それに対処する計画はあるか？　チームはどの程度その計画を進められているか？

問題解決の方法

　プロダクトチームにはどのように仕事が提供されるのか？　機能やプロジェクトのロードマップの形になっているのか？　それらの機能やプロジェクトはどこから生まれるのか？

　チームが割り当てられた何かに取り組むとき、そのプロセスはどうなっているか？　主要な役割と責任は何か？　詳細な要件は誰が、どのように決定するか？　その決定には一般的に根拠があるか、それとも単なる意見に過ぎないか？

　エンジニアはいつ、どのように関与するか？　プロダクトデザイナーは関与しているか？　エンジニアとデザイナーはいつ、どのように加わるか？

　ソリューションの詳細を考える上でステークホルダーの役割は何か？　チームはソリューションがステークホルダーのニーズを満たしていることをどのように確認しているか？

　顧客とのインタラクションはどの程度行われているか？　作ることを決定する前に、潜在的なソリューションを顧客とテストしているか？

その場合、どのように行われるか？

アイデアを破棄したり大幅に変更する頻度はどの程度か？　そのプロセスはどのようなものか？　その決定にリーダーやステークホルダーの承認は必要か？

成功の定義は何か？　機能を出荷することか？　機能を予定通りに出荷することか？　各機能に測定可能なアウトカムが関連づけられているか？　機能は出荷したものの、アウトカムが達成されなかった場合はどうなるか？

機能を定義し設計する責任を負うチームの人たちに対する、組織内での認識はどのようなものか？　チームは顧客やビジネスに関する深い知識を持っていると見られているか？　チームは信頼されているか？

解くべき問題の決定方法

どのような仕事をするかを決めるのは誰か？

会社には年次または四半期の計画プロセスがあるか？　その目的は優先順位と予算を確定することか？　予算の決定はどのように行われるか？　誰がプロジェクトを提案するか？　会社はプロジェクトに予算を割り当てるのか、それともプロダクトチームや個人に予算を割り当てるのか？

プロダクトビジョンはあるか？　プロダクト戦略はあるか？　ある場合、それらは組織のレベルで作られているか、個々のプロダクトチームのレベルで作られているか、あるいはその中間のレベルで作られているか？

プロダクトチームがプロダクトロードマップに基づいて仕事をしている場合、そのロードマップの項目は誰が決めているか？　営業組織から来ているか？　ステークホルダーからか？　CEOからか？

典型的なロードマップの項目はどのような性質を持つか？　機能やプロジェクトなのか？　それとも解くべき問題、または達成すべきアウトカムなのか？

そして、どの項目を採用し、どの項目を採用しないかを誰がどのように意思決定しているか？　仕事の優先順位はどのようにつけているか？

それらの項目に関連した望ましいビジネスアウトカムは存在するか？誰がそれを定義し、どのようにしてその期待値を導き出すか？

どのくらいの割合の項目が期待する成果を達成できたかを組織的に追跡しているか？

詳細レベルのアセスメント

会社がプロダクトをどのように生み出しているかを大まかに理解したところで、次は具体的なプロダクトモデル・コンピテンシーとプロダクトモデル・コンセプトを確認することで、何をしなければならないか、具体的なギャップがどこにあるかを理解していこう。

念のために言っておくと、プロダクトモデル・コンピテンシーとプロダクトモデル・コンセプトは本書の前半のPARTですでに説明しているので、ここではそのコンピテンシーとコンセプトを実際に認識する方法についてのみ説明する。

プロダクトモデル・コンピテンシー

個々の役割を見ていく前に、プロダクトを生み出す組織の全体的な規模を把握すると良い。少なくとも各役割に属する人たちの総数は大まかに把握しよう。

これは簡単そうに聞こえるが、多くの組織では肩書きが標準化されていないため、それぞれの役割の意味を事前に少し調べた上で、それから人員と役割の構成を把握することになるだろう。

例えば、多くの組織には「プロダクトマネジャー」という肩書きの人がいるが、同時にプロダクトオーナー、ビジネスアナリスト、プログラムマネジャー、ソリューションアーキテクトなどの古い役割の人もいる場合がある。

それらの役割の意味を尋ねてみると、プロダクトマネジメントの仕事を部分的に担っていることが多い。

▷プロダクトマネジメント

ここで主に見ていくべきは、エンパワーされたプロダクトチームにおけるプロダクトマネジャーと、旧来の機能開発チームにおけるプロダクトマネジャー、デリバリーチームのプロダクトオーナーの違いを組織が理解しているかどうかだ。

これはプロダクトマネジャー自身と話すことによって、またステークホルダーやエンジニアなど、プロダクトマネジャーに依存している人たちと話すことによって確認できる。

プロダクトマネジャーはどのように時間を過ごしているだろうか？ 一日中会議をしているのか？ もしそうなら、どんな種類の会議か？ プロダクトディスカバリーにどれくらいの時間を費やしているか？

プロダクトマネジャーは顧客のことをどれだけよく理解しているか？ データにどれだけ深く没入しているか？ プロダクトGo-to-Marketをどれだけよく理解しているか？ 他のビジネスの観点をどれだけよく理解しているか？ 業界、競合状況、関連する技術トレンドをどれだけよく理解しているか？

プロダクトマネジャーはどのようなトレーニングを受けてきたか？ 職務全体のトレーニングを受けたのか、それともデリバリープロセスにおける役割に関するトレーニング（例えば、アジャイルのプロダクトオーナーのトレーニング）のみを受けたのか？

プロダクトマネジャーはどれほど尊敬・尊重されているか？ デザイナーやエンジニアとどれだけうまくコラボレーションしているか？ ステークホルダーとどれだけうまく協力しているか？ 経営幹部チームからどのように見られているか？

プロダクトマネジャーは毎週コーチングを受けているか？

▶ **プロダクトデザイン**

　ここで見ていくべきは主に以下の三つだ。

　第一に、組織がプロダクトデザイナーとは何か、マーケティングで使われるタイプのデザイナーとどう違うかを理解しているか？　サービスデザイン、インタラクションデザイン、ビジュアルデザイン、そしてデバイスの場合は工業デザインを理解しているか？

　第二に、組織には真のプロダクトデザイナーが十分にいるか？　それともデザイナーが複数のプロダクトチームを飛び回ることで、最善を尽くしているだけか？

　第三に、デザイン組織は社内デザイン代理店のように、プロダクトチームがデザイナーに依頼するような体制になっているか？　それともプロダクトデザイナーが第一線のチームメンバーとしてプロダクトチームに組み込まれているか？

　プロダクトマネジャーがワイヤーフレームを作成し、それをデザイナーに渡してきれいに仕上げてもらうのか？　プロダクトデザイナーはいつソリューションのディスカバリーと設計のプロセスに加わるか？　プロダクトマネジャーが望むものを大体決めてしまった後か？

　デザイナーはどれくらいの頻度でプロトタイプを作成するか？　どのような種類のプロトタイプを作成するか？　どのようなツールを使っているか？　プロトタイプをどのようにテストしているか？

　より広く言えば、プロダクトデザイナーに求められる要素を理解し、プロダクトデザイナーに毎週コーチングを行う経験豊富なデザインマネジャーがいるか？

▶ **エンジニアリング**

　エンジニアリング組織は通常、プロダクトマネジャーやプロダクトデザイナーの組織に比べてかなり大きく、ここで組織全体やさまざまなエンジニアリングの役割をアセスメントしようとしているわけではない。注目していくべきは、プロダクトチームのテックリードを務めるような

シニアエンジニアだ。

シニアエンジニアとテックリードの違いが理解されているかどうかを見ていこう。特に、「どのように作るか」と同じくらい、「何を作るか」にも気を配っているかどうかを確認したい。

多くのエンジニアが作ることだけに集中したいと考えるのは普通のことだが、各プロダクトチームに少なくとも一人は、プロダクトディスカバリーの取り組みに参加する意思と能力を持つシニアエンジニアがいる必要があると覚えておいてほしい。

テックリードがすでに実際の顧客を訪問している場合、それは非常に良い兆候だ。

現場と接しているエンジニアリングマネジャーと話せば、多くのことを学べる。どのエンジニアが適任か、エンジニアリングリーダーがプロダクトディスカバリーにおけるエンジニアリングの重要性を理解しているか、そしてテックリードに対して少なくとも週に一度コーチングを行っているかどうかを確認できるだろう。

その組織にはシニアエンジニアとテックリードの区別があるか？　「どのように作るか」だけでなく、「何を作るか」という問題を支援する明確な役割があるか？　テックリードはプレイヤーか、それともピープルマネジャーか？　ピープルマネジャーの場合、直属のエンジニアは何人いるか？　エンジニアはどれくらいの頻度でユーザーや顧客を直接訪問しているか？　テックリードとプロダクトマネジャーのインタラクションはどの程度か？　テックリードとプロダクトマネジャーの距離は近いか？

エンジニアがプロダクトのアイデアを初めて耳にするのはスプリントプランニングの時か？　実際に作るべきかどうかを評価する際に、エンジニアはどういった役割を果たすか？

エンジニアは日常業務をこなしたり、意思決定を行ったり、特定の種類の問題に対処するための「標準」を持っているか？

エンジニアが提案するアイデア、特に技術イノベーションがプロダクトマネジャーにきちんと受け入れられ、慎重に検討されているか？

エンジニアは自分たちのコードの品質に責任を持っているか？　それとも品質保証チームに引き渡すのか？　エンジニアは自分たちのバグを自分たちで修正しているか？

エンジニアのうちアウトソースのエンジニアはいるか？　もしいるなら、その割合はどれくらいか？　また、具体的にどのエンジニアリングの役割がアウトソースされているか？　内製化の計画はすでにあるか？

エンジニアはどのように見られているか？　エンジニアは単に関係者が要求するものを作るために存在しているか？

▶プロダクトリーダーシップ

「プロダクトリーダー」とはプロダクトマネジメント、プロダクトデザイン、エンジニアリングのマネジャーを指す。事実上、どの企業にもこのような役割を担う人はいるが、重要なのは具体的な責任範囲である。

リーダーの役割がピープルマネジメント第一として設定されているのか、それともリーダーが人材のコーチングや戦略的背景を作り出すことに深く関わっているのかどうかを見極めよう。

リーダーは自分の責任をどのように定義しているか？　方向性を決める責任を持っているか？　成功の尺度は何か？

戦略的背景（プロダクトビジョン、プロダクト戦略、チームトポロジー、チーム目標）を明確に盛り込んでいるか？　また、戦略的背景をエバンジェリズムすることも仕事の一部と考えているか？　それとも、自分たちを主としてピープルマネジャーとみなしているのだろうか？

リーダーたちはコーチングを最も重要な責務の一つと考えているか？　毎週どれくらいの時間をコーチングに費やしているか？

リーダーはプロダクトチームで何が起こっているかを深く把握しながらも、マイクロマネジメントしないでいるか？

個々のプレイヤーは自分のマネジャーをどう見ているか？　コーチングに熱心に取り組んでいると見られているか？　マネジャーは戦略的背景を深く理解しているか？

プロダクトモデル・コンセプト

　次にプロダクトモデル・コンセプトを見ていこう。企業にはほとんどの場合、何らかの形でこれらのコンセプトが存在していることに留意してほしい。例えばトランスフォーメーションが進んでいない企業では、エンパワーされたプロダクトチームはほぼ存在しないが、機能開発チームやデリバリーチームは存在することがよくある。ここでの目標は企業やビジネス部門における最も一般的な状況を理解することにある。

▷ プロダクトチーム

　最も基本的なチェックポイントは永続的なチームで構成されているのか、それともまだ一時的なプロジェクトチームで構成されているのかということだ。言い換えれば、特定のプロジェクトに予算を割り当てることを前提にプロジェクトチームを編成しているか？　そのプロジェクトが完了した後、その人材は他のチームに移っているか？

　永続的なプロダクトチームで構成されていると仮定すると、次の関心ごとはチームがバックログで定義された項目を作成するためだけに存在しているのか（つまりデリバリーチームなのか）、ステークホルダーからのロードマップに基づいて要求された機能やプロジェクトを提供するために存在しているのか（つまり機能開発チームなのか）、解くべき問題を与えられ、効果的なソリューションをディスカバリーしデリバリーするようにエンパワーされているのか（つまりエンパワーされたプロダクトチームなのか）である。

　また、プロダクトチームが必要な職能横断的な役割をすべて備えているかどうかも把握したい。これは、先にアセスメントしたプロダクトモデル・コンピテンシーと関連するが、ここでは各プロダクトチームに必要なコンピテンシーを持つ人材が十分にいるかどうかをチェックするのだ。

　次に、プロダクトチームのメンバーが感じているオーナーシップのレベルを把握する。これは主観的なものだが、チームメンバーと話したと

きメンバーは本当に主体性を感じていそうか？　自分たちが作っているものに帰属意識を感じているか？　アウトカムを気にしているか？　なにか問題があった場合、メンバーはどう対応するか？

最後に、チームは顧客、データ、ステークホルダーにどの程度アクセスできるか？　どのくらいの頻度で顧客を訪問しているか？　顧客を訪問する際、どれくらいの頻度でエンジニアが同行しているか？　プロダクトマネジャーはさまざまなデータツールにアクセスできるか？　最新のプロダクト利用状況のデータやトレンドを把握しているか？

▷ プロダクト戦略

「戦略」という言葉は実にさまざまな意味で使われるため、プロダクト戦略はアセスメントするのが少し難しい項目だ。

基本的に、会社がどのようにして必要なプロダクトの取り組みを決定しているのかを理解したい。数年先を見据えたプロダクトビジョンがあるか？　四半期ごとや年次の計画プロセスがあり、各チームにロードマップが提示されるか？　それとも各プロダクトチームが担当のステークホルダーと協力してロードマップを作成するよう求められるのか？　あるいはプロダクトリーダーがプロダクト戦略を作成し、その結果として解くべき問題の集合が提示されるのか？

どの会社にもどのプロダクトチームにも、必須の日常業務があることを念頭に置いておいてほしい。しかしプロダクト戦略をアセスメントするときに見ていくべきはそういった仕事ではない。見ていくべきは多くのプロダクトチームを総合的に見渡し、データを駆使して、解くべき最も重要でインパクトのある問題を決定するプロダクトリーダーだ。

▷ プロダクトディスカバリー

プロダクトモデルに移行していないほとんどの企業では、通常プロダクトディスカバリーが行われていない。行われていたとしても、ディスカバリーというよりむしろ設計をしているに過ぎないことがほとんどだ。

見ていくべきポイントは、プロダクトチームが構築する価値のあるソリューションを考え出すために、どれだけのアイデアをテストしているかである。テストされているアイデアの数が構築されている数と同じであれば、それはディスカバリーではなく設計に過ぎない可能性が高い。

プロダクトチームが多数のアイデアをテストしているにもかかわらず、デリバリーのためには半分以下のアイデアしか構築していない場合は理想的だ。これはチームが真にアイデアをテストし、追求する価値のないものは捨てていることを物語っている。

また、プロダクトチームがプロダクトディスカバリーを行う際に、どのようなプロダクトリスクを考慮しているかも見極めたい。多くの場合では、単に実現可能性リスクとユーザビリティリスクを考慮するだけにとどまっている。しかし、価値リスクと事業実現性リスクも評価するチームを求めているはずだ。

チームは定量・定性の両方の実験を素早く行う方法を知っているか？プロダクトのアイデアを責任を持ってテストするテクニックを知っているか？

▶ プロダクトデリバリー

プロダクトデリバリーをアセスメントする際は、まずプロダクトチームがどのくらいの頻度でリリースしているかを確認する。最低でも二週間に一回はリリースしているかどうかを主に気にかける。理想的には継続的デプロイを行っていることが望ましい。

また、リリースされたすべての機能を計測可能にしているかどうかも確認したい。それによって、機能が必要な通りに動作しているかどうかを把握できる。

さらに、問題が発生した場合に検知するためのモニタリングが行われているかどうかも確認したい。

最後に、新しい機能が期待通りの価値を提供しているかどうかを判断するためのA/Bテストのようなものを実施するためのデプロイ基盤が

チームにあるかどうかを確認したい。

▶ プロダクト文化

　プロダクト文化のアセスメントは主観的なものだが、それでも非常に重要だ。

　第一に、その会社がどのレベルの正式なプロセスに従っているかを判断しよう。プロセスに従うか、原則に従うか、どちらを優先するか？　理想的には、原則を理解し、判断力を駆使して特定の仕事にどのように取り組むかを決めるチームが求められる。

　第二に、信頼のレベルはどの程度か。主にトップダウンのコマンド＆コントロール型か？　それともリーダーはほとんどの意思決定をプロダクトチームに任せようとしているか？

　第三に、組織は予測可能性に最適化しようとしているのか、それともイノベーションに最適化しようとしているか？　会社はイノベーションにおけるエンジニアの役割を理解しているか？　エンジニアは「どのように作るか」と同じくらい、「何を作るか」にも気を配るよう求められているか？

　最後に、会社はイノベーションにおいては「失敗」が重要な役割を果たすことを理解しているか？　失敗するかもしれないことを実行するのを恐れているか？　また、本番環境で失敗しないために、迅速かつ低コストに失敗するためのテクニックを理解しているか？

イノベーション劇場

　多くの企業がイノベーションを起こす能力を失って久しい。
　こうした企業の多くは、トランスフォーメーションに真剣に取り組む必要があると思い知る前に、成長とイノベーションを再び呼び起こすために二つの異なるアプローチを試みてきた。

一つ目のアプローチは企業買収という、イノベーションのショッピングだ。もう一つは企業のイノベーションラボのようなものを設立するアプローチだ。

　買収は大規模かつ重要なテーマであるため本書の範囲を超えてしまう。しかし、テクノロジーパワードなプロダクトに関して言えば、ほとんどの買収が非常にコストの高い失敗だったと見なされているのは周知の事実だろう。それは買収費用の問題だけではない。レガシーシステムの統合、技術的負債、不満を持つ顧客など継続的にかかるコストのことを指している。

　しかし、ここでの本題は企業のイノベーションラボの問題である。プロダクトモデルの重要な原則はプロダクトチームがディスカバリーとデリバリーの両方に責任を持つということであり、その作業を二つの異なるチームに分けることは最悪の事態の一つである。

　この問題は企業のイノベーションラボがプロダクトのディスカバリーを担当し、プロダクトチームがプロダクトデリバリーにのみ責任を持つという形で一般的に現れる。

　すべてのプロダクトチームがディスカバリーとデリバリーの両方に責任を持つことが重要である理由は、効果的なソリューションを見つけたその同じ人たちが、そのソリューションを市場に投入することが絶対的に欠かせないからである。ディスカバリーを担当するチームからデリバリーを担当するチームへと「壁を越えて」物事が投げ渡されてしまうと、顧客との関わり、問題を解決するための新しいテクノロジーを実現するときに感じる情熱や興奮は失われてしまう。

　イノベーションを起こすプロダクトチームと起こさないプロダクトチームという、二つの階級のプロダクトチームができてしまうという問題は言うまでもないだろう。

　多くの企業が企業内イノベーションラボを試みる理由は理解はできるが、そのような取り組みで期待通りの成果が得られることはほとんどない。

CHAPTER 30

トランスフォーメーションの戦術 ——プロダクトモデル・コンピテンシー

　新しいプロダクトモデル・コンピテンシーの確立は、通常プロダクトモデルへの移行で最も難しい部分の一つである。基本的に従業員に新しいスキルを習得してもらい、さらなる責任を負わせようとすることになるため、最も細心の注意を要する部分でもある。

　しかし、コンピテンシーの確立は通常一番はじめに行うべきだ。スキルがなければプロダクトモデル・コンセプトで成功することができないからである。

　なお、本章のテクニックの多くは書籍『EMPOWERED』でさらに詳しく説明している。

プロダクトモデル・コンピテンシー

新しい職務の定義

　同じように聞こえる肩書きであっても、プロダクトモデルではまったく異なる職務定義と責任が導入されることを覚えておいてほしい。

念のために言うと、トランスフォーメーションに失敗する最大の理由の一つは、この現実を無視し、職務に就いている人たちの期待をリセットするという難しいステップを踏まずに成功できると考えてしまっていることだ。

　成功のためには、まず必要な職務を明確に定義することから始める必要がある。そうすることで、その役割で成功できる人材が誰であるかの評価が始められる。マネジャーやプロダクトコーチから熟練したコーチングを受ければ、多くの人が成功できるだろう。しかし職務の期待をリセットしなければ、行動やパフォーマンスのリセットも見られない。

　また、組織構造によっては、プロダクトやエンジニアリング以外の職務定義も影響を受ける可能性があることにも注意してほしい。プロダクトモデルへの移行が社内の他の重要な役割にも影響を与えることがわかったら、この取り組みをそれらの役割に対しても拡大することを検討すべきだ。

▷ **職務のリセット**

　時折、プロダクトモデル・コンピテンシーの一つまたは複数によって、組織に完全なリセットが必要になる場合がある。これは通常、会社が「プロダクトマネジャー」や「プロダクトデザイナー」といった同じ肩書きを使用していたが、単にプロダクトオーナーやグラフィックデザイナーの肩書きを変更していただけだった場合に発生する。

　このような場合、会社にとって重要なのは、単に職務に高いハードルを設定するだけでなく、大きな意図があって役割が変わったことを社内に明確に伝えることだ。

　役割を再定義するときは一貫性を持って行うことが重要だ。例えば、現在のプロダクトマネジャー全員を一時的に「プロダクトアナリスト」や「プロダクトスペシャリスト」に変更する。そして新しく定義されたプロダクトマネジャーの役割のために面接をしたり、新しい役割のトレーニングを受けたりする中で、その人が新しい役割で成功する能力が

あると証明された場合にのみ、新しい「プロダクトマネジャー」の肩書きを使うように注意するのだ。

役割のバランス

　人材から最大限の価値を引き出すにはプロダクトマネジャー、プロダクトデザイナー、エンジニアを適切なバランスで配置する必要がある。プロダクトモデルに移行する際、最初はそのバランスが崩れていることも珍しくない。役割のバランスはCHAPTER 31内のチームトポロジーの議論と関連する。

　プロダクトモデルに移行する際、一般的には、それまでよりも少数だがはるかに強力なプロダクトマネジャー、多くの幅広いスキルを持つプロダクトデザイナー、そして強力なエンジニアリングのテックリードを必要とする。また、プロダクトリーダーはプロダクトモデルにおいては役割が大きく異なるため、非常に急な学習曲線を求められる。

　経験豊富なプロダクトチームには通常、プロダクトマネジャーが一人、プロダクトデザイナーが一人、エンジニアが2〜10人ほどいるが、プラットフォームチームには通常、（かなり技術よりの）プロダクトマネジャーが一人、エンジニアが4〜20人ほどいる。エンジニアの人数の幅が広いのは、多くの異なる考慮事項があるからだ。ただ、小さなチームがたくさんあるよりも、ある程度大きなチームが少数の方が通常は良いということを覚えておいてほしい。

▷ デザイナー不足への対処

　アセスメントの結果、プロダクトデザイナーの数が少なすぎると判明することはよくある問題の一つだ。増員に向けて努力している間、一時的に不足に対処するいくつかの選択肢がある。

　第一の選択肢は、プロダクトチームを優先順位付けし、デザインの助けが最も必要なプロダクトチームにだけプロダクトデザイナーを割り当てる方法だ。

第二の選択肢は、正社員の後任が見つかるまで、契約社員のプロダクトデザイナーをチームに雇い入れる方法だ。この場合、プロジェクトに縛ることなく、数ヶ月の間フリーランスを雇うことになる。
　第三の選択肢は、プロダクトデザイナーに複数のプロダクトチームを同時に担当してもらう方法だ。ただし、二つ以上のチームを担当すると、デザイナーの貢献度は劇的に落ちてしまうことに注意してほしい。
　これらの選択肢はどれも理想的ではなく持続可能ではないが、数カ月であればどれも有用だろう。

▶ アウトソースのエンジニアへの対処

　プロダクトモデルへの移行には、エンジニアの内製化が絶対に必要だ。これは非常に重要なことであり、CEOをアウトソースしないのと同じように重要なエンジニアをアウトソースすることはない。
　とはいえ内製化には時間がかかる。各プロダクトチームで最も重要な内製化対象はテックリードだ。これは直ちに行うべきだ。実際、テックリードがいなければプロダクトチームは成立しない。しかしテックリードがいれば、たとえ一部のエンジニアがまだアウトソースされていたとしても、テックリードが他のエンジニアを調整しコミュニケーションをとることができる。
　少数の社内エンジニアが、多人数のアウトソースのエンジニアを一貫して凌駕することに気がつくはずだ。ほとんどの場合、内製化によってイノベーションのレベルが劇的に向上し、そしてコスト削減にもつながる理由はここにある。
　時間がかかるとはいえ、もしあなたの組織がエンジニアリングの内製化に真剣に取り組んでいないのであれば、つまりそれはプロダクトモデルへのトランスフォーメーションに真剣に取り組んでいないと言える。

▶ エンジニアのエンゲージメントレベルを上げる

　旧来のモデルでエンジニアが長い間傭兵のように扱われ、それに完全

に馴れてしまったことで、プロダクトモデルに移行する際に、エンジニアがプロダクトディスカバリーのような活動に参加する意欲がほとんどないことがある。

しかし、少なくともテックリードは何を作っているかに確実に関心を持っているようにする必要がある。プロダクトディスカバリーに関する責任は、テックリードのジョブディスクリプションに明確に記載すべきである。

より広く言うと、エンジニアを巻き込む最善の方法は顧客を訪問する際にエンジニアを同行させることである。そのインパクトの大きさには目を見張るものがある。

▶ プロダクトマネジャーと事業部門マネジャー

状況によっては、プロダクトマネジャーは社内で同様の仕事をしている別の人と密接に連携する必要がある。

例えば、あなたがオンラインバンキングのデジタル体験のプロダクトマネジャーであり、別に実際の銀行口座（普通預金と当座預金）のプロダクトマネジャーもいる場合を考えてみてほしい。あるいはあなたがeコマース体験のプロダクトマネジャーであり、別に電子機器などの商品のカテゴリー管理者がいる場合もあれば、あなたがメディアやニュースのデジタル体験のプロダクトマネジャーであり、別にコンテンツそのものの編集者がいる場合もあるだろう。

このような場合、プロダクトマネジャーはこういった事業部門の担当者と特に強い関係を築く必要がある。やるべき仕事は多くあるため、合理的に分担することは難しくないだろう。プロダクトチームのプロダクトマネジャーが全体観的なデジタル体験やオムニチャネルの体験を担当し、もう一人が横断的なコンテンツやサービスを担当するというような分担が多い。

ただし気をつけなければならないことがある。事業部門の担当者がプロダクトに関する実際の意思決定をすべて行い続けたがることがある。

旧来のモデルではそうしていたからだ。そういった人たちがプロダクトマネジャーに理想的に求めているのは、注文を受けるだけのプロダクトオーナーやビジネスアナリストのような役割に戻ることなのだ。しかしこれは、プロダクトモデルへの移行を事実上放棄することになり、ステークホルダー主導のロードマップに逆戻りすることになる。

しかし、特定のプロダクトマネジャーに必要な仕事をこなす能力がないために、事業部門の担当者がそのように感じている場合もある。新しいプロダクトマネジメントのコンピテンシーに真剣に取り組んでいない企業では、そういったことがよくある。そのような場合には、事業部門の担当者がプロダクトマネジャーの役割を担うことを検討するのが、最も理にかなっているかもしれない。ただし、その人が要求の厳しいこの役割に必要な新しいスキルを習得する意欲と能力を持っていることが前提である。

新しい人材採用手法

プロダクトモデルに移行する利点の一つは、あなたの会社が必要とする候補者から見たときに、あなたの会社が以前よりもはるかに魅力的になることである。

しかし、新しいジョブディスクリプションが必要であることに加え、候補者に何を求めるべきかを熟知し、また候補者が何を評価しているかを理解している適切な面接チームを編成する必要がある。

また、適切な人材の採用を成功させたいのであれば、採用責任者がステップアップし、採用のオーナーシップを持つ必要があることも強調しておきたい。人事部も多少は支援ができるが、もし採用責任者が採用を人事部に任せられると考えているなら、残念なことに、人事部にはそれができない理由を痛感することになるだろう。

アセスメントとコーチングプラン

　適切な人材を適切なポジションに配置したら、すぐにその職務で成功するために必要なスキルを持っているかどうかを評価する必要がある。そうすることでギャップを特定し、各人に対するコーチングプランを立てることができる。

オンボーディングプログラム

　教育はトランスフォーメーションにおける主要な要素だ。書籍を読んだりワークショップに参加したりするのも一つの方法だが、実際に手を動かしてそれらの技術が本当に何を意味するのかを学ぶことはまったく別の次元の学びになる。

　プロダクトチームやプロダクトリーダーを教育する方法はたくさんあるが、特に有効でスケーラブルな方法の一つはプロダクトモデルのオンボーディングプログラムを作成することである。

　プロダクトチームもこのプログラムに一緒に参加することが理想であり、プログラム中の適切なタイミングで主要なステークホルダーも巻き込むことが多い。

CHAPTER 31

トランスフォーメーションの戦術
―プロダクトモデル・コンセプト

　新しいプロダクトモデル・コンピテンシーが確立されたら、そのスキルを使ってプロダクトモデル・コンセプトに取り組み始める準備が整ったと言える。

　プロダクト戦略やプロダクトディスカバリーのようなスキルは常に改善できるという認識が重要だ。常に新しい技術やツールが登場しており、優れたプロダクト企業は常に改善に取り組んでいる。

　つまり、トランスフォーメーションの戦術に取り組むときは、最初から完璧さや卓越性を目指すのではなく、まずは十分な能力を有していることを目指し、継続的なコーチングを通じて、部下が学び、成長し続けることを支援するのだ。

　なお、本章のテクニックも、多くは書籍『EMPOWERED』でさらに詳しく説明している。

プロダクトチーム

チームの化学反応

　プロダクトチームのメンバー全員が強力なスキルを持っていたとしても、プロダクトチーム全体がうまく機能するとは限らない。時には性格の不一致やその他の問題が発生することもある。プロダクトリーダーは各チームの全体的な相性を見極め、チームを効果的に運営するためにコーチングを行ったり、人を入れ替えることが重要だ。

チームの永続性

　旧来のモデルから移行する企業の多くは、チーム間で必要に応じて人（特にエンジニア）を入れ替えることに慣れている。しかしプロダクトモデルでは、一時的または長期的に人を移動させることが正当化されるケースは確かにあるものの、そのような移動は慎重に行い、予期せぬ結果を十分に想定した上で実施される。特に前述したとおり、必要な心理的安全性の構築や相性に対するコーチングにプロダクトリーダーが注力している労力を踏まえると、慎重な対応が求められる。

チームのトポロジーを見直す

　「チームトポロジー」とはプロダクトチームがどのように構成されているのか、特に各チームが何を担当しているのかを指す。簡単にいえば、ケーキをどのように切り分けるかを考えるようなものである。
　時折、企業にチームトポロジーがまだないことがある。つまり、いかなるタイプの永続性のあるプロダクトチームもまだ編成されていないということだ。これは通常、まだプロジェクトベースのモデルを採用している組織で起こる。この場合、プロダクトモデルへのトランスフォーメーションは永続性のある、職能横断的なプロダクトチームへの移行という非常に基礎的なところから始めることになる。

しかし、ほとんどの組織にはトランスフォーメーションの取り組みを開始する時点で、すでに何らかのチームトポロジーがある。

時には、そのトポロジーがすでにかなり合理的なものになっていて、問題はチームがどのように働きインタラクションするかにある場合もある。しかし多くの場合、既存のトポロジーは歴史的経緯によってそうなっており、数多くの依存関係やその結果生じる自主性の欠如やオーナーシップ意識の欠如、そして多くの場合で、メンバーが巨大な機械の小さな歯車のように感じられることによる士気の低下といった、深刻な症状を引き起こしている。

また、仮にこのような症状がなかったとしても、チームトポロジーは長期的なプロダクトビジョンと継続的なプロダクト戦略を反映したものであるため、もしプロダクトビジョンがなかったとしたら、ほぼ間違いなく、そのチームトポロジーは会社のビジョン達成に役立つように設定されてはいないだろう。

チームトポロジーの変更は非常に破壊的であるため、軽率に、あるいは頻繁に行うことは避けるべきだが、トランスフォーメーションの取り組み開始時点は変更する良いタイミングになるだろう。

重要なのは、まずプロダクトビジョンを確立し（本章の後のほうにある「プロダクトビジョンの作成」を参照）、次にプロダクトリーダーとエンジニアリング部門のリーダーが協力して新しいトポロジーを考えることである。

これを強調する理由は、協調的な取り組みに聞こえるようにしたいからではない。適切なチームのトポロジーは基本的にエンジニアリングとアーキテクチャのニーズと、顧客とビジネス目標のバランスをとるものだからだ。その両方の目標を解決する必要があるにもかかわらず、どちらか一方の観点だけでトポロジーを決定してしまうことはよくある問題だ。

効果的なチームトポロジーを考える上で考慮すべきことはたくさんあるが、どんなトポロジーも完璧ではないことも念頭に置いておこう。必

然的に競合しあう目標や妥協の上に成り立つことになる。

　注意しなければならないのは、トランスフォーメーションの準備が整っている企業の多くが小さなプロダクトチームを持ちすぎているということだ。そのような企業に対してはもっと少数で大規模なチームに調整することをよく提案している。その方が依存関係が減りエンド・ツー・エンドの責任が増し、そして全体としてさらに強いオーナーシップとエンパワーメントの感覚を持てることになる。それによって組織のパフォーマンスがどれだけ向上し士気がどれだけ改善されるかは驚くべきものがある。

分散チームやリモート従業員への対処

　プロダクトチームのメンバーが地理的にさまざまな場所で働くことに関しては、もちろん考慮事項が多くある。

　トランスフォーメーションの目的において重要なことだが、プロダクトデリバリーはメンバーが分散していてもかなりうまくやれるが、プロダクトディスカバリーの場合は状況が大きく異なる。ディスカバリーはプロダクトマネジャー、プロダクトデザイナー、テックリードの間の非常に緊密なコラボレーションに依存しており、同じ場所にいる方がはるかに容易に遂行できる。

　つまり誰をどのプロダクトチームに配属するかを決めるとき、その重要な役割の人たちを同じ場所に配置できるならチームにとっては有利だ。それがたとえ週に2〜3日であったとしてもだ。

プロダクトデリバリー

　プロダクトデリバリーには非常に幅広い活動が含まれ、トランスフォーメーション開始時点の状況次第では、投資が必要となる領域が大きくなる可能性がある。技術的負債、CI/CDの導入、DevOps、テストとリリースの自動化、計測可能化、モニタリング、A/Bテストのインフ

ラなどだ。

通常、過去にそのようなやり方の経験があるシニアエンジニアが一人チームに加われば、他のチームメンバーに何が必要かを示すことができる。

そのモデルで働いたことのあるエンジニアがチームにはいないものの、別のチームにそのモデルを経験済みのエンジニアがいることも多い。その場合はそのエンジニアに、まずは今所属しているチームが組織の他のチームの模範となるようなチームになるように支援してもらおう。そしてその後、数カ月かけて他のチームの変化も支援してもらうのだ。ご想像の通り、そのようなエンジニアは組織にとって非常に貴重な存在となる。

アーキテクチャ、ツール、インフラ、テストとリリースの自動化など、大量の作業が必要な可能性があるが、それらの変更を一度にすべて行う必要はない。しかし、これらのインフラ変更は顧客を適切にケアする上でも、アウトカムに責任を持つ上でもプロダクトモデルの前提条件となる。

技術的負債のレベルが高すぎてプロダクトデリバリーに支障をきたしている場合は、CHAPTER 18の「技術的負債のマネジメント」の囲み記事を参照してほしい。

プロダクトディスカバリー

プロダクトバックログを作成する作業のことをプロダクトディスカバリーだと考えている機能開発チームは多い。それは少し真実な面もある。しかし機能開発チームは、価値リスクや事業実現性リスクに取り組まないことも多く、たまにユーザビリティテストを行う以外にプロダクトのアイデアを実際にテストすることはほとんどない。それはプロダクトディスカバリーというよりはプロダクト定義と考えた方が正確だろう。

重要なのは、今後プロダクトチームはすべてのプロダクトリスクに取

り組む必要があることを認識することにある。

これはプロダクトチーム、特にプロダクトマネジャーにとって大きな意識の変化となることが多い。実際、新たにプロダクトマネジャーとなった人の中には、価値と事業実現性に対する責任を負うことに抵抗を示す人も少なくない。この変化を乗り越えるためにはコーチングが重要だ。

顧客とのインタラクションを促進する

まだトランスフォーメーションしていない企業の多くでは、顧客との実際のインタラクションがほとんどない。その状況を正すことが最初に取り組むべき課題の一つになる。

顧客向けプロダクトか従業員向けプロダクトを問わず、ユーザーとの接点があるプロダクトを提供するプロダクトチームは週に三回、一時間のプロダクトディスカバリーセッションを始める必要があると伝えることを検討しよう。

「ディスカバリーフェーズ」の時や時間があるときにだけやるのではないことに注意してほしい。ディスカバリーはプロダクトマネジャーとプロダクトデザイナーの日常業務の中心になる。

チームにユーザーリサーチャーからの助けが必要な可能性も高いが、毎週、実際のユーザーにインタビューしたり、プロダクトのアイデアをテストしたりするリズムに慣れる必要がある。

企業によっては継続的なテストに対する障壁や言い訳を取り除くこと自体が大きなマイルストーンとなり、トランスフォーメーションの真のターニングポイントとなる。

PART X「反対を乗り越える」では、この頻繁な顧客とのインタラクションがなぜ難しいのかをなんとか説明しようとする人たちからの、よくある言い訳について議論する。実際には難しくない。そしてそれは継続的なイノベーションのために不可欠なのだ。

ディスカバリースプリント

プロダクトディスカバリーのテクニックを素早く学ぶための非常に効果的な方法の一つに、一週間の集中的なディスカバリースプリント（別名、デザインスプリント）の開催がある。これはプロダクトチーム内で信頼を築き、プロダクトディスカバリーの考え方、原則、テクニックを学び、短期間で非常に有意義な成果を達成するための素晴らしい方法である。

このようなディスカバリースプリントを自分でリードすることもできるし、ディスカバリーコーチにファシリテーションを依頼することもできる。

ハックデー

エンジニアをプロダクトディスカバリーに巻き込み、全体的にプロトタイピングを強化する素晴らしい方法としてハックデーの開催がある。ハックデーはテーマが指定されるもの（全員が同じ問題の解決に取り組む）でも、指定されないもの（プロダクトビジョンに関連するものなら何でもあり）でも構わない。これについては、この章の後の「プロダクト文化」の節で詳しく説明する。

プロダクト戦略

プロダクト戦略のインプットとなるのはプロダクトビジョンと会社の目標であり、プロダクト戦略の結果として解くべき一連の問題が生まれる。そしてそれらの問題はチーム目標（通常はOKRの形式）としてプロダクトチームに割り当てられる。

プロダクトビジョンとプロダクト戦略の主な目的は、それをプロダクトチームとステークホルダーで共有することにあるため、ビジョンと戦略は透明性が高く共有しやすい形であることが重要だ。

また、プロダクトモデルに移行中の多くの企業には、まだプロダクトビジョンやプロダクト戦略がないかもしれない。しかしほとんどの場合で、最終的にどのプロジェクトに人員と予算を割り当てるかを決定するための何らかの形の全社計画のサイクルがあるはずだ。その両者の手法は大きく異なるのだが、もし会社のリーダーがまだそのことを理解していない場合はその違いを強調しておくのも良いだろう。どちらの場合も会社の目標から検討を始め、最後は各取り組みの優先順位を決定することで締めくくられる。しかし、そのメカニズムは大きく異なる。

プロダクトビジョンを描く

　大多数のトランスフォーメーションではプロダクト組織がプロダクトビジョンを持てていない。プロダクトビジョンと称する成果物はあるかもしれないが、それはたいていの場合、単なるミッションを示した短い文章に過ぎず、プロダクトビジョンの目的を果たしていない。

　その会社が機能開発チームで構成されているのであれば、統一されたビジョンが存在しない可能性が非常に高い。なぜなら機能開発チームはそれぞれ特定のステークホルダーのニーズに応えることに特化しているからである。

　可能性は低いが、ステークホルダーの一部が独自のプロダクトビジョンを持っている可能性はある。しかし多くの場合、単に自分の担当するビジネスを運営するために最善を尽くしているだけだ。このような理由から、通常トランスフォーメーションへの取り組みをきっかけとして、組織が初めてプロダクトビジョンを作成するのである。

　魅力的で刺激的なプロダクトビジョンを作ることには多くの利点がある。幸いなことに、強力なプロダクトビジョンの作成に一度努力を注げば、そのビジョンは数年間（通常は3～10年）にわたって会社全体に利益をもたらす。

　プロダクトビジョンは経験豊富なプロダクトリーダーシップコーチがまさに役立つ分野であり、プロダクトビジョンの作成を専門に支援する

企業も存在する。

プロダクト戦略を立てる

　トランスフォーメーションを始めたばかりのほとんどの企業にプロダクトビジョンがないのと同じ理由で、ほとんどの場合プロダクト戦略もない。さらに問題なのは、継続的でインサイトに基づくプロダクト戦略を策定するための筋力がないことだ。

　そのため多くの場合で、プロダクトリーダーがデータ、顧客との対話、業界、実現技術からインサイトを収集し、集中に関する難しい決断を下すためのメカニズムを導入する必要がある。

　プロダクトリーダーがこの種の仕事を求められるのは初めてであることが多い。にもかかわらず、リーダーはプロダクト戦略の提案の質で判断されてしまうことになる。そのため、このような仕事をしたことがないプロダクトリーダーはプロダクトリーダーシップコーチの助けを借りることが多い。

ポートフォリオマネジメント

　トランスフォーメーションの際に非常によくある問題の一つに、非常に多くの既存のレガシーシステムが存在し、それらを適切にマネジメントできる人材がほとんどいないというものがある。

　そのような状況ではポートフォリオレビューを行うことを推奨する。すべてのシステムとコンポーネントを棚卸し、それぞれを以下の三つの状態のいずれかに分類するのだ。

　一つ目は「サポートの終了」だ。サポートを終了できる可能性のあるシステムについては絶対にそうすべきだ。そのためにはそのシステムの実際の利用状況を分析する必要があるかもしれないし、継続的なメンテナンスコストを見積もる必要があるかもしれない。しかしサポートを終了できるものをすべて終了することで継続的な負荷を減らし、プラットフォームの置き換えが必要なシステムの数を減らすことができる。

二つ目として、稼動させ続けることが重要であるものの、それ以上の継続的な投資は必要ないシステムは多くあるだろう。私たちはこの状態を「現状維持」と呼んでいる。可能な限り多くのシステムを現状維持とすることで、それらのシステムに従事している人のほとんど（ただし全員ではない）が解放され、投資すべき重要な分野に従事できるようになる。

三つ目のカテゴリーは「投資」であり、今後新たな賭けに出る場所である。このシステムには人材を最大限投入したい。

このポートフォリオレビューの実施は苦痛を伴うが、投資分野に適切な人材を配置するためには不可欠な取り組みである。

プロダクトチームへの予算割り当て

プロジェクトベースのモデルからプロダクトモデルに移行する場合、組織がプロジェクトに予算を割り当てることが慣例になっている可能性が高い。しかし、これからはプロダクトチームに予算を割り当てるように変更する必要がある。

CHAPTER 24「財務とのパートナーシップ」でこの大きな変化について詳しく説明したが、財務組織の仕事のやり方を大きく変えることなく、必要な変化を起こすための比較的簡単なテクニックがある。

旧来のプロジェクトベースのモデルではプロジェクトのビジネスケースが提案され、その後、財務部門または経営幹部チームがそのプロジェクトに予算を割り当てるかどうかを決定していた。

基本的にはこれと同じような予算付与モデルを続けられる。しかし、何カ月後に何らかのアウトプットを出すというプロジェクトのためにビジネスケースをまとめる代わりに、何四半期か後に何らかのアウトカムを出すというプロダクトチームのビジネスケースをまとめるのである。通常、財務部門にはこの方法の方がむしろ好まれる。なぜなら、プロダクトチームがある機能を出荷するという事実よりも、一連のビジネス成果にプロダクトチームが集中する方がはるかに財務にとって意味がある

からだ。

チーム目標を設定する

　強力なプロダクト戦略の結果、一連の解くべき重要な問題とその優先順位が決まる。定義された問題は時に「賭け」と表現されることもある。次に、それらの問題を適切なプロダクトチームに割り当てる必要がある。

　ほとんどの企業は、解くべき問題をチームに割り当てるためにOKRの手法を使っている。OKRという手法はまさにそのために作られたものである。このテクニックを使ったことがない場合や、使おうとしたが機能開発チームの文脈で適用しようとして失敗した場合は、再度支援を受けることを検討するべきだ。

　プロダクトリーダーシップコーチがチームの目標を支援することもできるし、専門のOKRコーチを雇うこともできる。OKRコーチを利用する際には、そのコーチがプロダクトモデルにおける目標を実際に実行した経験があるかどうかを確認しよう。考慮事項がまったく異なる営業やマーケティング組織に焦点を当てたOKR実装が多いからだ。

プロダクトビジョンスプリント、戦略スプリント

　プロダクトビジョンスプリントやプロダクト戦略スプリントは、プロダクトリーダーがプロダクトビジョンやプロダクト戦略について一週間かけて深く掘り下げるための方法である。

　適切な人たちを集め、事前に適切な準備作業を行った上で、集中的なオフサイトスタイルの協調的な会議を行い、違う方法をとればもっと時間がかかる可能性のあることを一週間で達成しようとするアイデアである。

　このようなセッションを経験豊富なプロダクトコーチや専門会社にファシリテートしてもらうこともできる。

プロダクト文化

　組織アセスメントの結果にもよるが文化的な問題は通常、最も主観的であり最も変化に時間がかかる。正しいことを口で言うのは簡単だが、人々はリーダーの行動、特にストレス下での行動を見ている。

　重要なのは間違いや挫折があることを認識することである。しかし、文化的変化の目に見える具体例を継続的に示せば、時間が経つにつれて人々はそれが本物だと信じるようになる。

　この点は、CHAPTER 33で取り上げるトランスフォーメーションのエバンジェリズムと直接関連している。

　プロダクトモデルが依拠する文化的な慣行や規範を構築するのに役立つ、数多くのテクニックがあるが、私たちのお気に入りをここでいくつかを紹介しよう。

ハックデー

　エンジニア、より広く言うとプロダクトチームが、ただ単にソリューションを構築するのでなく、解こうとしている問題に対する革新的なソリューションを考え出すことに関わってもらうことは、重要な文化面での目標の一つだ。

　ハックデーにはさまざまなバリエーションがある。テーマを指定する形式や指定しない形式、月次や四半期毎の開催、データ中心のアプローチ、自己組織型チームやプロダクトチームベースなどだ。まず始めてみて、反応に基づいて進化させることが目標になる。

顧客エンゲージメント

　前の四半期に何回、顧客とのエンゲージメントが発生したか？　その数は以前の四半期から増加しているか？　そうでないなら、それはなぜか？

　そのエンゲージメントから得られた主なインサイトは何か？

組織は顧客に関する知識のレベルを高め続け、学んだことを共有し続けたか？

その知識はプロダクトチーム全体にどの程度浸透しているか？　エンジニアはどうか？

イノベーションアカウンティング（革新会計）[36]

前四半期にいくつのアイデアがテストされたか？　その数は以前の四半期から大幅に増加したか？　そうでないなら、それはなぜか？

イノベーションにおいて、新しい実現技術はどのような役割を果たしたか？

イノベーションにおいて、データからのインサイトはどのような役割を果たしたか？

アイデアやテストに関する指標は有益であり、追加のコーチングが必要な箇所を示すのに役立つが、それをビジネス成果と混同してはならない。

文化のふりかえり

ふりかえりにはいろいろな形があるが、少なくとも四半期ごとに最も先進的なプロダクト、デザイン、エンジニアリングのリーダーたちを何人か集めて、前の四半期に組織がどのように仕事をこなしたと思うか、また次の四半期に何を重視すべきと考えるかについて話し合うのがよいだろう。

通常、次のようなトピックを検討する。

プロセスの段階と、原則の理解度
- どれだけの決定がトップダウンのコマンド＆コントロールで、どれだ

36　訳注：『リーン・スタートアップ』（日経BP、2012年）で紹介された、イノベーションの取り組みが前進しているかどうかを、管理会計や財務会計ではない形で計測・評価するための手法

けの決定がプロダクトチームへ委ねられているか
- ディスカバリーにおける実験のレベルと、デリバリー後に失敗したプロダクトの数
- 探索されたアイデアのイノベーションのレベルと、そのイノベーションに対するエンジニアの貢献度
- プロダクトチームのメンバーが戦略的背景とプロダクトモデルをどの程度理解しているか
- プロダクトチームとさまざまなステークホルダー、経営幹部との間の信頼度
- ハイインテグリティーコミットメントを果たす組織の能力

CHAPTER

32

トランスフォーメーションの戦術 —導入

　この章では、トランスフォーメーションにおける別の側面、つまり導入について述べる。どのような手法であれ、組織へ取り入れる際には、意図をもっておきたいだろう。

　導入のためのさまざまなトランスフォーメーション戦術は相互に排他的なものではない。実際、状況に応じて組み合わせるのが一般的である。

　具体的にどの戦術を選ぶかという選択に影響を与える要因は無数にある。

- 新しい能力の相対的な重要性
- 参加可能な人材
- プロダクトコーチや経験豊富なプロダクトリーダーの有無
- トランスフォーメーションに使える時間
- 現在のビジネス需要
- 既存の取り組みの数
- 他チームや他システムへの依存度
- 進行中のアーキテクチャ変更

- その他考えられる無数の要因

パイロットチーム

　最も基本的なテクニックは特定のプロダクトチームや事業部の一部からトランスフォーメーションを始め、徐々に広範な組織に拡大することを目指すものである。この方法はパイロットチーム、またはパイロット組織と呼ばれる。

　企業によっては、特にトランスフォーメーションへの強い危機感を持っている企業は一度にすべてを行おうとしてしまう。

　それがうまくいくこともあるが、ほぼ確実に副次的な被害が発生する。

　プロダクトの世界で使われる、ある概念がトランスフォーメーションにも大いに当てはまる。

　それは、人々がどれだけ早く変化を受け入れられるかについての考え方だ。

　一部の人たちは変化が大好きだ（アーリーアダプター）。一方で、ほとんどの人は変化を好みはしないが、問題が解消されれば受け入れる（アーリーマジョリティとレイトマジョリティ）。そして、それが何であろうと変化を嫌う人も常に存在する（ラガード）。

　これはプロダクトにおいて重要な概念だ。変更をデプロイした際に全員が同じペースでその変更を受け入れられるとは限らない。

　そして、この概念はトランスフォーメーションにおいても大いに役立つ。なぜなら、結局のところ組織は人で構成されており、あなたはその人たちに対して大きな破壊的な変化をもたらそうとしているからだ。

　そういった変化を一度に組織全体に押し付けても、問題ない人もいるだろうが、大半の人は不満を抱くことになる。

　また、こういったことは変化の内容に関係なく当てはまることも理解しておこう。不満は変化を求めていた人たちからでも起こるのだ。そういった人たちは確かに変化を望んでいるかもしれないが、本当に望んで

いるのは納得できる形での変化なのだ。

そこで、組織が変化を受け入れられるようにするためにパイロットチームを用いることが効果的な戦略となる。

パイロットチームはこのような変化の最先端に立つことを志願したプロダクトチーム（および、関連するプロダクトリーダーやステークホルダー）のことである。パイロットチームは新しい仕事のやり方を最初に試したがっている。自分たちが最初に問題にぶつかり、自分たちが最初に障害を回避する方法を見つけ出す必要があることを理解しているのだ。

パイロットチームが成功できるように、チームのセットアップにおいてはできることは何でもしなければならない。例えば、プロダクトモデル・コンピテンシーをカバーする有能で熟練した人材がいないようなパイロットチームを選ぶべきではない。同様に、チームに関連する主要なステークホルダーが変化の成功に対して熱意がない場合は、そのチームも選ぶべきではない。

パイロットチームの主な利点は、まだトランスフォーメーションに伴う問題が解決していない間は、パイロットチーム以外の組織のメンバーはまだその変化に対処する必要がないことである。まずは傍観者として、新しいアイデアに慣れるための時間とすることができる。

大きな組織（複数の事業部門からなる企業）では、事業部門の中でパイロットチームを作ることが多い。一つのビジネスユニットがボランティアでトランスフォーメーションを試し、うまくいけば他のビジネスユニットにも広げていく。もしうまくいかなければ、うまくいくまでテストと反復が一つのビジネスユニット内で行われる。

パイロットチームを活用する場合は、一般的に、多数のチームで浅く進めるよりも少数のチームで深く進める方が良い。

プロダクトモデルの三つの側面

大企業では、プロダクト組織の各所で、目下のニーズに対する優先順

位が異なることがある。このような場合には、以下のプロダクトモデルの三つの側面を考慮すると良い。

- 作り方を変える
- 問題解決の方法を変える
- 解くべき問題の決定方法を変える

　異なる優先順位でバランスをとる必要がある場合の一般的なトランスフォーメーション戦略は、異なるグループやチームにプロダクトモデルのサブセットを展開することから始めることである。
　サブセットを定義する方法はいくつもあるが、特に効果のある方法は以下のように三つのそれぞれの側面でサブセットを定義する方法である。

- あるグループは「作り方を変える」こと（プロダクトデリバリー）だけに焦点を当てる
- 別のグループは、「問題解決の方法を変える」こと（プロダクトディスカバリー）に焦点を当てる
- また別のグループは、「解くべき問題の決定方法を変える」こと（プロダクト戦略）に焦点を当てる

　この方法では三つのグループのそれぞれが、関連するプロダクトモデル・コンセプトに焦点を当てることができる。
　「作り方を変える」取り組みは、通常、「問題解決の方法を変える」取り組みと「解くべき問題の決定方法を変える」取り組みとはかなり独立しているが、後者の二つの側面は相互に関連している。プロダクト戦略は解くべき問題を生み出し、それらの問題を解くためにプロダクトディスカバリーを行うからだ。
　しかし、「解くべき問題の決定方法を変える」ことに取り組む前に、「問題解決の方法を変える」ことに取り組みたい場合はどうすればいい

だろうか？

そのような場合にどんな組織でも使えるテクニックがある。従来のプロダクトロードマップを、望ましいアウトカムとセットになった解くべき問題群に変換するのだ。これはアウトカムベースのロードマップ（CHAPTER 8で説明した）と呼ばれるもので、企業がプロダクトモデルに移行する際、「問題解決の方法を変える」ことから始めるための移行ツールとしてよく使われる。

トップダウンとボトムアップ

プロダクトチームに多くの変化が必要で、そしてプロダクトリーダーにも多くの変化が必要なことはすでにお気づきだろう。

ここでその変化に対する仕事を分担するための良い方法を一つ紹介しよう。

一人のプロダクトコーチまたはプロダクトリーダーがプロダクトチームのスキル開発に焦点を当て（ボトムアップ）、他方の一人がプロダクトリーダーたちのスキルと戦略的背景の開発に焦点を当てる（トップダウン）のだ。

ステークホルダーへのコーチング

企業によっては、ものごとが進めるにあたってプロダクトとステークホルダーの相互作用が重要な要素となっている場合がある。その場合は、それぞれが効果的に協力しあえるように双方に対してコーチングが必要だ。

この場合は、一人のプロダクトコーチまたはプロダクトリーダーがプロダクトチームのコーチングに焦点を当て、他方の一人がステークホルダーのコーチングに焦点を当てると良い。

加えて、プロダクトモデルを試すことに非常に意欲的で、組織内で強

い信頼を得ているステークホルダーを探そう。そのようなステークホルダーはトランスフォーメーションのスポンサーとして機能する。そのステークホルダーと密接に協力するプロダクトチームは、そのステークホルダーと一丸となって変革を試みるのだ。

ここで重視されるのは効果的なコラボレーションである。プロダクトチームとステークホルダーは互いを深く理解し合い、そしてそれぞれが提供できるものについて深く理解し合うのだ。そうすることによって、その関係性が会社全体の模範となるのである。

そのためには、すべての関係者にとって効果があると明白なソリューションに取り組むのではなく、ソリューションを決めるためには関係者との実際のギブ＆テイクが必要となるようなものに取り組むとよい。

ステークホルダーへの説明会

ステークホルダーへのコーチングに関連するテクニックとして、関心のあるステークホルダーを対象にしたプロダクトモデルに関する説明会がある。そこで一般的な反対意見や起きている混乱について深く掘り下げ、ステークホルダーが懸念を表明したり、難しいトピックに取り組むための心理的に安全な場所を提供するのだ。

既存の取り組みをマネジメントする

ほとんどの組織では、まっさらな状態からトランスフォーメーションが始まるわけではない。果たさなければならない既存の取り組みがいくつも存在するはずだ。

プロダクトリーダーには、既存の取り組みのリストを注意深く、かつ創造性を持って見直してもらい、できる限り取り組みの数を減らす努力をしてもらいたいことだろう。顧客を満足させる他の方法があるのであれば、それを行う方が合理的かもしれない。しかし、それでもいくつか

の取り組みは残ることだろう。

その場合にはいくつか選択肢がある。

最も一般的なアプローチは、トランスフォーメーションの準備が整う前に、一部のプロダクトチームで既存の取り組みを達成してしまう方法だ。

この方法の欠点は、数カ月の間、組織の一部はプロダクトベースで動きつつも、一部がプロジェクトベースで動くことになる点だ。そして、既存の取り組みを迅速に達成できない場合はチームの士気が低下してしまうかもしれない。

別の方法としては、各プロダクトチームが新しい仕事だけでなく、いくつかの既存の取り組みを受け持つという方法がある。

この手法のメリットはさまざまなチームが公平性を感じられることだ。一方でデメリットは、両方を同時にこなすのは非常に難しく、既存の取り組みの達成と新しいモデルへの移行の、その両方が遅れてしまう可能性が高いことだ。

なお、これらの既存の取り組みを、継続的な必須日常業務と混同してはならない。トランスフォーメーションの前後を問わず、どんなチームでも必須の日常業務を抱えている。

CHAPTER 33

トランスフォーメーションのエバンジェリズム

　アセスメントを行い、プロダクトモデルへのトランスフォーメーションのためのさまざまな戦術を十分に理解したら、トランスフォーメーション計画を立てることをお勧めする。計画を書き出し、計画を実現する明確な責任者を設定しよう。

トランスフォーメーション計画

　最終的には、トランスフォーメーション計画にはかなりの量の作業が含まれることになる。

　そしてこのような作業の列挙と同様に、各項目にオーナーと説明責任者を割り当てることが重要になる。ある仕事、あるいは取り組み全体に複数の人が一緒に取り組むことは悪いことではないが、ほとんどの企業文化ではオーナーと説明責任者がいなければ成果はほとんど上げられないだろう。

　組織をトランスフォーメーションする計画ができたらその計画を実行に移す必要がある。

トランスフォーメーションの取り組みは、かなりの期間（通常は半年から二年）継続する必要があり、組織は簡単に集中力や関心を失ってしまう。そうならないよう懸命に努力する必要がある。

タスクのオーナーシップに関する注意点

多くの難しい取り組みと同様に、重要なことは、具体的なトランスフォーメーションの作業項目に実行責任を持ち、説明責任を果たす責任者を明確に指名することである。

同様に、この全体的なトランスフォーメーション計画に真のオーナーシップを持ち、進捗を追跡し報告する経営レベルのプロダクトリーダーを明確に指名することも重要だ。

大規模で困難なプロジェクトだからと言って、前に進めるために委員会を設置した方が良いという考えは間違いだ。責任者を特定し、その人たちをエンパワーし、責任を持ってもらう必要がある。

継続的なエバンジェリズム

プロダクトモデルへのトランスフォーメーションのためには、継続的なエバンジェリズム（伝道、啓蒙）が必須になる。

プロダクトリーダーはプロダクトチーム、他のプロダクトリーダー、ステークホルダー、経営幹部、そして特に反対や抵抗のある人たちと頻繁に、そして継続的に時間を共にし、プロダクトモデル、戦略的背景（特にプロダクトビジョンとプロダクト戦略）、そして進捗状況を全員に知ってもらう必要がある。

クイックウィンの価値

トランスフォーメーションが長期戦になることに疑いの余地はない。そのためいくつかのクイックウィン（早めの成果）を定義しておくと良

い。

　皆で祝って、社内にエバンジェリズムするに値する良いマイルストーンの例をいくつか紹介しよう。

- リリースが月次だったチームが、継続的に二週間ごとのリリースを達成した
- チームが重要顧客向けの重大な不具合を記録的な速さで特定、修正、テスト、デプロイした
- チームが、低コストで実施した実験からの学びに基づき、注目されていたプロダクトアイデアをプロセスの早い段階で中止すると決定した
- 顧客訪問をしたことのないチームが顧客訪問をはじめ、その経験とインサイトを共有し始めた
- チームがプロダクトディスカバリーの作業から大きなインサイト（ポジティブ、ネガティブを問わず）を発見した
- 互いに競合する何十もの優先事項に苦慮していたチームが、解くべき一つの明確な問題を特定し、成功の尺度を設定した
- チームが難しい問題に対する真に革新的なソリューションを思いついた
- チームが重要なビジネス成果を達成した
- 新たな魅力的なプロダクトビジョンが描かれ、組織に共有された
- インサイトに基づくプロダクト戦略が初めて共有された
- 社内で信頼されているステークホルダーが、プロダクトチームとのコラボレーションで得たポジティブな経験を共有した

　このようなマイルストーンが達成されるたびに、直ちにトランスフォーメーション計画の責任者に知らせ、月次報告に追加されるようにしよう。

ドラムビートを打ち鳴らし続ける

　重要なことは、トランスフォーメーションのエバンジェリズムの進捗を絶え間なく発信し続けることである。

　組織やそのリーダー、ステークホルダーに対して少なくとも月に一度は進捗状況を示すようにしよう。

　そしてもちろん、そのためには報告するための実際の進捗が確実に存在する必要がある。

　ドラムビートを打ち鳴らし続けることの重要性は、いくら強調してもしすぎることはない。

　一つのプロダクトチームが実際の成果を示したら、すぐに他のすべてのプロダクトチームにその成果を見せよう。トランスフォーメーションの過程で達成されたことを祝おう。他のチームに可能性を示すのだ。

トランスフォーメーションの挫折

　プロダクトモデルへのトランスフォーメーションを成功させるのが難しいのと同様に、成功を収め、めざましい財務的報酬を享受した企業であっても、その進捗を維持できなかったところもある。

　以下はその例だ。

CEOまたは主要なプロダクトリーダーの退任

　しばらくたってCEOが退任してしまうことがある。もちろん取締役会は新しいCEOを選ぶ必要がある。しかし、取締役会がトランスフォーメーション前の状態を完全に忘れてしまっており、プロダクト企業の運営方法をまったく理解していないCEOを新たに採用してしまうことがあまりに多い。そしてその人物は、何年もかかった仕事をわずか数カ月で文字通り破壊してしまう。

また、重要なプロダクトリーダーが退任し、プロダクトモデルへの信頼がその人物に依存していて、モデルそのものに依存していなかった場合は、新しいリーダーが入ってもその信頼を引き継ぐことができずに後退してしまうことがある。

　通常、何が起こったのかにプロダクト組織が気づく頃には、すでに被害が発生してしまっている。

　取締役会にプロダクトモデルへのトランスフォーメーションについて十分な情報を提供し続けることがいかに重要であるか、そして会社が享受している財務的報酬が直接的にトランスフォーメーションの結果であることを認識させることがいかに重要であるかを物語っている。

会社全体への拡大

　最初の事業部門がトランスフォーメーションしたら、残りの事業部門もトランスフォーメーションすることを会社が決定するかもしれない。こうした取り組みはどれも大変なものなのだが、時間が経つにつれて、トランスフォーメーションを主導する人たちがただ形式的に進めるだけになってしまい、全体のモデルが薄まってしまうことがある。

　ここで肝に銘じておくべきことは、新しい事業部門ごとに新たにアセスメントを行うことである。類似点もあるだろうが、違いを理解することが重要なのである。また、モチベーションのレベルも異なる可能性もある。通常、モチベーションが最も高いのは最初の事業部であり、それが最初に対象になりたがった理由でもある。しかしいずれにせよ、事業部門のリーダーの役割が重要であることを忘れないようにすること。

PMOの復活

　プロダクトモデルで成功している組織であっても、経営幹部がコマンド＆コントロールの時代を懐かしむことも多い。そうした経営幹部の一人が昇進すると、多くの場合、最初に旧来型のPMOを復活させ

る。ゆっくりと、しかし確実に古い文化が忍び寄ってくる。

　Amazon社が「Day 1」[37]の会社として行動し続けるためにどれほど努力し、「Day 2」の会社にならないようにあらゆる予防策を講じているかを知っているだろうか。Amazonが懸念しているのはその点なのだ。

ビジネス環境の変化

　ビジネス環境が厳しくなると、ハンドルを握り返したくなるリーダーもいるだろう。あるいはその逆の状況もある。特に、死活問題となるようなビジネス上の出来事がトランスフォーメーションが成功するきっかけとなった場合、その脅威が過ぎ去りビジネスが安定すると、すべてをコントロール下に戻したいという欲求が生じるかもしれない。

　パンデミックの間、多くの企業がその能力を発揮しめざましい成果を上げた。しかしその後、危機というプレッシャーがなくなると、従業員が古い行動様式に戻るのを防ぐのに企業は苦労するようになった。

　全員がプロダクトモデルの原則に集中し続け、過去の気楽さに逆戻りしないようにできるかは、CEOや事業部門のリーダー次第ということになるだろう。

37　訳注：Amazon社の社内で重要視されている考え方。毎日がはじまりの日であるとみなし、常に挑戦し続ける姿勢を重要視する考え方。

CHAPTER 34

トランスフォーメーションの支援

注意点：私たちSVPGは本質的にプロダクトコーチでもあるため、この章の内容が自己利益を追求しているように聞こえるリスクがあることは承知している。しかし、SVPGには文字通り数人しかおらず、たとえ希望されても支援の余裕がない可能性が高い。私たちは、私たちが知っていて信頼しているプロダクトコーチを企業に紹介している。紹介料を企業に請求することはないし、紹介したプロダクトコーチからキックバックを受け取ることもない。私たちは単に、紹介する相手が信頼でき、何をすべきかを理解していることを保証したいだけである。

新しいモデルで働いたことのない企業の場合は、どのようにその新しい働き方を学べば良いのだろうか？

最も重要なことは、あなたの会社は、顧客が買いたいと思うプロダクトを作れるかどうかにかかっているということだ。そしてそういったプロダクトはプロダクトリーダーとプロダクトチームによって生み出される。

トランスフォーメーションのためには、プロダクトリーダーとプロダ

クトチームのメンバーが新しい働き方を学ぶ必要がある。

トレーニングや書籍は助けになるが（講師や著者が、自分が何を言っているのかわかっていればの話だが）、それだけでは決して十分ではない。

この章では、支援を受けるためのさまざまなアプローチについて議論し、非常に優れたプロダクトコーチ数名のプロフィールを共有する。これにより、どのようなタイプの人物を自分たちが探すべきかがわかるだろう。

まず、優れたプロダクト企業ではプロダクトマネジャー、プロダクトデザイナー、エンジニアは、その技術を自身のマネジャーから学ぶ。

コーチとしてのマネジャー

伝説的なコーチであるビル・キャンベルは「コーチングはもはや専門職ではない。良いコーチでなければ良いマネジャーにはなれない」という有名な言葉を残した。

これを理由として、優れたプロダクトモデル企業においては、優れたマネジャーの最も重要な属性は、周囲から良いコーチと見なされているかどうかにある。

しかし、マネジャーがそのような働き方をしたことがない場合はどうすればいいのだろうか？

一つの解決策は、すでにこのモデルで働いたことのある経営レベルのプロダクトリーダー（特にプロダクトマネジメント、プロダクトデザイン、エンジニアリングのリーダー）を採用し、模範となってリードしてもらうことだ。この方法は非常に効果的で、トランスフォーメーションを成功させるための最も一般的な方法の一つである（これまで紹介した二つのトランスフォーメーションのストーリーでも、この方法がとられている）。

しかし、これだけでは不十分な理由が二つある。

第一に、多くの場合、会社にはこのような働き方をしたことのない上級リーダーが複数いる。

　第二に、たとえリーダーにそうした経験があったとしても、組織をリードし、コーチングを必要とする人たち全員を個別にコーチングする時間がない場合もある。

　このような場合には、プロダクトコーチが成功と失敗の分かれ目となることがある。

社内プロダクトコーチ

　大企業であれば、社内にプロダクトコーチを一人以上雇うことが合理的かもしれない。

　通常、プロダクトコーチは一時的な存在であり、特定のプロダクトチームや一連のプロダクトチームの支援、またはトランスフォーメーション期間を支援するために存在する。しかし、プロダクトコーチ人材を一人以上、無期限に雇用したい企業もある。

　継続的なコーチングを提供するための最善の解決策は、プレイヤーであるプロダクトマネジャー、プロダクトデザイナー、エンジニアを効果的にコーチングできる人材を、マネジメントのポジションに配置することである。

　しかし、その場合でも、ベストプラクティスの共有や新しいチームメンバーのトレーニングやオンボーディングの支援に専念できるスペシャリストを一人以上配置することには意味があるだろう。

　ただその場合は、必ず熟練した専門家がその役割を担うように注意すること。これも当然のことだが、必要なスキルを持たない人を社内コーチの役割に配置し、結果として悪い慣行を制度化してしまう企業が驚くほど多い。

外部プロダクトコーチ

世の中にはさまざまなタイプのコーチがいるが、プロダクトモデルへの移行に関しては一般的な四つのタイプのコーチについて知っておく必要がある。

デリバリーコーチ

もしまだ、頻繁（二週間に一回以上の頻度）で、小さく、信頼性が高く、独立したリリースを行えていないのであれば、深刻な仕事が残っていると言える。

デリバリーコーチは経験豊富なエンジニアリングの専門家であり、テストとリリースの自動化、計測可能化、モニタリング、レポート、およびデプロイ基盤を必要なレベルに引き上げるための難しい仕事を支援する。

場合によっては、実際にこういった経験を持っているアジャイルコーチがこのデリバリーコーチングの仕事を支援できることもある。しかし、デリバリープロセス（例えば、スクラムやカンバン）にのみ焦点を当てるアジャイルコーチはここでは特には役に立たないだろう。

ディスカバリーコーチ

プロダクトコーチングの基本はディスカバリーコーチングである。

ディスカバリーコーチはプロダクトチームに、プロダクトディスカバリーのテクニックをコーチングする。

私たちは他のどの分野よりも、ディスカバリーコーチングが必要となっている機会を多く目にしている。多くのプロダクトチームがそこへの助けを求めている。機能開発チームからエンパワーされたプロダクトチームに移行することは、作る価値のあるソリューションを見つける方法を学ぶことであり、それがプロダクトディスカバリーの本質である。

私たちが知る成功したディスカバリーコーチは皆、元プロダクトマネ

ジャー、元プロダクトデザイナー、または元テックリードであり、効果的なプロダクトディスカバリーのスキルとテクニックを学び、他の人たちとその知識を分かち合うことが大好きな人たちである。

プロダクトリーダーシップコーチ

プロダクトモデル・コンピテンシーとプロダクトモデル・コンセプトについて説明したように、プロダクトリーダーシップは難しい。プロダクトモデルへの移行を試みる場合はなおさらである。プロダクトのビジョン、チームのトポロジー、プロダクト戦略、チームの目標、そしてもちろん、自分自身の人材育成やコーチングスキルの開発など、大きくて重要なトピックがある。

特に急成長している企業では、多くの人が「戦地での昇進」を経てプロダクト、デザイン、エンジニアリングのリーダーになっている。しかし、自分たちには支援が必要だと感じている人たちも多い。

私たちが知る成功したプロダクトリーダーシップコーチは皆、元プロダクト責任者、元デザイン責任者、元技術責任者であり、大きな課題に取り組む方法を考え出した経験があり、学んだことを他の人と分かち合いたいと思っている。

トランスフォーメーションコーチ

最後のタイプのコーチングはプロダクトモデルへの移行に必要なマインドセットと文化の変革を通じて、経営チームを導くコーチングである。

トランスフォーメーションコーチは通常、企業の経営レベルのリーダーの一人と直接仕事をする。

経営層はプロダクトとエンジニアリングを変える必要があることは分かってはいるが、それと同時に、予算割り当ての方法（財務）、人材配置の方法（人事）、販売とマーケティングの方法（営業とマーケティング）などを変えるのはさらに難しいことを理解している。

このタイプのコーチングが特に難しいのは、CEOの大多数が、大規

模で複雑な企業で経営レベルのリーダーとしての経験と実績を積んでいないプロダクトコーチに会社の未来を託すことはまずないことにある。

CEOは会社のCFOとも渡り合え、営業部長になぜトランスフォーメーションが必要なのかを説明でき、さらにエンジニアやデザイナー、プロダクトマネジャーとも直接関わることができる人物を必要としている。

私たちが知る限り、成功したトランスフォーメーションには必ず、何が必要かを理解し、CEOと信頼関係を築いている人物がいた。

プロダクトコーチを見つける

いずれにせよ、新しい働き方を学ぼうとする人たちをコーチングできる人材が不可欠だ。

トランスフォーメーションが失敗する最も一般的な原因の一つは「適切でない支援者を採用してしまう」ことだ。

ほとんどの企業は自分たちに支援が必要なことはわかっているが、新しい働き方について十分な知識がなく、自分たちを支援するために誰を雇うべきかを判断できない。

当たり前のことのように聞こえるかもしれないが、従業員が学ぶべきスキルを実際に学べるプロダクトコーチを確保する必要がある。目に見えにくいことだが、サービスを売り込もうとする人のほとんどは文字通りこのような経験を持っていない。

明確に言うと、例えば、デリバリーコーチを雇うのであれば、プロダクトチームがテストとリリースの自動化を達成し、継続的インテグレーションと継続的デリバリーができるようになるまで支援した実績を持っていると証明してもらう必要がある。

ディスカバリーコーチを雇うのであれば、本格的なプロダクト企業でプロダクトマネジャーまたはプロダクトデザイナーとして、プロダクトディスカバリーの実際の経験があると証明してもらう必要がある。

プロダクトリーダーシップコーチを雇うのであれば、本格的なプロダ

クト企業でプロダクトビジョン、プロダクト戦略、チームトポロジー、チーム目標についてリーダーシップを発揮した経験があると証明してもらう必要がある。

　トランスフォーメーションコーチを雇うのであれば、プロダクトモデルへのトランスフォーメーションを成功裏に導いた経験があると証明してもらう必要がある。

　なぜこのことを強調するのか？　それは、プロダクト企業出身ではなく、特定のソフトウェアプロセスや経営コンサルタントが元となっているコーチング業界が存在しているからだ。

　この領域は非常に重要であるため、理論のレベルにとどまっていてはならないのだ。そこで、私たちが個人的に知っている七人のプロダクトコーチのプロフィールを紹介したい。

　改めて強調しておきたいのは、私たちはこれらのプロダクトコーチの誰とも金銭的な関係がないということだ。しかし、私たちは彼女らや同様のプロダクトコーチをよく推薦する。企業の成功を支援する知識とスキルを彼女らは持っていると私たちが信じているからだ。

> プロダクトコーチ

ガブリエル・ブフレム　Gabrielle Bufrem

プロダクトへの道

　ガブリエルはまさに世界市民だ。ブラジルで生まれ育ち、その後アメリカで学んだ。4カ国語を流暢に話す。ヨーロッパ、北米、南米、アジアにまたがり10カ国で生活し、働いた経験があり、9つの主要産業でプロダクトを作ってきた。

　ガブリエルはGoogle社でのインターンシップでプロダクトに夢中になった。インターン先はマーケティング部門だったが、彼女がプロダクト関連の質問をたくさんしたことで、マネジャーから「生まれながらのプロダクトマネジャーみたいだ。ぜひその職務に就くべきだ」と言われることになった。ガブリエルはすぐにその役割に魅了され、ブラウン大学での最終履修科目にコンピューターサイエンスとデザインを組み込むように調整した。

　卒業後、彼女はボストンとスイスでEducation First社に最初のプロダクトマネジャーとして入社し、その後、Pivotal Labs社でプロダクトマネジャー、プロダクトリーダーとして5年間を過ごし、主にシリコンバレー、そしてパリとシンガポールのオフィスでも働いた。

　Pivotalでプロダクトリーダーとして急速に役職が上がる中で、ガブリエルはチームへのコーチングの責務にますます力を入れるようになった。

　ガブリエルは強力なプロダクト人材を育成する方法を熟知しており、そのための時間と労力を惜しまないプロダクトリーダーとして高い評価を確立した。

　Pivotalの後、ガブリエルはメンタルヘルス分野におけるミッションを持つスタートアップであるLittle Otter Health社に、プロダクトデザイン部門の初代責任者として入社し、モダンなプロダクトチームの構築

するとともに、プロダクトの大幅な改善を行った。

コーチングへの旅

　Pivotal、そしてLittle Otterに在籍中、ガブリエルは他者を助けることがいかに楽しいかを実感し、プロダクトマネジメントを教えたり、業界カンファレンスで講演したり、直属の部下以外にも非公式にコーチングを行うようになった。彼女には素晴らしいメンターやマネジャーがいて、プロダクトに対する見方や彼女のキャリアで実現可能なことについての考えを形成してくれた。

　ガブリエルはすぐに、自分が以前の職務で最も好きで得意としていたのはプロダクト組織を率いる人たちをコーチングし、成長させることだと気づいた。この気づきがフルタイムのプロダクトコーチに専念するきっかけとなった。

　ガブリエルの専門はプロダクトリーダーのコーチングと育成だが、彼女のスーパーパワーは強力な個人的な関係性を素早く確立し、信頼を築くところにある。信頼関係があるからこそ彼女は率直で正直、かつ批判的なフィードバックを提供でき、相手が限界を突破してその可能性を最大限に発揮するように支援ができるのだ。

　ガブリエルはその優しさとタフさで知られている。コーチングを受ける人たちが、彼女が真剣に相手のことを気にかけていて、相手の成功を支援するためにそこにいるとわかるからこそ、彼女自身も真に率直でいられる。

　そういった資質の多くは彼女の人柄と人生経験からきている。人々はすぐに彼女に親しみを感じ、彼女がプロダクトと人の両方を理解しており、純粋に相手の目標達成を助けたいと願っていることが伝わるのだ。

> プロダクトコーチ

ホープ・グリオン　Hope Gurion

プロダクトへの道

　ホープがプロダクトに携わるようになったのはインターネットの黎明期だ。オンラインショッピング、不動産、転職サービスなど、黎明期の消費者向け人気サービスの多くを生み出すのに携わった。

　ホープはビジネス、特に事業開発、営業、マーケティング、広告、財務に関する幅広い知識と、顧客に愛されるプロダクトやサービスを作り出すことへの情熱とが相まって、プロダクトへの道を歩むこととなった。

　最終的には、CareerBuilderやBeachbodyといったの著名なブランドでプロダクト組織を立ち上げ、リードするようになった。そこで彼女はビジネスのニーズに応えながら、顧客の問題を解決することに長けた強力なプロダクトチームを構築することで評判を築いた。

　それらの企業において、プロダクト組織を構築するということは、広範な組織をステークホルダー主導の機能開発チームからプロダクトモデルにトランスフォーメーションすることを意味していた。

　同様の経験を何度も積んだ後、ホープは自分が貴重な経験を持っていることに気がついた。その経験は、プロダクトリーダーの責任を負ってはいるものの、まだそのような働き方を経験していない人たちにとって、特に重要なことであると感じた。

　同時にホープは、プロダクトモデルに長けた経験豊富なプロダクトリーダーをどのように惹きつけ、採用するかをわかっていない企業を多く目の当たりにした。そのような企業では、隣接する部門（エンジニアリング、デザイン、マーケティング、ビジネス戦略など）から将来有望なリーダーをプロダクトリーダーの役割に就かせることが多いが、その新しいリーダーを成功に導く仕組みがないままになっていたのだ。

コーチングへの旅

　2018年、ホープはフルタイムのプロダクトリーダーシップコーチになることを決断した。また、世界中のプロダクトリーダー志望者が強いプロダクトリーダーになるために必要なことを学べるように、『Fearless Product Leadership』というポッドキャストを立ち上げた。

　プロダクトリーダーをコーチングする仕事に加え、ホープは『Continuous Discovery Habits』の著者テレサ・トーラス（Teresa Torres）との仕事を通じて、プロダクトチームに継続的プロダクトディスカバリーのコーチングも行っている。

　ホープのキャリアのテーマの一つは、ビジネスとプロダクトが交わるところで働くことである。ホープが特に関心を持っているのは、リーダーやチームが自分たちのビジネスのダイナミクスを理解し、プロダクトの仕事がどのようにビジネスの成果につながるかを正確に理解できるように支援することだ。彼女はこう言っている。「プロダクトチームを率いていたとき、チームが目標を達成するのを目にした時が何よりも一番ワクワクしていました。今はプロダクトリーダーのコーチとして、プロダクトリーダーたちの視点が一変するのを目にするときにワクワクします。リーダーが難題の核心をつかんだとき、そこから新たな自信と明晰さが生まれ、恐れずに正面から立ち向かう力が得られるのです」

> プロダクトコーチ

マーガレット・ホレンドナー　Margaret Hollendoner

プロダクトへの道

　マーガレットはチーム、人、そしてコミュニケーションに対する強みと、自身の問題解決と学習への熱意を融合させようと何年も試みた結果、偶然プロダクトマネジメントに出会った。

　スタンフォード大学の機械工学課程を卒業した後、彼女は顧客と向き合いたかったため、制御機器メーカーでアプリケーションエンジニアの職務に就いた。マーガレットは顧客と現場で接することが大好きで、特にオペレーターに機械の操作方法や問題の診断方法を教えることが大好きだった。

　マーガレットは当初、熱力学の博士号を取りたいと考えていたが、孤独な研究にいかに多くの時間が必要かを知り、もっと人と接する仕事を求めてスタンフォード大学を去った。

　彼女はGoogleに応募することに決めた。Googleの面接官（彼女には一生感謝しているようだ）はマーガレットのスキルとモチベーションのバランスの良さを見出し、プロダクトマネジメントへと彼女を導いた。

　それから18年間、マーガレットはGoogle内でプロダクトマネジメントを学んだ。彼女はすぐに、「道を横断する人」としての価値を理解した。エンジニアリングと顧客のビルの間を行き来し、プロダクト戦略とプロダクトディスカバリーが確実にユーザーのニーズに近いものになるようにしたのだ。

　マーガレットがプロダクトマネジャーチームをマネジメントし、プロダクトライン全体をデリバリーするようになるまで、そう時間はかからなかった。

　Googleでの約20年間、消費者向けからB2B向けまで、医療、動画、コマース、広告など、あらゆるタイプのプロダクトに携わり、あらゆる

チームと仕事をする機会に恵まれた。100人以上のデザイナー、エンジニア、マーケターなどの組織を率い、プロダクトマネジャーのチームをマネジメントし、AdSense、YouTubeのVideo Measurement、Google Fitなどのプロダクトを、ディスカバリー、開発、イテレーション、ローンチ、そして定着させ、成功に導いた。

マーガレットはまた、実店舗のオファー、地上波テレビの計測、薬の管理など、日の目を見ることのなかったディスカバリーの取り組みにも携わった。モチベーションが高くペースが速い効果的なチームを作ってリードするために、彼女は成功も失敗も祝い、その両方を文化の中で育てることを学んだ。

コーチングへの旅

マーガレットはGoogleでのキャリアをスタートさせ、マウンテンビューの本社で数年間過ごした後、母国のイギリスに戻り、Googleのロンドン支社でプロダクトリーダーおよびテックリードとして15年を過ごした。

そのポジションではテクノロジーパワーなプロダクトを成功に導く、革新的で多様なチームを何度もゼロから構築し、コーチングした。

マーガレットがコーチングと人材育成に本格的に興味を持ち始めたのはこの頃だ。彼女はプロダクト、エンジニアリング、デザイン、リサーチなどの技術部門全体で採用、開発、メンタリング、アドバイスを行った。

マーガレットは女性のPM、ロンドンのPM、PMのマネジャーたちの間でピアメンタリングコミュニティも構築した。彼女はソフトウェアエンジニアとして育成するために新入社員を迎え入れるGoogleの技術見習いプログラムの創設メンバーだ。彼女はトレーニングやランチタイム講座を開発・提供し、他の役割からプロダクトマネジメントに転向する個人をサポートした。

マーガレットは自分自身でプロダクトのビジョンや戦略を構築する熱

意と同じくらい、個人を動機付け、素晴らしいことを成し遂げるように育成する情熱が自分の中にあることに気がついた。プロダクト人材の育成はその両方が組み合わさった素晴らしい仕事だったのだ。

マーガレットは組織開発の側面に大きな関心を持ち、技術者人事チームに6カ月間、一時的に配属された。そこでは、Googleの職能横断的な技術者チームが協業し成功する方法を改善することに取り組んだ。

Google社外ではテック業界のスタートアップ企業や個人をメンタリングし、アドバイスをするようになり、やがてフルタイムのプロダクトコーチになる動機へと繋がった。

これにより、彼女はプロダクトリーダーシップの役割の中で最も好きな部分に集中することができるようになった。それは個人や組織と協力して、プロダクトのビジョンや戦略を策定し、ステークホルダーを調整し、最も効果的な職能横断的プロダクトチームの育成をサポートすることである。

マーガレットはプロダクトコーチとして、あらゆるタイプの企業や業界で出会う個人の情熱と献身からエネルギーを受け取っている。それが女性の健康危機の解決や工場への部品販売などミッションが何であれ、その人たちの献身性から刺激を受けている。

このような人たちがいることは彼女がコーチングを続ける原動力となっている。また、業界を超えたリーダーたちとパートナーシップを組みながら、テクノロジーによって最大の影響を与えることができる、活気に満ち、成功する職能横断型のプロダクトチームを育成することは、彼女にとってまたとない貴重な機会となっている。

> プロダクトコーチ

ステイシー・ランガー　Stacey Langer

プロダクトへの道

　ステイシーは家電量販店であったBest Buy社に入社し、同社が実店舗からオンラインへと事業を拡大し始めた時期にプロとしてのキャリアをスタートさせた。

　ステイシーのキャリアは会社と共に成長し、徐々に責任のある仕事を任されるようになり、Best Buyに導入されたプロダクトに関する役割の多くを直接学ぶ機会を得た。

　Best Buyでは20年以上にわたりコンテンツ作成、プロダクトデザイン、プロダクトマネジメント、テストと最適化に携わり、最初はプレイヤー、次にマネジャーおよびプロダクト担当ディレクター、最終的には同社のプロダクト担当シニアVPを務めた。

　その過程で彼女は多くの課題を間近で目の当たりにし、アウトソーシングのウォーターフォールモデルでは顧客やビジネスのニーズを満たせないことを身をもって学んだ。

　やがてBest Buyはeコマースサイトを持っているだけでは不十分だと判断した。チャネルを超えた顧客ニーズにさらに良い形で応えるためには、プロダクトモデルへのトランスフォーメーションが必要だったのだ。

　ステイシーはこの取り組みを率いるよう求められた初期の担当マネジャーの一人だった。そのため彼女は、アウトソーシングのITチームから社内のプロダクトチームへの移行という課題に取り組まなければならず、プロダクトマネジメント、プロダクトデザイン、エンジニアリングなど、主要なプロダクトコンピテンシーすべてに人材を配置し、コーチングしなければならなかった。

　他の多くの家電量販店が競争環境から姿を消す中、Best Buyが今なお存在し繁栄しているのは、同社が適応し、変化し、顧客に真の価値を

提供し続ける能力を持っている証である。

ステイシーは大手小売業をトランスフォーメーションに導くことに成功したため、米国のデジタルサービスを同様に助けることを決意し、その後は退役軍人省のデジタルサービス担当ディレクター兼副CTOを努めた。彼女はそれまでに学んだことを活かし、数百万人の退役軍人が給付金をうまく見つけ、申請し、追跡し、管理できるようにした。

コーチングへの旅

ステイシーがキャリアの中で最も充実を感じていたのは、才能あるチームがユーザーのために素晴らしい体験を構築できる場を作ることにあった。彼女はこれを最も実現できる場がプロダクトモデルにあり、異なる能力、アプローチ、視点を持つチーム全員が協力し合い、一人では思いつかないようなソリューションを生み出す場がプロダクトモデルであると信じている。

長年プロダクトに携わり、超大規模な企業でトランスフォーメーションをリードしてきたステイシーには、他の組織のリーダーたちから、チームのトランスフォーメーションの取り組みへの支援を求められることが増えてきていた。

ステイシーはリーダーやチームへのコーチングという仕事が、影響力があり、かつ自分が大好きなことであると気がついた。ステイシーはプロダクトコーチとして、自身の実際のプロダクトリーダーシップ経験を活かし、リーダーやチームがユーザーを中心に据え、自分たちのベストを発揮して意義のあるプロダクトを生み出すプロダクトモデルへの移行を支援をしている。

> プロダクトコーチ

マリリー・ニカ博士　Dr. Marily Nika

プロダクトへの道

　マリリーはギリシャで育った。彼女はテクノロジーへの情熱と粘り強さでシリコンバレーでのキャリアに成功したが、そのストーリーはユニークでインスピレーションに富む。

　マリリーは七歳のとき、兄が持っていたBASIC言語の古いプログラミング書籍を見つけ、家にあったAmstrad社の初期型パソコンで数え切れないほどの時間をコーディングに費やし、学んだ。コーディングはマリリーの情熱となり、彼女は幼い頃からコンピューターサイエンスを学びたがっていた。

　残念なことに、ギリシャの独特な学術制度では、学生が直接専攻分野を選ぶことはできず、マリリーは代わりに経済学を学ぶことになった。周囲のほとんどがマリリーにプログラミングを諦めるよう説得しようとしたが、彼女の両親と最初のメンターは学校で何を学ぶか以上に何に情熱を傾けるかが重要だとマリリーに語った。予想された通り、マリリーはGoogleから奨学金を得ることになり、最終的にはロンドンの名門インペリアルカレッジで機械学習の博士号を取得した。

　2013年にGoogleに入社したとき、マリリーはプロダクトマネジメントが何なのかまったく知らなかった。しかし、すぐにプロダクトマネジャーと仕事をするようになり、この仕事に魅了された。

　ありがたいことに、Googleには社内のプロダクトマネジメントのローテーションプログラムがあったので、それを利用することで、彼女はプロダクトの役割が自分に合っているかどうかを確かめることができた。以前の技術的な役割からプロダクトへの転向は簡単ではなかったが、マリリーが後ろを振り返ることはなかった。

　マリリーはロンドンとシリコンバレーの両方でGoogleに八年間勤務し、

GoogleアシスタントとAR/VRのためのAIプロダクトを構築した。その後二年間はMeta社のReality Labsで働いた。

コーチングへの旅

　AIプロダクトで成功を収めたことで、マリリーは自然とメンターやキャリアコーチングを求める人たちを惹きつけるようになった。最初は社内の同僚から、やがては外部からも多くの依頼を受けるようになった。

　マリリーは自分がメンタリングやコーチングに向いているだけでなく、そのすべての瞬間を心から愛していることに気づいた。そして彼女のコーチングは自然と執筆や教育へと広がっていった。

　今日、マリリーは人気のプロダクトコーチであり、主要なカンファレンスでの講演者であり、自身のオンラインコースやハーバード・ビジネス・スクールでAIプロダクトマネジメントを教えている。マリリーはAIテクノロジーやプロダクトに情熱を燃やす人たちを一人でも多く支援するために精力的に活動している。

> プロダクトコーチ

フィル・テリー　Phyl Terry

プロダクトへの道

　フィルはやや型破りではあるが非常に効果的な道を歩んでプロダクトにたどり着いた。

　フィルはAmazonが買収したスタートアップの一員での経験、そしてMcKinsey社での経験を経て、Creative Good社にCEOとして参画し、15年にわたりCreative Goodの構築と運営に携わった。

　Creative Goodは世界の多くのトッププロダクトチームやプロダクト企業と協力して、実践的なユーザーリサーチを通じ、顧客との距離を縮めるのを助ける最高のパートナーとしての評判を確立していた。同社はこれを「リスニングラボ」と呼んでいた。

　この期間、フィルとCreative GoodのチームはAmerican Express、Apple、BBC、Facebook、Google、Microsoft、Nike、New York Timesなど、業界をリードする多くの企業と契約し、ユーザーや顧客をより深く理解できるように支援した。

　この仕事の成功のために、フィルはそういった会社のプロダクトリーダーやプロダクトチーム、また、時には参加に気乗りしていない経営幹部チームとも個人的に関わってきた。

　フィルにとって、これらの経験はすべて、業界全体の強力なプロダクトチームやプロダクトリーダーを知るまたとない貴重な機会であった。

コーチングへの旅

　ドットコムバブルがはじけた後のことだったが、フィルはプロダクトリーダー同士がつながることで素晴らしいことが起こると確信していた。そこでフィルは自身が最も大好きな二つのこと、つまりプロダクトリーダーのコーチングと、プロダクトリーダーをピアネットワークコミュニ

ティに繋げることを組み合わせることに機会を見出した。

そこで2003年、フィルはCollaborative Gain社を設立し、過去20年にわたってそのコミュニティを構築してきた。このネットワークは世界最大規模で、世界中のプロダクト企業から数百人ものプロダクトリーダーが参加している。

フィルは数え切れないほどのプロダクトリーダーたちが、より効果的に仕事をこなせるようになるのはもちろんのこと、キャリアや人生にさらに多くの満足と幸福を見出せるように支援してきた。

彼のコーチングを受けた人たちは、優れたコーチングは聞き上手であるだけでは不十分であることを学んだ。コーチングには当然、取り扱う中身に関する知識が必要だ。コーチングには継続的な学習マインドが必要である。コーチもコーチングを受ける側も、両方に積極的に取り組む意欲が必要となる。会社の政治や文化を深く理解する必要がある。困難で不快なインタラクションさえも厭わない必要がある。そして何よりも、真剣に考えること、つまりアドバイスを真剣に考え出し、コーチングを受ける当人が困難な問題をどのように考えるかをコーチすることが必要なのだ。

フィルはまた、執筆を通したコーチングも大好きで、『Customers Included』や『Never Search Alone: The Job Seeker's Playbook』を出版している。後者に関連して、フィルは無料のボランティア主導のグローバルコミュニティを構築した。そこは、自分のキャリアを成長させ素晴らしい職務を見つけたいと考えている何千人ものプロダクトマネジャー（およびその他の人たち）のためのコミュニティとなっている。

プロダクトコーチ

ペトラ・ヴィラ　Petra Wille

プロダクトへの道

　ペトラのプロダクトへの道は20年以上前に始まった。最初の数年間をエンジニアとしてキャリアをスタートさせた彼女は、早い段階からプロダクトを作り上げる創造的なプロセスに魅了されていた。

　全体像を理解し、より大きな影響を与えたいという願望に駆られ、エンジニアリングからプロダクトマネジメントに転向した。プロダクトマネジャーとしてコンセプト作りからローンチまで、プロダクト作りのあらゆる側面に関わることができた。

　ペトラはドイツの有名企業数社に勤務し、その実務経験を通じてプロダクトマネジメントやプロダクトチームのノウハウを学び、優れたプロダクトを生み出すための複雑さやニュアンスを理解した。

　やがてペトラはリーダーシップのポジションに昇進し、ドイツの大手テック企業であるXING社とtolingo社でプロダクトリーダーを務めた。新しい職務で、彼女は初めて本格的なコーチングの責任を負うことになり、仕事における人材育成の重要性をすぐに理解することとなった。他人を助けることに喜びを見出しただけでなく、コーチングに集中することで、才能ある人材を惹きつけ、引き留めることができるという利点にも同様に気がついた。

コーチングへの旅

　ペトラがフルタイムのコーチングに移行したのは次のステップとして自然なことだった。ペトラがプロダクト責任者を退いて独立したとき、彼女はコーチングスキルに専念する自由を得た。彼女はワークショップやコーチングセッションを開催するようになり、徐々に彼女自身の個人的なコーチング戦略のツールキットも開発していった。

ペトラはプロダクトコーチとして、多くのプロダクトマネジャーやプロダクトリーダーが成功への道筋を見つけられるよう支援してきた。組織の変化の中で迷いを感じていた人たちが、自信をもってチームを成功へと導く姿を目の当たりにしてきたのだ。

他の優れたプロダクトコーチと同様、彼女のアプローチは画一的な戦略やフレームワークを相手や組織に押し付けるものではない。その代わりに、彼女は支援しようとしてる人たちや企業の個々のニーズや状況に合わせてコーチングを行う。

ペトラのコーチングの旅はヘルスケアテクノロジーからeコマース、コンテナ輸送まで、幅広い業界にわたっている。しかし共通するテーマは、プロダクトの成功と充実したキャリアを作り出すのを支援することだ。ペトラはこう説明する。「優れたプロダクトコーチは相手の今立っている場所にぴったりと寄り添うんです。プロダクトの旅路が初期段階であっても、ある程度進んでいようと関係はありません。この能力はプロダクトの実体験に根ざした基礎から生まれます。適切で実行可能なコーチングやアドバイスを提供するための理解の基盤となるのです。このような実践経験と、他人を助けたいという純粋な情熱が組み合わさることで、コーチはトランスフォーメーションをもたらすことができるのです」

2020年、ペトラは『STRONG Product People: A Complete Guide to Developing Great Product Managers』を出版した。また、ヨーロッパのプロダクトコミュニティのリーダーとして、人気のあるプロダクトカンファレンスでの講演や運営も積極的に行っている。

CHAPTER 35

イノベーションのストーリー
：Datasite社

マーティからのコメント：プロダクトコミュニティでよく見られる一つの誤解はイノベーションは消費者向けプロダクトでしか起こらず、大企業向けのプロダクト作りは別ものだというものだ。残念ながら、多くの企業向けソフトウェア企業でプロダクトモデルへの移行が遅れているのは事実であり、営業主導の組織を変えることが難しいのも事実だ。しかしこの章のストーリーが示すように、トランスフォーメーションに成功した企業が得る報酬は非常に大きい。

企業の背景

　PART VIIで、Datasiteのトランスフォーメーションのストーリーをすでに紹介した。しかし、企業がプロダクトモデルへの移行に投資する目的は、組織が継続的にイノベーションを起こせるようにするためである。このイノベーションストーリーでその事例の一つを紹介する。

　M&A（合併、買収）ビジネスを成功させる鍵の一つはプライバシーにある。M&Aのプロセスでは、関係者間で数多くの機密文書がやり取

りされる。これらの文書が安全に取り扱われないことで紛失、格納誤り、盗難などが発生する恐れがある。

文書の伏字化（リダクション）とは、機密情報を不正なアクセスや不正な公開から保護するために、文書内のデータの一部を選択して削除、または隠すプロセスだ。それにより、残りの部分が共有・公開できるようになる。

伏字化は通常、文書内のテキストや画像、その他のメディアに適用される。このプロセスはその内容が一般に公開されてしまったり、場合によってはダークウェブで売られたりしないようにすることを目的としている。

文書の伏字化は手作業で行われることが多く、弁護士や法律事務スタッフが慎重に文書を確認し、伏字化マークを付けたり、物理的またはデジタル的な方法で機密情報を隠す。手作業による伏字化は、選択した情報が適切に隠されるように細心の注意を払う必要がある。

2019年、伏字化された文書が大きな法律および政治ニュースで話題となった。

ある弁護士が適切に伏字化されていない文書を誤って裁判所に提出し、以前は隠されていた情報を一般の人たちが閲覧できるようになってしまったのだ。

この事件はビジネス界に警鐘を鳴らすことになり、データの伏字化に使っていたツールがかつて信じられていたほど適切ではなかったことを認識するきっかけとなった。

解くべき問題

Datasiteは自分たちの顧客の信頼を維持するためには、M&Aプロセスで共有される文書の完全性を担保できる伏字化ツールを構築する必要があると認識していた。

根本的な問題は、ほとんどの伏字化ツールではテキストや画像を削除

または隠すことはできても、その背後にあるメタデータを削除することができず、強い意図を持った人であれば、伏字化されたデータを解析し再生成できる可能性があることだった。

Datasiteは市場には適切なソリューションがないと判断し、自分たちが新たに真に適切な伏字化プロダクトを作る必要があると決意した。

同社がトランスフォーメーションする前であれば、このような機会を追求できる立場にはなかっただろう。しかし、Datasiteはプロダクトモデルに移行して以来、こういった機会の追求に必要なスキルを築き上げてきていた。

プロダクトチームが顧客と時間をかけて過ごすことで伏字化のニーズを理解し、この高度な伏字化を実現するために利用できる可能性のあるさまざまな技術的アプローチを評価し始めた。

数百、場合によっては数千の文書からピンポイントでデータを選択し、そのデータだけでなくメタデータも、文書の残りの部分を損なわないような方法で削除できなければならないことをチームはすぐに認識した。

ソリューションのディスカバリー

エンジニアは文書を伏字化しながらも、なおかつ適切な権限とDatasiteシステムへのアクセス権があれば、伏字化されたデータを再生成できる方法を見つけ出す必要があった。

そこで、エンジニアの一人がGoogle Mapsで使われているアプローチにヒントを得て、この問題に対する斬新なアプローチを考え出した。そういったことはよくあることだ。技術的な実現可能性を証明するためにエンジニアはフィジビリティプロトタイプを作り、プロダクトチームとプロダクトリーダーにデモを行った。

次に、エンジニアはDatasiteプラットフォーム上で顧客体験をテストするプロトタイプを作成する必要があった。

チームはヨーロッパと北米の12社の顧客ディスカバリーパートナーと

協力して、この提案段階のソリューションをテストし、探索した。この広範な検証テストにより、営業、マーケティング、サービスチームはロンドン、パリ、ニューヨークの顧客とのディスカバリーに早期に参加することもできた。

成果

結果として、データとメタデータの両方を削除し、何が削除されたかを特定できる可能性を排除した上で、文書、または仮想データルーム全体を自動的に伏字化する技術がディスカバリーされた。その技術は現在特許が取得されている。同様に重要なこととして、必要に応じて自動的に伏字を解除することも可能なのだ。

Datasiteの伏字化ツールは、同社の顧客に真の価値と安心を提供する重要な差別化要因となった。

Part IX

トランスフォーメーションの
ストーリー：Adobe社

by リア・ヒックマン（Lea Hickman）

マーティからのコメント：この事例は私がこれまで見た中で最も印象的なトランスフォーメーションの一つだ。Adobe社は常に堅実な会社であり、成功したプロダクトをいくつも生み出してきた。しかし当時はプロダクトモデルで運営されてはおらず、今後の課題を乗り越えるためには変化が必要であることを認識していた。Adobeの場合は会社のイノベーションストーリーがそのトランスフォーメーションストーリーを推進したといえる。新しいCreative Cloudを作り出す必要性が、トランスフォーメーションの原動力となったのだ。このストーリーを語るのは、その新しいAdobe Creative Cloudのプロダクトマネジメント責任者に任命されたリア・ヒックマンだ。リアはCTOのケビン・リンチ（Kevin Lynch）らとチームを組み、非常に強力な経営幹部の支援とサポートを得て、業界の中でも、これまでで最も財務的に成功したとされるトランスフォーメーションを成し遂げた。

多くの人がAdobeをインターネット時代以降の企業だと考えていますが、実際は1982年に設立され、プリンターやパソコンに始まり、いくつものテクノロジー世代にわたって重要な役割を果たしてきた企業です。現在、Adobeはさまざまな事業を展開しており、主にデザイナーがデジタル世界を構築するために必要なツールとテクノロジーの提供に注力しています。

動機

企業によっては、プロダクトを生み出す方法を変えるべきであることを示す初期の兆候があります。

それは新しい破壊的なテクノロジーの登場であったり、市場のダイナミクスの大きな変化であったりします。多くの場合で、組織はそれに応じて調整し対応できることでしょう。

私（リア）がAdobeで働いていた2007年から2014年までは、まさにそ

のような時期でした。テクノロジー、市場、競争環境の大きな変化に直面していたのです。

当時、私はデジタルメディア部門のデザイン、ウェブ、インタラクティブツールのプロダクトマネジメントを担当していました。このポートフォリオにはAdobe InDesign、Adobe Illustrator、Adobe Dreamweaver、Adobe Flash Authoringなどのツールが含まれていました。私たちはこれらのプロダクトを個別のツールとして販売していただけでなく、Creative Suiteと呼ばれるバンドルとしても販売していました。

Creative Suiteには顧客のペルソナに基づいてさまざまなバンドルがありました。例えば、Design SuiteやWeb Suiteなどです。また、Master Collectionと呼ばれるスイートもありました。

当時の私たちの主なビジネスモデルは、既存の顧客にはこれらのツールやスイートのアップグレード版を販売し、新規の顧客にはフルバージョンを販売するというものでした。

新しいリリースを計画するたびに、収益目標を達成するために必要なアップグレード数とフルバージョンのプロダクトの販売数を予測していました。この予測は次のリリースがプロダクト・マーケット・フィットを達成できるかどうかの自信に基づいて行われていました。

次期リリースのための分析をしている最中、データからは、顧客はすでに提供されているもので十分かもしれず、つまりアップグレードする可能性が高くないことが示されていました。

当時、どのプロダクトも市場に出てから十年以上経っており、かなり成熟していました。販売価格が上がり続ける中で、顧客にアップグレードや購入を促せるだけの価値をリリースに組み込めるかどうかが問題でした。

もう一つの課題はプロダクトサイクルの長さであり、私がAdobeに入社した当初、メジャーリリースの間隔はおよそ18〜24カ月でした。その後、メジャーリリースの間に中間リリースが行われるようになり、その中間サイクルで新しいテクノロジーを活用した新機能を導入できるよう

になりました。これは収益の観点からは良いことでしたが、競合他社がすでに継続的なリリースを実践を定着させていたため、新たな競争への対処にはなっていませんでした。

　この時期、多くのソフトウェアがサービスとして提供されるようになり、新たな競合が市場に参入してきていました。顧客はSketchやAviaryといった競合について言及することが多くなっていました。これらの競合プロダクトは市場に出たばかりでしたが、シンプルでモダンなデザインツールという価値提案が、Adobeの古い複雑なツールのほんの一部の機能しか利用していなかった顧客から共感を得ていました。

　また同時期に、新しいテクノロジーが顧客の働き方に大きな影響を与えていました。特にiPhoneが発売されて数年が経ち、クラウドサービスについて語る人が増えていたのです。

　デスクトップやノートパソコンではなく、クラウドがユーザー（デザイナー）のデータの保存場所になるという考えは非常に強力でした。ユーザーが特定のデバイスから解き放たれ、どのデバイスからでも、どこからでもデータやファイルにアクセスできるようになるのですから。

　これはもちろん、デザイナーのアイデア出しやデザインの方法にも変化をもたらし、その結果、ワークフローも劇的に変化することを意味していました。例えば、これまでよりも多くのアイデアがスマートフォンのカメラで撮影されるようになり、それによってさらなる可能性が広がったのです。

　また、当時の私たちのモバイルアプリ作成のソリューションは非常に独自性の高いものでした。私たちはAndroidとiOSの両方で動作するリッチなアプリケーションを構築する方法として、FlashオーサリングとFlexを使用してリッチアプリケーションを構築し、それらのアプリケーションのコンテナとしてAdobe Airを使用することを提案していたのです。当時、アプリケーションのコードを一度書けば、複数のモバイルOSで実行できるというアイデアは非常に魅力的でした。

　私たちの顧客基盤の中にはそれを支持してくれる顧客もいましたが、

多くの顧客はネイティブ開発をしたアプリの方がパフォーマンスが良いと考えていました。また、標準ベースのフレームワークを使う方が良いアプローチだろうと感じている顧客もいました。

こうしたワークフローの変化によって、顧客のアプリケーション構築方法だけでなく、私たち自身のモバイルアプリの構築方法も再考する必要がありました。

この哲学的な断絶は、社内に多くの混乱をもたらしました。顧客にはAdobe独自のフレームワークを使って構築することを推奨していたのに、どうして自分たちはネイティブ開発でアプリを構築するのでしょうか？

この時期のもう一つの劇的な変化は顧客層の変化でした。印刷媒体からデジタル媒体への移行が進み、また、プロフェッショナルからパートタイムの趣味利用や愛好家へと顧客層が変化したのです。

Adobeはそれまでも、その顧客層の市場から一定割合を売り上げていましたが、その変化の傾向は顕著になりつつありました。非プロフェッショナルユーザーにとっては、もっとシンプルなツールを提供する新しい競合プロダクトが魅力的に映っていたのです。

また、購買行動にも変化が起きていました。かつては、Creative Suiteを購入したい人は地元のテクノロジーストアに行き、棚からCreative Suiteを取って店頭で購入し、自分のノートパソコンやデスクトップにDVDを入れてインストールしていました。

その何年も前に、Adobeはユーザーがソフトウェアをダウンロードできる機能を導入しており、すでにその頃にはダウンロードの方が好まれていました。ダウンロード速度が向上し、自宅やオフィスから直接購入してダウンロードする方がはるかに簡単になり、小売店や再販業者を介さなくなり、または少なくともそういった経路での販売数は減少していました。

最後に動機の決め手となったのは、2010年4月29日にスティーブ・ジョブズが個人的に公開したFlashについての公開書簡です。そこではAppleがiOSデバイスではFlashを許可しないという決定を下した理由が

Part IX トランスフォーメーションのストーリー：Adobe社

311

述べられていました。

　これはかなりの打撃でした。私たちのCreative Professionalプロダクトは常にApple製品をサポートしてきました。Apple製品はCreative Professionalの顧客に愛されていたためです。

　私たちは別のアプローチを取らなければならないことを理解していました。

　しかし変化が必要だとわかっていることと、変化する意思と能力があることは別問題です。

　ここまでの私たちの動機はアメとムチで言うと「ムチ」だけでした。

　私たちは仕事のやり方と、提供するプロダクトの両方を大きく変えなければ市場での地位を失ってしまうとわかってはいました。

　「アメ」となる動機も必要だったのです。

　必要な変化を起こせれば、顧客のために、そして私たちのビジネスのために今ではできないことができるようになるのではないだろうか？

　Adobeには長い歴史と文化があり、それまで成功してきた仕事のやり方がありました。今後に起こるであろう変化が明らかに厄介である一方で、Adobeは当時Creative Suiteからの年間売上高が20億ドルを超える上場企業であり、明らかに業界のリーダーでした。

　この問いに答えるためAdobeの三人の経営レベルのリーダー、当時のCTOのケビン・リンチ、プラットフォームビジネス担当シニアVPのデイビッド・ワドワーニ（David Wadhwani）、クリエイティブビジネス担当シニアVPのジョニー・ロイアコノ（Johnny Loiacono）がオフサイトミーティングを企画しました。彼らは各プロダクトカテゴリーに対して、デスクトップツールの枠を超えた新しいプロダクトのアイデアをプレゼンし、デモを行う準備をしてオフサイトミーティングに参加するよう求めました。具体的にはモバイルアプリとホスト型サービスを求めていました。

　モバイルアプリとホスト型サービスが将来の顧客価値に不可欠であることこそ分かってはいましたが、そして各チームの考えがどこまで進ん

でいるかは分かっていませんでした。オフサイトミーティングで明らかになったのは、組織の各部門が顧客が望んでいるものについて異なるビジョンを持っており、一致していないことでした。

そのオフサイトミーティングで、経営レベルのリーダーたちはクラウド、モバイル、デスクトップで提供する機能を超えて、顧客にもたらす統一ビジョンが必要であることに気がつき、またそれだけではなく、そのビジョンを推進するプロダクトリーダーが必要であることに気がつきました。経営レベルのリーダーたちは私にその役割を引き受けるように頼み、ケビン・スチュワート（Kevin Stewart）をはじめとする強力なエンジニアリングリーダーと共にそれに取り組むことになりました。

そのビジョンはプロダクトチームだけでなく、経営幹部、ステークホルダー、投資家、アナリスト、顧客にも明確に伝える必要がありました。

私たちはまず、CEOのシャンタヌ・ナラエン（Shantanu Narayen）とCFOのマーク・ギャレット（Mark Garrett）からアプローチを始めました。

私たちはこの二人の重要なリーダーに非常に重要な賭け、つまり会社全体としての賭けをお願いすることになることを理解していました。また、この二人が納得しないなら、会社の他のメンバーがこのような破壊的な変化に賛同するはずがないこともわかっていました。

では、動機の「アメ」は何なのでしょうか？ なぜこんなことをするのでしょう？

この問いに答えるための主要なツールがプロダクトビジョンであり、このビジョンが経営レベルのリーダーや多くのステークホルダーを味方につける鍵となりました。プロダクトビジョンの重要な役割については後ほど詳しく説明しますが、その結果、CEOもCFOも動機とメリットを理解し、自分たちがどのように支援できるかを考え始めることができたのです。

プロダクトモデルへのトランスフォーメーション

　Adobeは多くの課題に直面していましたが、一方ですでに重要な資産をいくらか持っていました。

　Adobeにはすでに強力なエンジニアリングとプロダクトデザインの文化がありました。技術的な才能に対する高い評価と、テクノロジー業界の中核となるコンポーネントのいくつかを提供してきた実績がありました。そしておそらく最も重要なこととして、Adobeには大規模で情熱的な顧客基盤があったのです。

　とはいえ、プロダクトリーダーシップチームと私は、会社全体で大きな変化を推進しなければならないと考えていました。

作り方を変える

　顧客のアイデア、デザイン、コラボレーションの方法に関するニーズが変わっていく中で、プロダクトの構築方法やデプロイ方法を含め、私たちが利用してサポートする技術も変化させる必要がありました。

　ウォーターフォール主導のプロダクトサイクルはあまりにも長すぎました。新しい機能を利用するために12〜18カ月も待たされるのは、顧客にとってもはや耐え難いことでした。市場と競争から置き去りにされてしまいます。

　ウェブ標準とモバイルデバイスの技術イノベーションのスピードが、私たちの継続的な開発と継続的なデリバリーのモデルへの後押しとなりました。

　Adobeには非常に優れたエンジニアがいましたが、初期の段階では継続的デプロイのモデルへの移行に対する強い抵抗がありました。

　顧客の日々を改善することと、プロダクトを構築しサポートするエンジニアの日々を改善することの間には非常に明白なトレードオフがあります。それまでは顧客が重大な問題を発見した場合には、以前のバー

ジョンをインストールし直せばよかったのです。しかしクラウドベースのソリューションでは、問題が発生すると、すべての顧客に影響を及ぼす可能性があります。その時点でサポートしているバージョン以外のバージョンを簡単に利用してもらう方法はありません。そのため、エンジニアは常にサービスを稼働させ、なおかつ正常に動作させ続ける必要があるのです。

このサービスレベルにコミットするだけでなく、継続的かつ独立してデプロイできるようにするにはプロダクトの設計、構築、テスト、デプロイ方法に関して大きなアーキテクチャの変更が必要になります。

Adobeのエンジニアの功績はこの挑戦に立ち向かい、会社と顧客のために結果を出したことです。ただ、これは簡単なことではなく、初期には抵抗があったことも読者には理解してもらいたいのです。

問題解決の方法を変える

プロダクトの構築とデプロイの方法を変えるだけでなく、問題解決の方法も変える必要がありました。

当時のAdobeはエンジニアとデザイナー主導の文化でした。

エンジニアやデザイナーは通常、プロダクトのアイデアを考え、それをプロダクトマネジャーに提案します。そして、プロダクトマネジャーはそのアイデアをもとに要件を作成し、解決する問題や顧客であるデザイナーへの価値提案を特定します。

このような優れたエンジニアやデザイナーの多くが時間とともに昇進し、多くの場合、エンジニアリングリーダーはプロダクトマネジメントやプロダクトマーケティングよりも高く評価されていました。

良いニュースはエンパワーされた強力なエンジニア文化がすでにあったということですが、悪いニュースはエンジニアと、プロダクトを購入する実際の顧客であるデザイナーとの間に、多くの人と組織の階層が挟まっていたことです。

その結果、提供した機能が自分たちが期待していたようなレベルまで定着しないことが多々ありました。
　私たちは将来的な継続的イノベーションを実現するには、エンジニアだけでなく職能横断的な真のプロダクトチームをエンパワーし、チームが直接顧客と関われるようにする必要があると考えました。
　そこで私たちはプロダクトマネジャー、プロダクトデザイナー、エンジニアからなる職能横断的なプロダクトチームに投資し、プロダクトチームがプロダクトマーケティングと緊密に連携しながら、ユーザーと直接関わり、ユーザーの新たな課題を理解し、そのニーズに効果的に対応するソリューションをディスカバリーしました。
　Adobeには強力なエンジニアとプロダクトデザイナーがいましたが、このトランスフォーメーションは強力なプロダクトマネジメントの役割にかかっていました。
　はっきり言ってしまうと、組織にはすでに多くの強力なプロダクトマネジャーがいましたが、それまでの役割はビジネスケースの作成、要件の把握、次期リリースの準備のためのプロダクトマーケティングとの連携に重きが置かれていました。また、マイルストーンの進捗を報告するプロジェクトマネジメントの責任も重大でした。しかし、プロダクトマネジャーの役割をプロダクトディスカバリーと、価値と事業実現性に集中をする役割に変更する必要がありました。
　そして、プロダクト開発をプロジェクトベースのウォーターフォールから継続的な開発と継続的なデリバリーに移行する必要があったように、ディスカバリーの仕事も変化させる必要がありました。
　競争環境と顧客の期待は急速に変化していたため、半年前のことが現在も正しいとは考えられなかったのです。

解くべき問題の決定方法を変える

人を惹きつけるプロダクトビジョン

　私たちは顧客とその顧客が抱える課題について、エンジニアリング、デザイン、プロダクトマーケティング、プロダクトマネジメント、その他のメンバーと話し始めました。

　多くの顧客にとって、価格が問題であることはわかっていました。特に、小さなデザイン事務所にとっては最新バージョンにアップグレードする余裕はありませんでした。

　また、スマートフォンやタブレットを使ってアイデアを練ったり、制作したりすることに、ほとんどの顧客がとてもワクワクしていることもわかっていました。さらに、デザイナーが自分のデザインをさまざまな場所やサイトに公開することが、新しいクライアント獲得のチャンスになっていることもわかっていました。

　Adobeの市場ポジションを考えると、自分たちにはこういった問題を解決できる立場にあるのではないかと考えました。

　ビジネスとして何を成し遂げたいかに社内の焦点に置くのではなく、デザイナーである顧客の日々をどのように向上させることができるかについて話し始めるべきだと気づいたことで、プロダクトビジョンが具体化し始めました。

　私たちは、マリッサと名づけたフリーランスのグラフィックデザイナーの夢に満ちた「人生の一日」の物語を描くことにしました。

　マリッサは自分のデザイン事務所を経営し、数人のデザイナーを雇っています。

　ある日、Nikeのクリエイティブディレクターがcreative.adobe.comを見ていて、興味深いアートワーク作品に目を奪われました。そして彼女はマリッサに連絡を取り、新しい広告キャンペーンを提案するように依頼するという物語の展開です。

マリッサは魅力的な提案を作成するためにAdobeのタブレットアプリ、クラウド同期、デスクトップツールを活用できますし、コンペに勝った後は他のフォトグラファーやデザイナーにプロジェクトを手伝ってもらうための機会を提供することもできます。

この物語とそれを表現したビジョンタイプ（ビジョンのプロトタイプ）は、デザイナーである顧客に対して私たちが何をしたいのかを導く力となりました。

デザイナーである顧客にとって正しいことを行えば、顧客は私たちと共にあり続け、新しい顧客も加わってくれるという信念がありました。私たちには価値を捉えるための効果的なメカニズムがあることがわかっていました。

この仮説を、社外においては顧客と検証し、社内においてはステークホルダーとともに検証する必要がありました。

私たちは主要なデザイナー顧客とビジョンを共有し、私たちの描く将来像とその将来が有益だと考えている理由を説明し始めました。

同様に重要なのは、主要なステークホルダーへもプロダクトビジョンを共有し始めたことです。当時の私たちには一つ仮説がありました。自分たちのGo-to-Marketモデルやプロダクトのパッケージングを変える必要があるという仮説です。もちろんこれらの変更によって営業、マーケティング、財務に大きな影響があることも理解していました。

ビジョンタイプはデザイナーである顧客にとっての未来だけでなく、今私たちのポートフォリオに存在するギャップを理解する上でも重要でした。どの問題を解くことが重要なのかを決定し、取り組む優先順位を決定する上で重要な役割を果たしたのです。

インサイトに基づくプロダクト戦略

プロダクト戦略を作ることで、顧客にとっての二つの大きな問題領域が特定されました。

一つはID管理で、もう一つはクラウドベースのデータ同期です。

ID管理はすぐに対処しなければならないと認識していました。デスクトップソリューションでは受け入れられても、さまざまなデバイスからアクセスするクラウドベースのソリューションでは受け入れられません。

複数のIDシステムが存在するとユーザーにとって面倒なだけでなく、パーソナライゼーションとライセンス管理の両方にとって重要な、ユーザー利用データの収集の妨げにもなります。

特に、ユーザーがどこからでもすべてのコンテンツ、サービス、ツールにアクセスできるようにするには、共通のIDシステムが必要なことは明白でした。

二つ目の問題は、モバイルデバイス、タブレット、クラウドアプリ、デスクトップ間のファイルやデータの同期の問題で、データや正確性を損なうことなく同期を行う必要がありました。

プロダクト計画

Creative Suiteは単一のソリューションではなく、20以上の異なるプロダクトを統合したスイートです。新しい世代へと移行するには、構成プロダクトの移行だけでなくギャップへ対処する必要もありました。

私たちは一部のアプリケーションを移行し、他のアプリケーションは再設計し再構築する戦略を押し進めました。戦略的に買収も行い、そのテクノロジーやチームがプロダクトビジョンの早期達成に役立つと選定されたコンポーネントを買収しました。

仕事の共有目標を伝え、どの問題を最も優先的に解決すべきかを決定する上でもプロダクトビジョンが役に立ちました。

多くのプロダクトチームがそれぞれのプロダクトをどのように改善したいかについて強い意見を持っていました。その熱意は素晴らしいものでした。しかしマリッサのニーズをチームが内面化し、優先順位をつけ、最終的にはそれに執着するようになる必要がありました。

このビジョンにおいては、各チームが真の意味でコラボレーションす

ることも必要でした。顧客が一つのAdobe IDだけで済むように共通のIDシステムを統合するにしても、複数のプラットフォームでファイルを横断できるようにするにしても、かなりの量の調整とコラボレーションが必要だったのです。

幸いなことに、私たちにはすでにそのような習慣がありました。なぜなら、毎回のプロダクトサイクルで個々のプロダクトだけでなく、主要な顧客セグメントに焦点を当てたスイートもリリースしていたからです。プロダクトチームはこれを「スイート税」と呼んでいました。

また、技術的な観点とデザインの観点の両方から、いくつかの大きな決定を下す必要がありました。デザインについては強力なデザインリーダーシップがあったため比較的容易でした。顧客やユーザーが使用するデバイスやツールに関係なく、一貫した体験を提供すべきだという信念の前例があったのです。

同じ哲学はクラウドベースのサービスやモバイルアプリにも当てはまりました。特定の機能やデザインについては強い見解がありましたが、一貫性が求められる部分には完全にコード化されたコンポーネントを含むデザインシステムを導入し、一貫性が求められない領域では個々のプロダクトチームが実験を行うことができました。

Go-to-Marketの方法の変更

Creative Cloudの立ち上げを成功させるための最後の要素は、主要なステークホルダーとの真のコラボレーションでした。特に、私たちはプロダクトだけでなくビジネスモデルやプロダクトGo-to-Market戦略も変えようとしていたのです。

以前は、通常12〜18カ月ごとにプロダクトの新バージョンをリリースして販売していました。開発サイクルは非常に長く、Go-to-Market戦略も非常に複雑でうまく調整されていました。どの機能を打ち出すかを何カ月もかけて計画し、メッセージングやポジショニングの文書を作り、プレスツアー用のデモを作成し、販促資料やパッケージングに多大な時

間と費用を費やしていました。

　SaaSベースのサブスクリプションモデルではプロダクトを継続的に改善しリリースしていくことになるので、そのような時間は取れません。

　顧客に新機能を知らせる方法を変更する必要があり、他のコミュニケーションチャネルも変更しなければなりませんでした。新機能の認知度を高めるためのマーケティング手段がなくなるため、新機能の見つけやすさにも注意を払う必要がありました。

　もう一つの課題は、当時の私たちは主にプレスやアナリストを通じて顧客とコミュニケーションをとっていたことです。私たちはプレスツアーに行き、プロダクトマネジャーやPMMが主要な業界評論家に最新リリースの紹介やデモをし、好意的な評価を得るというアプローチを取っていました。このアプローチは顧客やユーザーが最新バージョンのプロダクトを購入する理由や必要性を判断するのにも役立っていました。

　デザイナーである顧客にプロダクトを直接提供するようになることで、新しいバージョンをインストールするという毎年のイベントなしに、顧客が新しい機能を素早く見つけて学べるようにする必要がありました。

　お分かりのように、これは営業組織がエンタープライズ顧客にどのように販売するのか、チャネル組織が小売パートナーとどのように連携するのか、プロダクトマーケティングがどのように適応する必要があるのか、などに影響があるのです。

　こうしたすべての変更に備えるために、プロダクトチームはGo-to-Marketチームと緊密にコラボレーションして移行をマネジメントする必要がありました。

　Adobeのほぼすべての部門がこのトランスフォーメーションによって、特にプロダクトの変更によって影響を受けたのです。

　少なくとも、必要な変更の範囲については伝えられたのではないかと思っています。このレベルの変化においては何一つとして簡単なことはないのです。

成果

　このトランスフォーメーションの成功を顧客数、収益、そして株主価値によって測定しました。

　Creative Suiteの顧客数は600万人でしたが、Creative Cloudでは2021年末までに2,600万人の契約者数となりました。

　Creative Suiteの売上は年間20億ドルでしたが、Creative Cloudでは2021年に115億ドルを記録しました。

　そしてこの間、Adobeの時価総額は130億ドルから2,690億ドルに成長しました。

　ビジネスアウトカムは明らかであり、このトランスフォーメーションは業界史上最も財務的に成功したものだと考えられています。

反対を乗り越える

大規模なグループであれば、大きな変化には必ず反対意見が出るものだ。
　変化を好まないという理由だけで変化に抵抗する人たちがいるのは事実であるが、それに対処するためのテクニックはある。
　しかしさらに難しいのは、人々が非常にもっともな懸念を抱いており、その懸念が新しいモデルでどのように解決されるのかがわからないという場合である。
　このPARTの各章では、組織全体から寄せられる主な懸念、そしてプロダクト組織自体の内部から寄せられる懸念を列挙し、その上でそれぞれの懸念にどのように対処するかを説明する。

CHAPTER 36

顧客からの反対

注：ここでの議論の多くは、CHAPTER 21「顧客とのパートナーシップ」に基づいている。

「当社ではこの機能が絶対に不可欠だと考えている。その機能の提供を約束できないのであれば御社のプロダクトを購入することは約束できない」

　これは非常によくある顧客からの反対意見であり、妥当とも言える。
　特に重要な点は、そのような顧客の多くが何年もの間、企業やその企業の営業、マーケティング担当者とさまざまな約束をしてきたにもかかわらず、その約束が果たされてこなかった点にある。懐疑的になるのも無理はない。
　しかしまず、顧客に営利プロダクト企業とカスタム・ソリューション・プロバイダーの違いを理解してもらうことが重要だ。
　次に、顧客が自分たちの要望をソリューションの形で表現するのはよくあることであり、プロダクト部門の役割は、その顧客が要求しているソリューションの背後にある問題を見極めることである。

顧客の状況が本当に独特であり、唯一の市場にあたるものであるなら、このケースに特化したビジネスモデルを持つカスタム・ソリューション・プロバイダーをその企業に勧める方が良い。

一方で、もしその顧客が現在の自分たちのターゲット市場、または今後のターゲット市場に属しており、その機能がプロダクト戦略と一致していると考えるなら、これを機にその顧客と直接関わり、成功のために必要なことを深く理解する良い機会である。

しかしその場合でも、顧客のために問題を解決することにコミットはしているが、この市場の他の顧客にも有効な方法で解決する必要があることを、顧客に明確に伝える必要がある。

時には、その顧客と他の顧客の両方に適した明確なソリューションがすぐに見つかることもあるが、顧客に愛され、技術的に実現可能であり、かつビジネスとして事業実現性があるソリューションを見つけるためには、かなりのプロダクトディスカバリー作業が必要となることが多い。

人々に気に入られているプロダクトのほとんどは、作られる前の時点では、それが実現可能であることにさえ気づかれていなかったことを、顧客に説明してもよいかもしれない。

「この機能がいつ提供されるのか知りたい」

一つ前の反対意見と同様に、まずその機能がプロダクト戦略に合うものであるかどうかを判断する必要がある。そしてもしそうであると仮定しても、特定の日付が明示的に要求された場合は、守れないかもしれない約束をする前に、それがハイインテグリティーコミットメントの対象となることを認識する必要がある。

「**このプロダクトを購入するということは、御社に大きく賭けるということだ。そのため、御社の進む方向が私たちの望む方向と一致しているかどうかを確認する必要があるので、プロダクトロードマップを見せていただき**

たい」

　特に企業向けソフトウェアの世界では、多くの場合、企業はあなたの会社に非常に大きな投資と賭けをすることになる。そうなると、あなたの会社が今何をしているかだけでなく、将来どこへ行こうとしているのかを知る必要があるのだ。

　ほとんどの人はプロダクトロードマップを求めてくるので、その度にプロダクトロードマップ固有のリスクについて説明する必要があるかもしれない。また、社内のプロダクトロードマップと、社外の顧客と共有可能なプロダクトロードマップの両方を管理することも有用だろう。

　とはいえ、この非常に現実的な顧客ニーズに直接対応するものは実際にはプロダクトビジョンである。そしてそのプロダクトビジョンを顧客からのフィードバックで検証することは、プロダクト組織にとっても有益である。そのため、そうできるのであればプロダクトロードマップよりもプロダクトビジョンを共有することが望ましい。

「御社の新しいリリース頻度に対応するのはとても大変だ。3カ月/6カ月/12カ月に一度のリリースでなければ対応できない」

「新しいリリースのたびに、綿密なマニュアル作成とトレーニングが必要になっている」

　これらも非常にもっともな反対意見だが、これらの反対意見が出る根本的な原因は実際にはリリース頻度が低すぎることにある。ユーザーに一度に提供される変更点が多すぎるため、顧客に大きな混乱を引き起こしているのだ。

　新しいリリースへの対応が大きな手間になっているなら、その手間の頻度をもっと下げたいと思うのは当然だ。

場合によっては、リリースの頻度が低い方が品質が上がると顧客が信じていることがある。しかし、実際のエビデンスは圧倒的にその逆を指し示しており、その理由を顧客に説明する必要があるかもしれない。

CHAPTER 7「作り方を変える」では、この問題を防ぐための継続的デリバリーのテクニックについて説明した。プロダクトモデルでは顧客は、小さな、信頼できる、段階的な変更を継続的に受け取る。それらの変更はユーザーに影響を与えないように、あるいは、影響を与えるとしても再トレーニングを必要としないように設計される。

また、何かをリリースするタイミングと、その新しい機能が顧客に見えるようになるタイミングの違いを理解しておくことも有用だ。継続的デリバリーのテクニックの一つに「ダークリリース」がある。これは、新しい機能を本番環境にリリースしつつも、顧客にその機能を見せるかどうか、また見せる場合はいつ見せるかをコントロールするテクニックだ。これは機能フラグやフィーチャーゲートという名前でも知られている。そういったテクニックによって、新機能を公開するユーザーの範囲をコントロールできる。

ブラウザ、電話、車、洗濯機など、顧客が気に入っているであろう必要不可欠なプロダクトの多くでも、こういった仕組みが取り入れられていることを説明しても良いだろう。

それでも顧客が毎週再認証が必要だと考える場合は、そうしてもらっても良いだろうが、最終的には常に最も安定して効果的なソリューションが提供されていると信頼してもらえるようになるはずだ。

今日の顧客は、四半期ごとや一年ごとの前時代的なビッグバンリリースよりも優れたリリースを必要としている。

「私たちのプロダクトの利用に関するデータを収集することに非常に不快感を覚える。なぜ許可しなければならないのか？」

ここでは強調すべき重要な点が二つある。第一に、プロダクトチーム

がプロダクトから利用データを取得する際にはデータは匿名化され集計されているため、個人を特定できる情報はない。第二に、このデータは顧客のためにプロダクトが正しく機能し、顧客の問題解決にプロダクトが真に役立っているかどうかを確認するために使用される。これは顧客にとっても、プロダクトにとっても重要なことだ。

飛行機のパイロットが自分が正しいコースを進んでいること、そして飛行機が安全に飛行していることを確認するために計器に頼っているのと同じように、プロダクトチームも計器に頼るのだ。

「私たちは御社の顧客ディスカバリープログラムに参加し、その進捗に非常に興奮していたが、その後、御社がこの新プロダクトの開発を進めないと決定したと聞かされた。これは普通のことだろうか？　私たちが何か間違ったことをしてしまったのだろうか？」

これはよくあるとは言えないが時折起こることであり、その可能性についてあらかじめ説明されていたことを願う。中止した主な理由は、プロダクトチームがコラボレーションしている顧客全体に共通して機能するソリューションを見つけられなかったからである。時には、顧客のニーズが本当に独特で、営利プロダクト企業よりもむしろカスタム・ソリューション・プロバイダーが開発した方が良いと判明する場合もある。

CHAPTER 37

営業からの反対

注：ここでの議論の多くは、CHAPTER 21「顧客とのパートナーシップ」に基づいている。

「私たちは毎日顧客と向き合っている。何をデリバリーする必要があるかについてプロダクトチームに伝える役割を、なぜ私たちが担わない方が良いのか？」

　営業担当者が顧客の最前線で活動していることは間違いないことであり、プロダクトにとって貴重な情報源であることも間違いない。プロダクトモデルではプロダクトマネジャーは全社の営業担当者と強い関係を築き、互いに依存し合う。また、プロダクトマネジャーは重要な見込み顧客の営業プロセスに積極的に参加することが奨励される。
　より広く言うと、プロダクトマネジャーとプロダクトチームはユーザーや顧客と直接かつ継続的に関わる。営業の文脈ではなくプロダクトディスカバリーの文脈においてである。
　とはいえ、強力なソリューションが顧客や営業担当者から生まれるこ

とが少ない理由を説明する基本原則がある。

　顧客や営業担当者は技術的に何が可能なのかを知らないのだ。

　顧客や営業担当者は自分たちのドメインにおいては専門家だが、ソリューションを構築するために使用される実現技術の専門家であることはほとんどない。

　顧客がプロダクトを購入するということは、実質的には専門家を雇っているとも言える。強力なプロダクトは実際の顧客ニーズと、今だからこそ可能なソリューションを組み合わせることで生まれる。

「素晴らしいプロダクトビジョンだが、実現には何年もかかる。しかし私は今すぐ成果を出さなければならない。今の四半期または次の四半期に私の営業チームが成果を上げるのに役立つ開発中のものを教えてほしい」

　プロダクトビジョンを共有することは重要だが、今すぐ売れるプロダクトを営業チームに提供することも重要だ。そのための最良の方法は最新のプロダクトを愛用しているリファレンスカスタマーを紹介することだ。

　より広く言えば、各プロダクトの取り組みがどのように直接的なビジネスインパクトを目指しているのかを、営業リーダーに説明する必要もあるかもしれない。

「非常に有望な見込み顧客がいるが、契約を締結するためにはいくつか新しい機能の提供を約束する必要がある」

　プロダクトモデルにおいて、プロダクトチームが最も恐れていることの一つが「特別対応」と呼ばれるものである。これは、特定の顧客のために特定の要求を満たすために行う単発の機能追加である。このような特別対応が重なるとプロダクトは複雑になり、機敏さが低下し、誰にとっても習得しにくく使いにくいものになる。

　プロダクトモデルに移行する際、このような特別対応の要求に対処す

Part X　反対を乗り越える

CHAPTER 37　営業からの反対

るためにまずお勧めするのは、(現在出荷されているプロダクト以外の)特別対応の要求は、まず営業責任者を通すようにすることである。その責任者には、ほとんどの要求を阻止することが期待される。

　要求が営業責任者を通過した場合、プロダクトマネジャーの責務はまずその見込み顧客がターゲットとしている市場にいるかどうかを確認し、そして見込み顧客がこの機能を要求することで解決しようとしている問題を理解することだ。

　その見込み顧客がターゲット市場に当てはまっている場合、プロダクトマネジャーはその要求の背景にある問題を理解することで、その見込み顧客だけでなく、現在および将来の他の顧客のニーズも満たすようなソリューションを特定することができるはずだ。

　一方で、その見込み顧客がターゲット市場にいない場合や、必要とされるソリューションがプロダクト戦略の範囲内にない場合もある。その場合は、もっと大きな機会を追求するためにその機会は丁重にお断りするのが正しい答えである。

　より広く言えば、この種の特別な要求はまだリファレンスカスタマーがいないことが原因になっていることが多い。そのため、営業担当者が見込み顧客とこの種の会話をせざるを得なくなっているのだ。

「競合他社と比較して重要な機能が欠けているために、大きな取引を逃した。なぜその機能は最優先事項ではないのか？」

　経験豊富なプロダクトチームなら知っていることだが、顧客はしばしば言っていることとやっていることが異なることがある。意識的にそうしている場合もあるが、多くの場合は無意識だ。

　つまり見込み顧客が競合他社を選ぶとき、言いやすいことを口実に挙げることがよくあり、それがプロダクトチームを終わりのない機能追求の旅に導くことになる。

　もちろん、本当に重要な機能が欠けていることもある。この場合も、

リファレンスカスタマーの開拓に注力することが、その違いを見極めるための最善の方法となる。

「あの主要な競合他社に商談で負け続けている。競争力を高めるためにはどうすればいいのか？」

　このケースは営業組織がプロダクト（およびプロダクトマーケティング）に対して、効果的な対応策を考え出すための支援を明確に求めている。この問題に対処するために何らかの主要なプロダクトの取り組みがすでに進行しているものの、その取り組みには大きな変更がいくつか必要なために、しばらく時間がかかる可能性があるのかもしれない。
　その場合は、プロダクトマネジャーとプロダクトマーケティングが一緒になって、営業チームに役立つ提案内容や売り込み材料となるような機会を探し出すことができるだろう。その競合プロダクトよりも、自分たちが現在提供しているプロダクトの方が勝っているセグメントはあるか？　そのセグメントに対して、新しいリファレンスカスタマーを迅速に開拓できないだろうか？

「私は見込み顧客や既存顧客の管理に懸命に取り組んでいる。プロダクトチームの人たちに、その顧客や見込み顧客を台無しにしてほしくない」

　まず、成功するプロダクトを作るためには、ユーザーや顧客との直接的で自由なアクセスが絶対不可欠であることを認める必要がある。これは、プロダクトモデルにおいて数少ない本当に譲れないものの一つである。必要であれば、CEOから営業リーダーに直接この点を訴えかける必要があるかもしれない。
　とはいえ、プロダクトチームのメンバーが顧客や見込み顧客と接しているときに、不適切な言動や賢明とはいえない行動をとってしまうケースがあるのも事実だ。プロダクトリーダーは部下に適切な行動を取るよ

うコーチングする責任がある。

　顧客管理の精神が強い（まったく悪いことではない）企業の場合なら、顧客訪問に出かける人全員を対象とした簡単な「顧客対応トレーニング」の手配を営業組織に依頼することができるだろう。これは「チャームスクール（礼儀教室）」と呼ばれることもある。

　営業組織とサービス組織のさまざまなメンバーの役割と責任、そして期待される行動規範を学ぶことに加えて、顧客を訪問しユーザーに会う可能性のある人には、自分が約束したことは必ず守らなければならないことを強調することも重要である。一部のユーザーは大きな不満を抱いているかもしれない。

　プロダクトチームが顧客と一緒に時間を過ごすことを代替できるわけではないが、今日、営業商談中に交わされる会話をプロダクトチームが理解する手助けとなる優れたツールがあり、そこからもプロダクトとプロダクトGo-to-Marketの両方について多くのことが学べるだろう。

「複数のプロダクトチームが、チーム間で互いに調整することなく、さらに言うならば、この私と調整することなく、毎週のように無作為に顧客と連絡をとることがないようにしたい」

　これはまったくもって理にかなったことだ。プロダクトOpsやユーザーリサーチチームはこうした顧客訪問を円滑に進められるように調整する目的で設置される。また、そういったチームは顧客に負担をかけないようにし（あらゆるチームが同じ顧客を訪問したがるような状況を避けるなど）、また、適切なアカウントマネジャーやカスタマーサクセス担当が常に情報を把握できるようにしている。

334

CHAPTER 38

CEOと取締役会からの反対

注：ここでの議論の多くは、CHAPTER 26「経営幹部とのパートナーシップ」に基づいている。

「私はCEOとして毎日、顧客、投資家、取締役、アナリスト、他の会社の幹部と会っている。プロダクトチームが何を提供すべきかを決定するのに、私が適任なはずだ」

「私は収益に責任を持っているのだから、その収益を生み出すためのプロダクトロードマップを定義するのは私の役目ではないか？」

プロダクトを推進する上で、CEOとしてのあなたの活動が非常に強い位置にあることは間違いない。実際、ほとんどのスタートアップで、CEOかもう一人の共同創業者がプロダクト責任者を兼任している理由はここにある。

とはいえ、大規模なイノベーションはエンパワーされたチームにかかっている。顧客、投資家、取締役、アナリスト、他の会社の経営幹部

は一般的に、今まさに可能となっていることを知らないからだ。そのため、その決定を適切なプロダクトチームに委ねることが、スケーラブルな解決策となる。

しかし、CEOが手放したがらないために、プロダクトモデルへの移行を果たせない会社もあるのも事実だ。

物事がうまくいっているのであれば、それが最善かもしれない。しかしほとんどの場合、CEOは一日の限られた時間の中で、プロダクトを運営するか会社を運営するかを選ばざるを得ない。

「私はビジネスを運営している。何がいつリリースされるかを知っておく必要がある」

確かに、CEOとして主要プロダクトの進捗に関する詳細でタイムリーなデータが必要なのは間違いない。

プロダクトリーダーはどのプロダクトがどの時期に、どのようなビジネスアウトカムに貢献すると期待されているかを具体的に説明できるはずだ。それが、プロダクトリーダーにおけるプロダクト戦略の仕事である。

また、ハイインテグリティーコミットメントが必要な場合もあるだろう。ただしハイインテグリティーコミットメントには機会コストがかかることを理解してほしい。真に固有の期限がある主要な仕事にのみ限定することが、全員の利益につながる。

同様に、あなたが出張で不在のときでもプロダクトチームがチーム内で適切な意思決定ができるかどうかは、あなたが戦略的背景を詳細に共有するかどうかにかかっている。

「取締役会がプロダクトロードマップを見たがっているので提供する必要がある」

取締役会が、あなたのプロダクトがビジネスにどのようなインパクトをもたらすかを理解していない場合に、プロダクトロードマップが求められることがよくある。しかし通常、取締役会が気にするのはプロダクトロードマップそのものではない。資金を提供しているプロダクトの取り組みが、期待される成果を生み出せるかどうかを確認したいのだ。

この場合、進行中のプロダクトの取り組みと期待される成果を結びつけるのはプロダクトリーダーの責任である。

取締役会の前に、プロダクトリーダーはCEO、CFO、CRO（最高収益責任者／営業責任者）と十分な時間を取り、プロダクトの取り組みがどのようにビジネス成果に直接結びつくかを全員に理解してもらい、その取り組みが必要な成果を生み出すために適切であると確信を持ってもらえるようにしなければならない。

プロダクト組織に成果を出した実績がまだない場合、信頼を得るための期間が必要になることを認識することも重要だ。

「もし私にプロダクトのアイデアがある場合はどうする？ そのアイデアを適切なプロダクトチームと共有する方法があるべきではないか？」

プロダクトモデルで運営されている健全な組織では、どこからでもアイデアが出るのが普通であり、歓迎される。

問題は、そのアイデアが問題を解決するための一つの提案として共有されているのか、それとも次に設計・構築すべきものの命令として伝わっているのかである。CEOは、提案として意図したものが命令として解釈されることが多いことに驚く。明確に伝えることが重要なのだ。

より広く言うと、スティーブ・ジョブズがよく指摘していたように、アイデアを出すのは簡単であり、本当の仕事はそのアイデアが良いものかどうかを見極め、そのアイデアを実際のプロダクトにすることだ（彼はこれを「実際の仕事の90％」と考えていた）。

「どのくらいの期間で成果が出ると期待してよいか？　プロダクトチームが苦戦しているのか、それとも妥当なことなのかどうすればわかるのだろう？」

　この質問の前半部分については、プロダクト戦略でこの情報が明確に示されるべきである。理想的にはストーリー形式で記述され、主要な関係者全員が主要なプロダクトの取り組みとそれに取り組む理由、その取り組みが四半期や年間でどのように展開される予定か、そして長期的なプロダクトビジョンにどのように結びついているかを理解できるようにするべきである。

　質問の後半部分については、さまざまな評価方法がある。この目的のために四半期ごとにプロダクトチームとビジネスレビューを実施している企業も多い。また、四半期ごとにプロダクトリーダーと各プロダクトチームとで深く掘り下げて調査し、その状況と、苦戦しているチームを助けるためにどのようなアクションが取られているかを報告している企業もある。

「組織の方向性が一致していることを確認したい。プロダクト、マーケティング、営業、サービス、オペレーションがすべて同じ方向を向き、協調していることを確認する必要がある」

　この整合性を保つために、プロダクトモデルを使用している多くの企業が年間および四半期ごとにOKRを設定している。
　例えば、新プロダクトをリリースする場合、マーケティング、営業、サービス、オペレーションも新プロダクトの成功のためにそれぞれの役割を果たしていることを確認したいだろう。

「取締役会は、このステージの会社としては投資比率が適切でないと言っている。収益が明確でないプロダクトへの投資ではなく、収益に直結する営業への投資を増やすことを望んでいる。営業ではなくプロダクトにリソー

スを増やすことをどう弁護すればいいのだろうか？」

　プロダクト・マーケット・フィットが本当に確立されているのであれば、営業とマーケティングへの投資を増やすことが正しい判断であることが多い。しかし、多くの企業は従業員数が一定数に達したからという理由でプロダクト・マーケット・フィットを達成したと誤解してしまう。プロダクト・マーケット・フィットが達成されていない場合、営業やマーケティングへの支出は非常に非効率的である。この点を示すいくつかの重要なKPIとして、販売にかかる時間とコスト、トライアル利用から購買へのコンバージョン率、顧客の解約率がある

　プロダクト・マーケット・フィットが達成されない限りは、できる限り多くのリソースをプロダクト・マーケット・フィットの達成に集中させる必要がある。

CHAPTER 39

事業部門からの反対

注：事業部門マネジャーはステークホルダーであるが、財務、人事、マーケティング、コンプライアンスのように特定の機能領域だけを代表するのとは異なり、事業部門に責任を負っている。それは、eコマース企業のカテゴリーマネジャーのような小さな事業部の場合もあれば、ゼネラルマネジャーのような大きな事業部の場合もある。問題の多くは、CHAPTER 38「CEOと取締役会からの反対」で述べたものと同じである。

「私はこの製品ラインのP/L（損益）責任を負っている。なぜ私がエンジニアリングのリソースをコントロールできないのか？」

　スタートアップやスケールアップ企業においてCEOが重要な役割を果たすのとまったく同じように、事業部長がプロダクトモデルの重要なパートナーであることに疑問の余地はない。しかし、スタートアップのCEOがプロダクトリーダーや技術リーダーに依存するように、事業部門マネジャーも同じようにしたいと考えるだろう。

実際には、スタートアップと同様に、多くの戦略的な決定は協調的に行われる。例えばプロダクトビジョン、プロダクト戦略、およびプロダクトチームにとって適切と考えられる成果の特定などである。

「私は上位のリーダーから、ビジネスに影響を与える可能性のあることすべてを把握しておくことを期待されている。質問が来たときに答えられるように、次に何が起こるかを知っておきたい。わかっていないと思われたくないのだ」

　これはまさにその通りであるだけでなく、プロダクトモデルにおけるリーダーシップは情報に基づいており、顧客志向で、データに精通する熱心なリーダーにかかっている。
　CHAPTER 26「経営幹部とのパートナーシップ」ではこれが重要である理由と、互いに情報を共有する方法ついても説明している。
　事業部門マネジャーはプロダクトリーダーや技術リーダーと、戦略的背景を可能な限り共有しておくことが不可欠だ。
　同様に、プロダクトチームとプロダクトリーダーは可能な限り多くの情報、特に最前線にいるプロダクトチームから新たに生まれたインサイトや学びを、事業部門マネジャーと共有しておくことが不可欠だ。
　最も重要なことは、プロダクトマネジャーとプロダクトリーダーがステークホルダーに対しても、自分たちのプロダクトがどのようなビジネスインパクトをもたらすことを意図しているのかを、点と点を結ぶように説明することである。

「プロダクトチームはソリューションの検討に取り掛かる前に、私がすでに行った問題発見をすべて繰り返さなければならないと考えていることに非常に不満を覚える。さらにはそのせいで、ソリューションの探索のための時間が残されていないことが多すぎる」

Part X 反対を乗り越える
CHAPTER 39 事業部門からの反対

これはよくある不満だ。後から思えば、少なくともプロダクトマネジャーとプロダクトデザイナーを顧客とのやりとりに参加させていれば、全員が一緒に問題領域を学べておりチームはすぐにソリューションのディスカバリーに取り掛かることができたはずだ。
　しかし、今後はプロダクトチームと席を並べ、できることは何でも共有すると申し出ることで、チームは問題領域を素早く把握できるようになる。問題に対する優れたソリューションを発見するためには、問題領域を理解する必要があることを改めてチームに強調しつつ、同時に、顧客はソリューションを購入しているのだから、市場に出回っている代替品よりも優れたソリューションを考え出すためにも十分な時間が必要であることを、チームに思い出させてあげてほしい。

「私たちはもっと速く動く必要がある。スピードが重要だ。どうすればプロダクトチームに私が感じているような切迫感を持ってもらえるだろうか？」

　スピードは本当に不可欠だが、プロダクトモデルではTime to MarketよりもTime to Moneyを重視する。これは「アウトプットよりもアウトカム」とも言われる。
　もしチームが顧客が買わないものを作ってしまうと、多くのコストを費やしたのにほとんど何も得られないことになる。
　プロダクトディスカバリーの中心にある考えは、価値があり、ユーザビリティが高く、実現可能で、事業実現性のあるソリューションを非常に迅速かつ低コストで見つけ出すことにある。
　もしチームがプロダクトのアイデアを、プロダクトを作るのにかかる時間の少なくとも10分の1でテストできないとすれば、それは何かが間違っている。

「プロダクトチームは、まだ必要な品質に達しておらず、最終レビューの準備が整っていないような初期プロトタイプを私たちステークホルダーに見

せることに抵抗を感じている」

　プロダクトチームと関連するステークホルダーとの間に信頼が築かれれば、この状況は改善されるだろう。しかし、早期のインタラクションを促すためにできる限りのことをするのは良いことだ。プロダクトチームが、ステークホルダーは最終的な詳細部分、例えば色やフォントにしか関心がないと感じているなら、その部分の準備が整うまではステークホルダーを遠ざけるだろう。しかし、ステークホルダーが初期プロトタイプの見た目の部分にとらわれずプロダクトの方向性を理解してくれ、チームがこれまで気づかなかった要因や制約を認識する助けとなるような思慮深いフィードバックを提供してくれるとわかれば、チームはすぐに早期のフィードバックセッションを重視するようになるはずだ。

「プロダクトの取り組みを推進でき、直接私に報告するメンバーを私のビジネスチームの中に揃えたい」

　旧来のモデルではステークホルダーがプロダクトを推進し、機能を実装するためにIT部門が存在していた。このモデルでは実質的なプロダクトマネジャーをビジネス側で雇うことがよくあった。IT組織にはこのような役割やそれに匹敵する役割がなかったので、そうなるのはよく理解できる。

　しかしプロダクトモデルにおいては、重複した組織にその役割を置く、つまりプロダクト組織内と事業部門内の両方にプロダクトマネジャーを置くことは、最も避けるべきことである。

　通常は、プロダクトモデルに移行する際に、あらゆる場所から最高のプロダクトマネジメントの才能を探し出すだろうが、各プロダクトチームに有能で説明責任を負うプロダクトマネジャーを一人だけ置くことが重要だ。その役割を分割しないこと。

　場合によっては、プロダクトマネジャーが事業部門マネジャーを直接

のレポートラインとし、さらにCPOをサブのレポートラインとする場合もある。その事業部門マネジャーが適切なリーダーなのであれば、この方法でもうまくいく。

しかし、これに対する主な反論として、強力なプロダクトマネジャーを育成するスキルを持つプロダクトリーダーのレポートラインに、プロダクトマネジャーを配置したいという点がある。事業部門のマネジャーで、プロダクトマネジャーを必要な程度までコーチングし育成する時間と経験を持っている人はほとんどいない。

「私がビジネスを行っているのだから、私がプロダクト戦略を作るべきだ」

最低でも、事業部門のリーダーはプロダクト戦略についてプロダクトリーダーと密接にコラボレーションすべきである。

通常、プロダクト戦略の意図は、事業部門全体を全体観的に見て、ビジネス全体の価値を最大化することにある。

そのため、プロダクトリーダーは各事業部門のリーダーと協力し、各事業部門内だけでなく、全社的に最良の機会を追求していることを確認することになる。

すでに述べたように、これには信頼と透明性が必要である。

CHAPTER

40

カスタマーサクセスからの反対

「私たちは毎日、苦境にある顧客と向き合っている。私たちは文字通り最前線にいる。それなのにプロダクトチームは私たちが何を必要としているのかに関心がないようだ」

　何よりもまず、プロダクトチームが本当にあなたのニーズに関心を持っていないのであれば、それは深刻な問題であり、すぐにプロダクトリーダーにそのことを伝えるべきだ。
　とはいえ、プロダクトチームは通常、顧客、営業、マーケティング、オペレーション、経営層など、あらゆる方面からプロダクト改善のプレッシャーを受けていることを理解してほしい。つまり、プロダクトチームはあなたのことを気にかけてはいるが、多くのノイズの中からそのシグナルを聞き取るのが難しい可能性は大いにある。
　このような状況で推奨する一つの手法は、顧客のペインを引き起こしている最も深刻な問題を挙げたトップ10リストを一つ作成し、常に最新の状態に保つことである。
　多くの組織では、このリストは課題管理ツールから導き出せるだろう

が、あなたの判断に基づいた主観的なリストでも構わない。

　このトップ10リストはプロダクトチームにとって大いに役立つ。なぜなら、もしある検討項目がこのリストに載っていれば、それは重大な問題であり、わざわざ他のすべての項目と比較する必要がなくなるからだ。

　トップ10リストは常に更新され続けることが重要であり、プロダクトチームは常にその中の項目を取り除くために取り組むべきである。

　また、顧客やカスタマーサクセス担当が想像していた方法とは異なるソリューションで、プロダクトチームが問題に対処することもある。これは多くの場合、「明白な修正方法」には望ましくない結果が伴ってしまうため、チームが別のアプローチを模索したからである。問題が解決できるのであれば、これは普通のことであり、良いことでもある。

「顧客をケアするためのツールがかなりひどい。それによって私たちの仕事が大変なだけでなく、顧客にも影響を与えている。私たちは顧客を大切にするべきだと言っているにも関わらずだ。この問題にどのように対処すればいいのか？」

　現在は、かつてないほど良いカスタマーサクセスチーム向けの商用ツールが存在するため、そういったツールを使用しない理由はほとんどない。しかし、商用ツールではサポートされていない領域もあり、ここで言っているのはおそらくそのことだろう。

　もし実際の顧客体験に影響があるのなら、あなたが使用しているツールは（たとえ顧客がそのツールに直接触れていなくても）一つのプロダクトと見なせるだろう。

　顧客が直接は接しないこういったプロダクトに、望むレベルのプロダクトチームを配置できない企業が多いのは事実である。したがって、これらのツールの改善の重要性について声高に訴える必要があるかもしれない。

「私たちは一日中顧客と話をしている。プロダクトがいつどのように変わるのかを知っていなければ、どうやって顧客を支援すればいいのかわからない」

　非常に頻繁で、小さな、信頼性の高いリリースの結果として、変更が頻繁に発生し、特定の機能がいつデプロイされ、いつ顧客に公開されたかを把握するのが難しいことがある。
　この問題は企業にとってもともと課題であったが、継続的デリバリーによって問題はさらに悪化する。
　この問題に対処するために、プロダクトチームはプロダクトマーケティングとコミュニケーションをとり、そして、顧客の目に触れるような変更がある場合や、顧客の行動に変更が必要な場合に、プロダクトマーケティングが顧客、営業、カスタマーサクセスとコミュニケーションをとる。書籍『LOVED』では、この問題を解決するためのテクニックをいくつか紹介している。
　時折、物事は隙間をすり抜けてしまう。その理由を理解することが重要であり、そうすることで将来その問題を防ぐことができる。しかし、このアプローチの大きな利点は、ユーザーや顧客にとって破壊的な変更をなくすことはできないにしても、大幅に減らすことができることだ。

「正直に言って、プロダクト組織がプロダクトを出すのに時間がかかりすぎているので、カスタマーサクセスチームは自前の人員を配置して顧客向けのソリューションを作成している」

　カスタマーサクセスチームが顧客のために自分たちの手で物事を進めるという取り組みは称賛に値するが、そのソリューションは決して良い結果を生まない。すぐに、顧客はいくつかのプロダクトといくつかのカスタムソリューションを混ぜ合わせ、サポートされない状態で運用することになる。ガムテープでつなぎ合わせたようなもので、何か新しいも

のがリリースされると機能しなくなる。

　サポートされているプロダクトとサポートされていないプロダクトを混在させた状態、つまり寄せ集めの半端なソリューションを顧客が使わざるを得ない場合、顧客も自社も損失を被る。

　正しい解決策は、プロダクト組織とそのプロダクトを改善することであり、これが企業がプロダクトモデルに移行する理由の一つでもある。

CHAPTER 41

マーケティングからの反対

注：プロダクトマーケティング、フィールドマーケティング、コーポレートマーケティング、ブランドマーケティングなど、さまざまなタイプのマーケティングをこの一つの章にまとめている。

また、ここでの議論の多くは、CHAPTER 23「プロダクトマーケティングとのパートナーシップ」に基づいている。

「私たちは営業と毎日やりとりし、競合の状況を常に注視し、現在および将来の顧客とグループインタビューを実施し、主要な業界アナリストと関係を築いている。成功するために必要なプロダクトを定義するのに、私たち以上の適任者がいるだろうか？」

実際、20年前のビジネスソフトウェア会社では、マーケティング主導でプロダクトが作られていた。企業がプロダクトモデルに移行した理由は、そのモデルではイノベーションがほとんど起きなかったからだ。マーケティング、営業、顧客、そして業界アナリストでさえ何が可能かを知らないからである。

スティーブ・ジョブズがiPhoneを掲げて、「グループインタビューを100回実施しても、iPhoneを作ることはできない」と述べたのは有名な話だ。今日、ほとんどのマーケティング組織はこのことを理解している。
　とはいえ、マーケティングには非常に貴重なデータやインサイトがあり、プロダクトマーケティングマネジャーは、潜在的に価値があると考えられるあらゆる情報を、適切なプロダクトマネジャーやプロダクトリーダーに伝えるために努力する。

「プロダクトチームが成功するプロダクトを作るために、どのように支援するのが良いか？」

　プロダクトチームは営業、マーケティング、オペレーション、カスタマーサクセスなど、組織内の多くの人たちに依存している。中でもそれら四つの役割はパートナーとしてもっとも明白だ。プロダクトマーケティングは特にプロダクト・マーケット・フィットを達成するためのマーケットフィットの側面で、プロダクトチームと密接に連携する。
　より広く言うと、セールスイネーブルメント、メッセージング、ポジショニング、エバンジェリズム、グロースなどに取り組む。場合によっては、プロダクトマーケティングマネジャーがプロダクトチームに組み込まれることもある。
　しかし、肝に銘じておくべきなのは、問題を解決するためにプロダクトを修正する必要があると考えるのであれば、プロダクトを変更する責任を持つ適切なプロダクトマネジャーに、入手可能な情報は何でも確実に届ける必要があるということだ。

「プロダクトの完成前に、マーケティングがプロダクトの将来の状態を宣伝したがっている。いつならこれが許されるのだろうか？」

　そのプロダクトがリリースされる前に、市場（および取締役会メン

バー、投資家、将来従業員になる可能性のある人たち）に対して自社が向かう先を説明することに意味がある場合もあるだろう。

しかしそれによって、新プロダクトが完成する前、あるいは真にディスカバリーされる前にプロダクトチームに過度なプレッシャーを与えてしまったり、既存のプロダクトの売れ行きが悪くなってしまうことは容易に起きうるため、注意が必要である。

また、後になってその方向性や主張が必要ではないと気付いてしまって自分たちが追い込まれないように注意する必要もある。

正しいという根拠が得られる前にこのようなことをしてはならない。何をするにしても、プロダクト部門の責任者、プロダクトマーケティング部門の責任者、CMO（最高マーケティング責任者）の間で緊密に連携する必要がある。

CHAPTER 42

財務からの反対

注：ここでの議論の多くは、CHAPTER 24「財務との提携」に基づいている。

「支出にもっと柔軟性が必要だ。ビジネスの成果に応じて技術投資を増減できるようにしたい。アウトソースとプロジェクト群の管理で、それが可能になる」

「コストを抑える必要があり、アウトソースのエンジニアの総人件費は、自社の従業員の総人件費よりも大幅に低い」

　エンジニア一人当たりの総人件費を見れば、アウトソーシングの方が安価に見えることが多い。しかしプロダクトチーム単位で総人件費を見ると結果は逆転する。
　通常、アウトソーシングのスタッフで構成される大規模なチームよりも、正社員で構成される小さなチームの方が高い成果を上げる。関与する人の相対的な優劣を主張したいわけではなく、役割と仕事上の関係の

結果そうなるのだ。

　また、プロジェクトではなくビジネスアウトカムを達成することに目を向ければ、アウトソーシングの方が劇的に高くつく。実際、ほとんどのアウトソーシング企業はアウトカムに対して契約を結ぶことすら拒否する。

　すでに何かを作り上げた後に得られる価値には二つの源泉があると話した。作ったものと、その作ったものから生じる学びである。人材が絶えず入れ替わり、ただの受注者としてしか貢献していない場合、あなたが本来頼るべき学びからの価値を得ることはできない。

　一時的なスタッフが有効な場合もある。例えば、特定の統合作業やテスト自動化のような突発的な作業があるときだ。しかし一般的には、技術がコアコンピタンスであるべきなら、この分野も内製化する必要がある。

　より広く言うと、チームの安定性が、生産性と士気の両面で重要な影響を与えることを理解しておくべきだ。チームのメンバーが他のチームに移籍し、その新しいチームのテクノロジー、問題やソリューションの領域、顧客の問題などを学び直す必要がある場合、大きな混乱が起き、コストがかかる可能性がある。通常は、メンバーを移動させて新しい仕事をしてもらうよりも、各プロダクトチームの任務を拡大し、仕事の方を適切なチームに持ち込む方が良い。

「年間計画の一環として、その年の潜在的なプロジェクトを特定し、それぞれのプロジェクトにかかる費用を把握する必要がある。そうすることで、どのプロジェクトに予算を割り当てて進めるべきかを決めることができる」

「私たちは責任を持ってお金を使う必要がある。予算を割り当てる各プロジェクトについて、そのプロジェクトから何が得られるかを知る必要がある。そうしなければ、何が良い投資で何がそうでないかを知ることができない」

Part X　反対を乗り越える

CHAPTER 42　財務からの反対

この主張は確かに論理的であるが、これまで提供されてきたビジネスケースがリターンを予測する上で信頼性に欠けていたことはおそらくすでに分かっているはずだ。実際、約束したことに対してその人たちに説明責任を持たせようとする財務組織はほとんどない。

だからこそ、プロダクトチームにとって「何がわからないかをわかるようにする」ことは最も重要な教訓の一つなのである。

技術的な取り組みでは、特定の取り組みにどれくらいのコストがかかるかを知るのは非常に難しい。それに加えて、実際にどれくらいの収益が得られるかを知るのはさらに難しい。なぜなら、それはソリューションの質と、顧客がそのソリューションを利用または購入するかどうかに完全に依存するからである。

この状況は、技術的な取り組みに対するプロの投資家、つまりベンチャーキャピタリストでも同じであることにお気づきだろうか。ベンチャーキャピタルは企業がプロダクトディスカバリーを行うために少額の投資(シード投資)を行うことで、このような未知の問題に対処している。トラクション(実証可能な進捗)が見られる企業に対しては、さらに多額の投資を行う。

より広く言うと、プロダクトモデルではプロジェクトに資金を提供するのではなく、プロダクトチームに資金を提供し、プロダクトのアウトカム(ビジネスアウトカム)に対して説明責任を持たせる。

「どのように、コミットした成果に対する説明責任をプロダクトチームに負わせるのか?」

一般的には、各プロダクトチームに解くべき一つ以上の主要な問題を割り当て、その成功のための主要な指標を特定する。また、チームに対してソリューションの追求においてどれくらい保守的または積極的であるべきかを伝える。これはプロダクトリーダーによるプロダクト戦略の一環である。

非常に保守的で、ほぼ確実に達成できる数字を求められるチームもあれば、今期中に成功する可能性は低いとわかっていながら、野心的にリスクを取ることを求められるチームもあるだろう。責任はチームに求める確実性の度合いによって決まる。

より広く言うと、各プロダクトチームはより上位のプロダクト戦略に貢献しているのであり、プロダクトリーダーにはそのプロダクト戦略の成果に対する説明責任を持たせるべきである。

プロダクトリーダーは本質的に一連の賭けを行っており、目標とする全体的なビジネス成果に基づいて、四半期末または年度末に成功なのか失敗なのかが判断される。

いずれにせよ、チームが明らかにコミットメントを達成できなかった場合は、最低限、事後分析を行い、その原因と潜在的な改善策を検討し、将来この問題が再発しないようにする。

「資金を最大限に活用するためには、ビジネスニーズに応じて人材を各取り組み間で移動させる必要がある」

この意見も論理的に聞こえるが、実際には新しいテクノロジー、新しい顧客タイプ、新しい仕事の関係性に慣れるのに多くの時間が必要であり、人材を入れ替えることは非常に非効率的な資金の使い方となり、チームの成果を達成する能力やイノベーションの可能性を大幅に低下させる。

代わりに、プロジェクトチームではなくプロダクトチームに幅広い任務を持たせることが好ましい。そして、そのチームが自分たちの領域に関連するすべてのプロジェクトや機能開発に取り組む。

このアプローチによりプロダクトチームは安定し、チームの専門知識と効率の伸びを活かすことができる。

「どの取り組みに継続して資金を提供すべきかを判断するために、毎四半

期ごとに継続的にポジティブな進捗を確認する必要がある。私たちの仕事はその進捗を監視し、規律を課すことだ」

　繰り返しになるが、このアプローチは論理的に聞こえるもののテクノロジーパワーなプロダクトには異なる形の成長曲線がある。経験豊富なプロダクトリーダーは特定のテクノロジー、特定の人材、特定のスキルセット、特定のデータに対する一連の賭けとしてプロダクトチームをマネジメントし、前四半期の進捗状況に基づいて次の四半期を調整する。

「プロダクトディスカバリーを会計的にどのように扱うべきかを理解したい。それは研究活動なのか？　それともプロダクト開発の要件定義や設計のフェーズなのか？」

　ディスカバリーは真の研究、つまりR&D（研究開発）ではない。
　プロダクトディスカバリーはプロダクト開発の不可欠な一部であり、旧来のモデルにおける「要件定義」と「設計」に類似している。プロダクトディスカバリーは次の数週間で構築してデリバリーする作業を具体化するものである。
　真の研究が必要な場合は、プロダクトディスカバリーとは別に行われる。

CHAPTER

43

人事部／
ピープルOpsからの反対

「新しい職務コンピテンシーの導入によって、社内に大きな混乱が起きている。元々の役割がなくなってしまった人もいれば、責任範囲が大幅に変わった人たちもいる。職務分類の変更は決して些細なことではなく、かなりのコストがかかる。むしろ今いる人材を活用し、既存の職務分類を維持したい」

「テクノロジーに近い職務に就いている人がすでにたくさん社内にいるので、プロダクトマネジャーを新たに採用するのではなく、その人たちの肩書をプロダクトマネジャーに変更し、いくつかトレーニングに参加させるだけで良いのではないか？」

　この変革が混乱を招き、コストがかかる可能性があることを理解している。また、旧来の肩書きから見て職務の違いが些細なものに見えるかもしれないことも理解している。しかし、これがトランスフォーメーションに失敗する主な理由であると私たちが言うのには理由がある。私たちは、現在の人材と職務分類を活用することに固執する企業が成功す

るのを見たことがないのだ。

　また、すべての人が新しいプロダクトマネジャーの役割を望むわけではないことを理解する必要もある。この役割は非常に厳しい役割だ。特にプロダクトオーナーやビジネスアナリストの役割と比較するとなおさらだ。

　とはいえ、必要なコーチングを行う意思と能力のあるマネジャーがいて（これだけで大きな前提条件だが）、そして学ぶことに熱心な人材がいるのであれば、そのような人材をコーチングして育てようとするのが第一の選択になる。経験則から言えば、有能なマネジャーであればプロダクトマネジャーにふさわしい候補者を三カ月で必要な能力を持たせるようにコーチングできるはずだ。三カ月間真摯に取り組んでも、その人がまだ求められる仕事ができない場合は、その人に別の役割を与え、その人の後任となる有能な人材を見つける必要がある。

「すでに年一回の人事考課を行っているが、継続的なアセスメントとコーチングプランを導入する必要があると言われた。これは冗長でコストが高いのではないか」

　継続的なアセスメントとコーチングプランはプロダクトモデルで働くために必要なスキルを従業員に習得させるためにある。これは現場レベルのマネジャーの第一の責務であり、通常コーチングがマネジャーの責任の多くを占めることになる。確かにこれにはかなりコストがかかるが、仕事を成功させる方法がわからない従業員を抱えることに比べれば、それほどコストは高くない。

　コーチングに強力な投資をしている企業は従業員の定着率が高く、より低コストで大学から直接新卒を採用することができることも注目に値する。

「すでに新しい従業員向けのオンボーディングプログラムはあるのに、なぜ

プロダクト担当者向けの別のプログラムが必要なのか？」

通常、この二種類のオンボーディングプログラムは、まったく異なるトピックを扱う。会社全体のオンボーディングプログラムは誰にとっても有益だ。しかしプロダクト担当者は、その役割に非常に特化したトレーニングや教育が必要なのである。

「昇給や昇進のための年間予算がすでに決まっている。しかし、今マネジャーに対して部下を昇進させることを奨励する話があがっている。その費用はどのように賄われるのか？」

プロダクトモデルでは、追加の責任（特に難しい問題など）を担うことができる従業員（特にプロダクトマネジャー、プロダクトデザイナー、エンジニア）から非常に大きな価値を得ることになる。本当に昇進にふさわしい人材が増えることは、むしろ非常に良い問題である。

マネジャーは部下に対し、昇進の準備を整えることが自分たちマネジャーの仕事だと伝えるが、昇進が認められる前に、会社は役割と昇給予算を用意しておく必要がある。

「すべての従業員に個人のOKRを持たせたい」

会社のほとんどの役割において、個人のOKRを持っても問題ない。しかし、プロダクトチームのメンバー、特にプロダクトマネジャー、プロダクトデザイナー、エンジニアには、一つのプロダクトチームとしてコラボレーションし、まったく同じ問題にまったく同じ成功の指標で取り組むためのインセンティブが必要だ。そのための主な方法の一つが、OKRを個人ではなくプロダクトチームに割り当てることだ。

それでも各人に個人目標を持たせたいのであれば、コーチングプランに組み込む方がずっと良い。

CHAPTER 44

CIOからの反対

「私は、テクノロジーはビジネスに貢献するために存在するという考え方を持っている。実際、私はビジネスのニーズに応える能力に誇りを持っている。しかし、このトランスフォーメーションによって私にどのような影響があるのかわかっていない」

　プロダクトモデルへの移行は本質的にテクノロジーをコストセンターとしてではなく、プロフィットセンターとして捉えるように変わるということだ。

　私たちは、この広範な役割を果たすためにスキルを広げた多くのCIOと仕事をしてきた（時にはCTOとCIOを兼任する人もいた）。しかし、そういった人たちはトランスフォーメーションに積極的であった人たちであり、実際にいくつかのケースでは、その人たち自身がプロダクトモデルへの移行を推進していた。

　プロダクトモデルは顧客が直接触れるテクノロジーにだけ関係するわけではない。プラットフォームサービス、顧客をサポートするツール、または社内ツールなどの舞台裏で行われる大量のエンジニアリング作業

も存在する。

　変化を望まないCIOがいることは承知している。その場合は、そのCIOは「純粋なIT」のベンダー管理やビジネスを運営するためのシステムの担当に留まり、さらに広範なプロダクトエンジニアリングを別の誰かがリードすることになるだろう。

　テクノロジーに関しては、旧来のモデルとプロダクトモデルの間にはいくつかの類似点があるが、重要な相違点もある。

　プロダクトモデルのプロダクトエンジニアリング組織は、第一にプロダクトを構築するために存在するのに対し、IT組織は通常、購入、つまりベンダーから供給されたシステムを統合することを重視する。

　また、この二つのタイプのシステムには、スケーラビリティとパフォーマンス要件に大きな違いがある。IT部門は数百から数千のユーザーをサポートする一方で、プロダクトエンジニアリング部門は1〜3桁大きな規模のシステムをサポートすることが多い。

　このような違いが、エンジニアリングの職務内容や給与水準の違いにつながっている。

　もう一つ非常に重要な違いは、純粋なITではアウトソーシングが奨励されるが、これは「純粋なIT」が会社のコアコンピタンスではないからである。しかし、プロダクトエンジニアリングにおいてエンジニアリングのアウトソースはイノベーションの機会を失う致命的な行為だ。

「私は現在CIOだが、プロダクトモデルへの移行をリードしたい。そして自分の役割をCTOに拡大したいと思っている。どこで詳しく学べるだろうか？」

　幾人かの優れたプロダクトリーダーシップコーチや、エンジニアリングリーダーシップコーチがその移行を手助けしてくれる。

　また、ベストプラクティスや最新のテクニックが共有される優れたCTOブートキャンプも存在する。

Part X　反対を乗り越える
CHAPTER 44　CIOからの反対

CHAPTER 45

PMOからの反対

注：ここでいうPMOとはプログラムマネジメントオフィスのことであり、基本的には上位レベルの可視性を提供するプロジェクトマネジメント部門である。

「私の理解では、多くの著名なプロダクトモデル企業にはプロジェクトマネジメントまたはプログラムマネジメントの部門がある。この部門はプロダクトモデルでどのような役割を果たしているのか？」

　多くの著名な企業にプロジェクトマネジメントやプログラムマネジメント部門があるだけでなく、そういった部門が企業において不可欠な役割を果たしている。特にエコシステムプロダクトのような大規模で複雑なプロダクトを構築する際には、多くの動的な要素があり、非常に多くの依存関係と課題が存在する。プロジェクトマネジメントの役割はこれらの依存関係をマネジメントする上で重要だ。問題は役割そのものではなく、企業がその役割を提供する際の背後にある文化にある。
　問題なのは、PMOが状況報告という名目でコマンド＆コントロール

の文化を植え付け、統治するために存在する場合である。

PMOがサーバント型のデリバリーマネジメントを提供するために存在する場合、PMOはチームに対して主要な依存関係の追跡と課題の除去のサービスを提供することになるが、それはチームを無力化させるような方法ではなく、エンパワーするような方法で行われる。

「私は、予測可能性を重視する学派の出身だ。私たちは、約束したことを約束した時に提供することに集中する必要がある。何を作るかはビジネスリーダーに任せ、私たちは要求されたものを確実に提供する、信頼性の高い機械としての役割に集中する」

これは旧来のモデルの良い要約文である。しかしプロダクトモデルでは、焦点はもはや予測可能性ではなくイノベーションに置かれている。予測可能性が企業にとって大きな価値を提供する状況に限り、予測可能性に焦点が当たる。そのため、プロダクトモデルではまったく異なる目標や優先事項が基礎となっており、多くの場合Time to MarketではなくTime to Moneyを優先する特徴がある。

これが、PMOがプロダクトモデルへの転換においてよく苦労する理由である。

PMOの人材がこの文化的な変化に適応し、効果的なデリバリーマネジャーとしての役割を果たすことができることも多いが、そうできない場合もあり、その際には退職を決意する人もいるだろう。

これはトランスフォーメーションにおいて特に難しい状況の一つである。多くの場合、人は仕事をするためにそこにいるのであり、その仕事のやり方に違いがあるだけだ。しかしPMOの場合は、これは文化やプロセスの観点であり、プロダクトモデルとは大いに相容れないものであるため、なおさら難しい。

「プログラムマネジメントの役割を果たさなくなるとしたら、私たちは何をすればよいのか？」

　通常は、PMOをデリバリーマネジメント組織に変更することになる。サーバント型のプロジェクトマネジメントと課題の除去に焦点を当てるのだ。適切なマインドセットとスキルがあれば、デリバリーマネジャーは組織にとって非常に価値のある存在となる。

　旧来型のPMOは「ビジネス」の執行者として認識されているが、デリバリーマネジャーはプロダクトチームに奉仕し、プロダクトチームは顧客に奉仕する。

　ただ、人々がこの違いを真に理解し受け入れているかどうか、つまり、古いモデルに戻るまでただ時間が過ぎるのを待つだけの人材になっていないかどうか、十分に注意する必要がある。

CHAPTER 46

プロダクト組織内部からの反対

注：本章の反対意見は広範なプロダクト組織とテクノロジー組織（プロダクトマネジメント、プロダクトデザイン、エンジニアリング、プロダクトOps、プロダクトリーダーシップ）からのものを想定している。

「営業、マーケティング、サービスなど、アウトカムを提供するために必要なすべての人たちをコントロールしているわけではないのに、どうやってアウトカムに責任を持てるのか？」

　これは理解しやすいよくある反対意見だ。この意見への対処の方法の一つは、自分たちでほとんどコントロールができる、プロダクトのアウトカムの成果指標に集中させることだ。しかし、ここで注意が必要なのは、プロダクトチームがプロダクトの成功に対してある程度の実際の責任を負うことが重要であるという点である。OKRのもともとの動機はプロダクトチームがオフィスから出て、何を変えるべきかを考えることを奨励することだった。マーケティングに問題があるのか？　営業に問

題があるのか？　営業ツールに問題があるのか？　それとも、プロダクトが顧客の環境で必要なことを果たせていないのか？

　このように考えてみてほしい。そもそも会社全体でプロダクトチームほどプロダクトに影響を与えられる能力を持つ人はいるだろうか？　プロダクトを売ることで生計を立てているにもかかわらず、プロダクトをほとんど、あるいはまったくコントロールできない営業担当者のことを考えてみてほしい。

「必要な品質でリリースを行うのは非常にコストがかかる。このようなリリースをもっと頻繁に行う余裕はどうすれば生まれるのか？　この問題を解決するために人を増やすことは必ずしもプロセスのスピードアップにはならず、実際にはさらに遅くなることもある」

　確かに、小さく、頻繁なリリースのために人員を増やすことが解決策になることはほとんどない。これはまさにハードに働くのではなく、スマートに働くべき場面である。エンジニアリングのコミュニティにはこんな格言がある。「痛みがあるなら、もっと頻繁にやれ」。もし月次リリースをしているなら、それには痛みが伴うだろう。しかし週次リリース、あるいは日次リリースに移行するよう自分たちを追い込めば、テストとリリースの自動化に投資せざるを得なくなり、やがてその痛みは解消されるだろう。

　『LeanとDevOpsの科学［Accelerate］』という書籍では、頻繁にリリースすることがなぜ速いスピードと、高品質の成果につながるのかという理論について深く掘り下げられている。

「私たちは規制業界に属している。顧客に対してアイデアをテストすることも、頻繁にリリースすることも許されていない」

「私たちは規制業界に属している。コンプライアンスを遵守し、責任を果た

すために正式なプロセスに従う必要がある」

　規制対象の企業が、実際の規制には記載されていない制約のもとで運営していることが多いことは驚くべきことである。規則は様々であり、関連する規制を自分たちで読み、法務およびコンプライアンス担当者と話し合い、実際の制約が何であるかを正確に理解する必要がある。これまでの慣行に頼るだけでは不十分なのだ。一方で私たちは、実験的なバージョンを実行することへの理解と同意を示す書類への署名を、顧客から日常的にもらっている。実際に顧客のことを気にかけており、顧客が依存している技術の信頼性を維持したいのであれば、小さく頻繁なリリースが必要だ。

　一般的に言って、プロダクトチームは自分たちが思っている以上のことができる場合が多い。

「プロダクトアイデアをテストする時間はない。ただコードを書いてリリースするだけでいい。ステークホルダーに何を作るべきか決めてもらって問題ない」

　そのアプローチがうまくいくならプロダクトモデルは必要ないだろう。皮肉なことに、このような反対意見はたいていエンジニアから出てくる。しかし一方で、強力なプロダクト企業においては、エンジニアは自分たちがイノベーションの主要な源泉であることを理解しており、「どのように作るか」についてと同じくらい、「何を作るか」についても関心を持っている。

　エンジニアリング部門のリーダーはテックリードを積極的にコーチングし、それを理解しているエンジニアが確実に配置されているようにする必要がある。

「当社のエンジニアの中には、何を作ればいいのかをただ指示されたいと

言う者もいる。そのような人たちはプロダクトチームに入る余地があるのだろうか？」

　一言で答えるなら「イエス」だ。少なくともテックリードは「どのように作るか」についてと同じくらい、「何を作るか」についても関心を持っている必要がある。しかしチームの一部のエンジニアがただ作ることに専念したいのであれば、それでも問題ない。
　長めの答えを言うなら、プロダクトモデルで運営している企業はエンジニアがイノベーションの鍵であると理解しているため、エンジニアの採用において、何を作るべきか指示されるだけでは満足しないタイプのエンジニアを採用することに集中している。

「プロダクトアイデアを実際のユーザーに対してテストすると、競合他社に何を作っているかがバレてしまう」

　まず第一に、プロダクトディスカバリーを行う企業は結局はアイデアの一部（うまくいったもの）しか作らない。したがって、誰かに見られたとしても結果や決定事項を知ることはできない。第二に、それでもまだ心配であればユーザーに秘密保持契約に署名してもらうこともできる。

「プロダクトディスカバリーで顧客にアイデアを見せたことで顧客が興奮してしまい、しかしその後、それを作らないと決定した場合はどうするのか？」

　これは可能性としてあり得るため、テストに参加してもらう相手には、最良のソリューションを見つけるために学習している段階であることを説明する必要がある。より広く言うと、顧客に価値のあるソリューションをデリバリーするためにテストを行っているのだ。

「プロダクトディスカバリーをするとき、解くように求められた問題よりも時間を有効に使えると思われる機会を発見することがある。なぜ、もっと大きな機会を追求するためにピボットできないのか？ エンパワーされたチームならそうするべきではないか？」

まず、重要な新しい機会を発見した場合はそれをリーダーに必ず報告すべきである。実際にその機会がプロダクト戦略として次に焦点を当てるべきものかもしれない。

しかし、現在のプロダクト戦略は、おそらくあなたが解くように求められているその問題を解決することを前提にしている。したがって、勝手に取り組む内容を変えることはできない。エンパワーされるということは、好きなことに取り組むことではなく、解くように求められた問題に対して最良のソリューションを考え出すことを指しているのだ。

「さまざまなステークホルダー全員を満足させようと最善を尽くしているが、全員に望むものを提供し、期待されている成果を達成するのは文字通り不可能に思える。失敗するように仕向けられているようにすら感じる」

確かに、すべての関係者の問題を解決することが特に難しい場合がある。本書のイノベーションのストーリーの中にはそのようなケースを取り上げたものもあり、チームがどのようにその対立を解決したかを知ることができる。しかし通常、プロダクトチームは一つ、多くても二つの問題の解決に取り組み、加えて必須の日常業務も行う。それでも失敗するように仕向けられていると感じるなら、そのことをマネジャーと話し合うことが重要だ。チームの目標については、プロダクトチームは自分たちが達成できると思えていることが設定される。したがって、これに関してはあなた自身でも大いにコントロールできるのだ。

「私たちがやりたいことの多くは他のプロダクトチームに依存しているが、

Part X 反対を乗り越える

CHAPTER 46 プロダクト組織内部からの反対

そのチームの優先事項をコントロールすることはできない。小さなことでも調整に多くの労力がかかる。このような状況では自分たちが確かにエンパワーされているとは感じられない」

　これは、チームトポロジーの設計が不十分であったり、技術的負債が多い場合によく見られる。
　これは非常によくあることなので、技術的負債に対処すると同時に、より本質的なチームトポロジーの変更を検討しながら、今その状況に対して何ができるかを議論することが重要だ。
　第一に、チームのサイズを大きくできないかを検討してほしい。少数のやや大きなチームであれば、全員がよりエンパワーされ、より自律的に感じられる可能性が高い。
　第二に、ここでデリバリーマネジャーが大いに役立つことがある。デリバリーマネジャーはさまざまな依存関係や課題を追跡し、可能な場合には解決の手助けができる。
　第三に、プラットフォームチームの利用の拡大を検討する価値がある。プラットフォームチームによって確かに明示的な依存関係が生じるが、このような依存関係は管理しやすく、通常は依存関係の総数が大幅に減少する。これは技術的負債の解消のために必要なプラットフォーム再構築の一歩になることも多い。

「自分たちで決定できる事項、承認を得るために提案すべき事項、そして上から指示されるだけの事項が何であるかが理解しづらい」

　これは、毎週の1on1ミーティングでマネジャーに尋ねるべき、ごく一般的な質問だ。毎週の1on1を怠っているなら、それはもっと深刻な問題の兆候だ。
　一般的に、意思決定を検討する際にはリスクと結果について話すことになる。リスクは何か、ミスを犯した場合の結果は何か。多くの場合で

結果は小さく可逆的であるため、通常はチームが対応する。

プロダクトの意思決定をフレームワーク化するシンプルで有用な方法は、Amazon社でよく利用される一方通行のドア（不可逆な意志決定）と双方向のドア（容易に可逆な意志決定）の比喩を用いることである。

「最善の決定が何であるかがプロダクトチームとして一致しないことがある。このような意見の相違をどのように解決すればいいのだろう？」

まず、プロダクトチームが異なる意見を持ち、それを共有することが心理的に安全だと感じているとしたら、それは正常で健全な証である。

その決定が特定の専門分野に関するものである場合は、通常はその専門知識を持つ人物に判断を委ねる。

それでも解決しない場合は、簡単なテストを行うのが一般的だ。最良の答えが何かを一緒に学ぶのだ。

もし不確かな場合は、週次の1on1ミーティングでマネジャーと話すのに最適な話題であり、具体的な状況について議論できるだろう。

「すべてのコミットメント、さまざまな依存関係、期日を管理する中心的な役割が必要だ。もしPMOがない場合、それをどうやって行えば良いのだろうか？」

通常、エンジニアリング部門の責任者がすべてのハイインテグリティーコミットメントを確認し、個人的に実施を承認する。なぜなら、最終的にはエンジニアリング部門の責任者の評価は自身のレポートラインにかかっているからである。

依存関係や関連する日付の追跡に関しては、デリバリーマネジャーを置き、それを支援してもらい、デリバリーの邪魔になる課題を取り除く手助けをしてもらうべきだ。

「特定のプロダクトチームが、ほとんどの時間、場合によってはすべての時間を必須の日常業務に費やさなければならないと不満を言っている」

　この問題は残念ながらよくあり、非常に現実的な問題だ。まずいくつか考慮すべき要素がある。必須の日常業務の実際のレベルはどの程度か？　それは継続的な問題か、一時的なものか？　プラットフォームチーム（他のプロダクトチームを支援するためのチーム）の問題か、それともエクスペリエンスチーム（顧客向けまたは顧客支援を行うチーム）の問題か？

　チームの時間の何パーセントがこの必須の日常業務に費やされているか？　エクスペリエンスチームでは最大30パーセント、プラットフォームチームでは最大50パーセントが普通である。

　そのような状況が続いており、その平均が今挙げた目安を上回っている場合、一般的な解決策はチームにエンジニアを一人以上追加して、全体的な必須の日常業務の割合が適正に戻るようにすることである。

　エンジニアを追加することができない場合、必須の日常業務はその定義上避けられないため、このチームの必須の日常業務以外の仕事を減らす必要がある。これによりチームのビジネスインパクトだけでなく、士気にも悪影響があるだろうが、追加の人員が見つかるまでは、やむを得ないことだろう。

「エンジニアの中には、何かをテストするためにはそれを実際に作ってしまった方が早いと考える者もいる」

　時にはこれは真実であり、もしそうであれば勝利である。しかし、このように考えるエンジニアが、テスト可能なプロトタイプを迅速に作成するための最新のテクノロジーに触れたことがなかったり、トレーニングを受けていなかったりするだけであることも多い。

　チームが熟練していると仮定するなら、ディスカバリーでプロトタイ

プを作成するよりも本番環境で何かを構築する方が早く、そのプロダクトアイデアがうまくいかない場合にそのコードを捨てることをエンジニアが受け入れられるなら、そのやり方でも問題ない。

「プロダクトマネジャーやデザイナーが最終的に何を作るかを伝えてくるのみで、ディスカバリー活動に自分たちを含めていないことにエンジニアが不満を抱いている」

これは最も一般的な問題の一つであり、その結果は単にエンジニアの士気低下だけにとどまらない。さらに大きな問題として、このやり方ではイノベーションが欠如する。エンジニアにはまず、プロダクトマネジャーやプロダクトデザイナーと直接話し合うことを勧める。それでも解決しない場合は、プロダクトリーダーへのエスカレーションが必要になるだろう。

「チームはすべてのことに期日の提示を求められていると不満を漏らしている」

このような状況は、ある程度の規律があればたいていは改善できる。まず第一に、期日が必要なときに必ず従うべき手順があることを全員に周知する。この手順はハイインテグリティーコミットメントと呼ばれ、テックリードと、場合によっては追加のエンジニアの時間を必要とする。

第二に、このようなハイインテグリティーコミットメントを行うには時間がかかること、つまり、この期日を設定するには機会コストがかかることを全員に理解してもらう必要がある。

第三に、組織全体に、期日が本当に必要な場合とそうでない場合の違いについて教える。ハイインテグリティーコミットメントは例外でありルールではないことを説明しよう。

「チームに技術的負債が多すぎて、小さな取り組みでも大きな問題となり、士気や成果に大きな影響を与えている」

　このように非常に深刻な状況では、プロダクト部門や技術部門の経営レベルのリーダーが経営チームと協力して再生計画を立てる必要がある。専門の企業から、技術的負債の穴から自力で脱出するための計画を支援してもらうこともできるが、それでもなお難しいことであり、多くの企業はこの状況を乗り越えられない。
　ここで詳細を議論するにはあまりに多くの要素が関わっているが、通常、うまくマネジメントできた場合でも軌道に乗るまでに1〜2年はかかる。

「チームは作る前にリスクをテストする時間がないと考えている」

　プロダクトモデルでは、Time to MarketではなくTime to Moneyについて話すことが多い。言い換えれば、最も重要なことは必要な成果を達成することにある。もし作る前にリスクをテストしなければ、必要な成果が得られないものを数カ月かけて作ることになるだろう。そしてそれと同じサイクルを何度も繰り返すことになる。
　対照的に、プロダクトではなくプロトタイプでこれらの問題をテストすることによって、数週間や数カ月ではなく、数時間や数日で解決することができれば、Time to Moneyを大幅に短縮することができる。
　より広く言うと、プロダクトディスカバリーの最初の数時間で、プロダクトチームがそのソリューションが良くないことや構築する価値がないことに気付くことは珍しくない。それにより多大なムダな労力を省ける。そのプロダクトディスカバリーがなければ、チームはこのソリューションを構築するために時間とお金を費やした後になって、結果的にそれが時間のムダであったことに気が付くことになる。このため、経験豊富なプロダクトチームであれば、ディスカバリーでリスクを考慮しない

方が時間的余裕がなくなると主張するはずだ。

「ディスカバリー作業とデリバリー作業のバランスが崩れている。ディスカバリー作業が追いつかない、またはデリバリー作業が追いつかない」

　プロダクトチームが一時的に（例えば、1〜2週間程度）バランスを崩すことは珍しくないが、問題が継続する場合は、通常はエンジニアが少なすぎるか多すぎる兆候である。
　エンジニアがディスカバリー作業に追いつかない（プロダクトバックログに作業項目が多すぎる）のであれば、それはエンジニアが少なすぎる兆候で、ディスカバリー作業がエンジニアの作業に追いつかない場合はエンジニアが多すぎる兆候だ。

「チームはリモート社員に苦労している。仕事に異常に長い時間がかかり、リモートのチームメンバーは疎外感を感じており、心理的安全性が低下している」

　リモート社員に悩むチームは多いが、状況を改善するには次の二つのテクニックが効果的だ。
　第一に、少なくとも四半期に一度は直接会って仕事をする時間を設けることだ。どこで会うかはそれほど重要ではなく、対面の期間と頻度が重要である。
　第二に、苦戦している人に対する1on1のコーチングを増やすことだ。週二回、30分の1on1を検討しよう。

「エンジニアリングのリーダーが週次または月次のニーズに基づいて人員をチームからチームへ移動させ続けており、永続性のあるチームの重要性を理解していない」

そのプロダクトリーダーやエンジニアリングリーダーが、単にチームの安定性や永続性の重要性を理解していないだけの可能性もあるが、チームトポロジーに問題がある兆候であることも多い。

プロダクトチームの範囲が狭すぎると、チームは規模の調整に苦労する。その代わりに、大きなチームに広範な任務を与え、チーム間で人を移動させるのではなく、プロダクトチーム自身に各作業をどのように分担するかを考えさせる方が良い。

「プロダクトモデル・コンピテンシーでカバーされていない人たちが多くいる。プロダクトオーナーやビジネスアナリストなどだ。そういった人たちをどのようにチームに組み合わせるのが良いだろうか？」

一言で言うと、そういった人たちはチームに含まれない。プロダクトモデルのプロダクトチームにこれらの人たちはいない。

プロダクトオーナーは役割であり、職務ではない。この役割はプロダクトマネジャーがカバーすることになる。

プロダクトモデルでは、ビジネスアナリストの責任は一部がプロダクトマネジャーに、一部がプロダクトデザイナーに移る。

CHAPTER 47

イノベーションのストーリー：Kaiser Permanente社

マーティからのコメント：多くの人が規制産業や大規模で複雑な組織、また、多くのステークホルダーを抱える企業でイノベーションを起こすことは事実上不可能だと考えている。私がこの事例を気に入っているのは、そういった考えがすべて間違っていることを証明しているからだ。決して簡単ではないが、適切なリーダーシップと動機があればイノベーションは絶対に可能なのだ。

企業の背景

　Kaiser Permanente社は、1,200万人以上の患者にサービスを提供する米国最大級の非営利医療・健康保険組織である。

　2019年、Kaiser Permanenteのデジタル組織はプロダクトモデルへの大規模なトランスフォーメーションに着手した。

　同組織は患者のヘルスジャーニーを再構築し、患者のデジタルヘルス体験を効率化することを最初の焦点として、デジタルプロダクトとテクノロジー組織を構築した。

プロダクトチームは患者のユーザージャーニーを中心に組織化され、チームは手動プロセスを自動化しデジタル体験を効率化することで、患者満足度と投薬とケア計画の遵守率を向上させ、業務効率を改善した。

そして、トランスフォーメーションの取り組みを開始して一年も経たないうちにCOVID-19のパンデミックが始まった。

ほぼ一夜にして公衆衛生上の緊急事態が発生し、対面でのケアに大きな制限が生じたため、Kaiser Permanenteのケア提供アプローチは変更を余儀なくされたのだ。

解くべき問題

同社は数年前から特定の遠隔医療オプションを導入していた。しかし既存の遠隔医療ソリューションにはいくつかの根本的な制約があった。

既存の遠隔医療サービスは通常の診療時間内にしか利用できず、患者は時間外のケアを受けるために、対面の緊急医療センターや救急診療部を訪れる必要があった。

また、患者は自宅の地域市場の遠隔医療しか予約できなかったため、外出先でバーチャルケアを受けることができなかった。

技術上、規制上、臨床上、およびオペレーション上の制約が組み合わさり、同社の多くの市場で、一貫した方法で遠隔医療を提供することができなかったのだ。

それによってパンデミック中にケアのギャップが拡大してしまうおそれがあった。

患者が必要なケアを受けられるように、ケア提供アプローチを緊急に拡大する方法が必要だった。

患者が住んでいる市場や医療機関に行けるかどうか、また時間帯に関わらず、適切なケアを適切な時間に受けられるようにするための、テクノロジーパワーなソリューションが必要だったのだ。

そして、その必要性が「Get Care Now」として知られるソリューショ

ンへとつながった。全米で24時間365日対応するオンデマンドのバーチャルケアソリューションだ。

ソリューションのディスカバリー

　プロダクト組織は非常に大きなプロダクトリスクがあることを認識していた。

　優先事項と動機は、パンデミックによってもたらされた健康リスクの増加に対応し、患者のニーズを満たすことにあった。

　患者の視点に立つと、重要なユーザビリティリスクがあった。テクノロジーに対して感じる快適さは患者によって幅があり、また、ケアが必要な時には大きなストレスを感じている可能性もあるからである。

　患者にこのサービスの使い方を理解してもらい、慣れ親しんでいる方法（クリニックや救急室を訪れる）よりも、このサービスを利用することを選んでもらう必要があった。

　また、ケア提供者（医師および医療スタッフ）の視点から見ると、臨床医はこの新しいケアの方法を学び、理解し、遠隔医療の訪問前・訪問中・訪問後に必要な患者体験を提供できるかどうかを確認する必要があった。臨床医が患者に提供する実際の体験だけでなく、非常に具体的な医療、規制遵守、およびオペレーション上のニーズも存在していた。

　オンラインでの体験は患者にとっても臨床医にとっても新しいものであったため、プロダクトチームは両者がバーチャルにやりとりする際の期待や行動について学ぶ必要があった。患者は予約のためにどれくらいなら待てるだろうか？　どのような状態であればバーチャルが最適で、どのような状態であれば対面での診察が必要なのだろうか？

　プロダクトチームは臨床医やビジネスオペレーション部門と密接に協調し、患者やケア提供者のニーズ、およびオペレーションやコンプライアンスのニーズを満たす潜在的なソリューションやアプローチの可能性を探った。

患者にとってシンプルで直感的なものに保ち、なおかつ長い待ち時間を防ぐために、プロダクトチームはオペレーション面で非常に複雑な課題を解決する必要があった。例えば、特定の地域市場で遠隔医療を提供するライセンスを持つ医師を、確実に対応可能な状態にしておくことなどだ。インフラ面では、臨床医が診療所や自宅から、セキュリティ的に安全に患者とオンラインでやりとりできる技術が備わっているかを確認する必要もあった。

　プロダクトチームは臨床医やオペレーション部門と協力し、どの臨床医がどのように配置され、どのようにケアのやり取りを記録し、臨床医間の引き継ぎをどのように可能にするかなど、関連する重要なオペレーション上の制約を特定した。さらに重症度、患者対応の優先順位付け、評価、文書化などの臨床手順を特定し、それらを患者と臨床医向けの体験に組み込んだ。

　重要なソリューションの発見の鍵となったのは、プロダクトチームが各地域市場の臨床チームやオペレーションチームと緊密に連携したことだった。チームは継続的なアイデア出しと迅速なテストを行い、重要な各関係者のニーズに対応するソリューションへと収束させた。

　多くのオペレーション上の問題が次々と解決される中、チームは残る技術的な実現可能性のリスクに焦点を当てた。基盤となるスケジューリングシステムや医療記録システム、および臨床医のツールの統合において重要な課題が存在したのだ。

　さらに、1,200万人以上の患者がいたため、ソリューションは真にスケーラブルである必要があった。

　Get Care Nowをサポートするために臨床医の対応可能量、予約スケジュール、患者の健康情報に関する重要なデータを抽出し、集約する必要もあった。

　プロダクトチームが多くのプロダクトリスクに対処できるエンドツーエンドのソリューションを発見し検証できたと確信した後、プロダクトを構築し、品質テストを行い、すべての既存市場でソリューションを段

階的に展開し、そして全国へと拡大させた。

　驚くべきことに、Get Care Nowの立ち上げから同社の市場全体で新しい体験を開始するまで、わずか4カ月であった。さらに、体験の展開後には、患者と臨床医の実際の利用データを収集し、次のイテレーションを実装し、3カ月後に展開した。

成果

　Get Care Nowの本格展開によって、Kaiser Permanenteの患者は24時間365日、全米のどの州でもオンラインでケア提供者からのケアを受けられるようになった。

　最も重要なことは、会員の満足度が10点満点中9.6点で、ネット・プロモーター・スコア[38]が88という驚異的な数字を記録したことである。このサービスを利用する会員の36％以上が、午後5時から午前8時までの時間外に診察を受けており、これらの患者の多くが救急外来を受診する必要がなくなったため、救急外来への負担も軽減された。

　多くの人たちは、医療のような規制産業では、このレベルのテクノロジーパワードなイノベーションはどれだけ時間があっても実現不可能だと信じ込んでいる。ましてや、わずか数カ月で実現するとなるとなおさらだ。

　Kaiser Permanenteはその能力があることを、自社内、そして経営層に対して、そしてより広範な業界に対して実証し、患者と献身的なケア提供者の多くに真の価値を提供したのだ。

---

[38] 訳注：顧客ロイヤルティを測る指標。「このプロダクトを他者にどの程度おすすめしますか」という質問への回答を0〜10点で得た上で、回答者を批判者と推奨者に分類し、その割合の差分をスコアとする。

Part XI
トランスフォーメーションに不可欠なこと

このPARTではトランスフォーメーションに成功したケーススタディに共通するテーマを含め、これまで議論してきた重要なポイントの点と点を結ぶ。

CHAPTER 48

トランスフォーメーション成功への10ヵ条

　この章では、企業が効果的かつ成功裏にトランスフォーメーションを行うために私たちが不可欠であると考えていることを共有したい。

　本書では、重要なコンセプトをそれぞれ議論してきた。これまで述べてきたことはすべて成功の可能性を高めるためのものだが、そのすべてが同等に重要なわけではない。

　ここでは、成功の可能性を高めるために最も重要であると考える10の事項に焦点を当てる。

1. CEOの役割

　理論的には不可能ではないが、CEOの積極的な支援なしにトランスフォーメーションを成功させることは極めて難しい。この10ヵ条の他の項目を見ても、その理由は明らかだろう。

　そしてはっきりさせておきたいのは、CEOが「デジタルトランスフォーメーション」の責任者としてリーダーを何人か指名するだけで良いと考えているなら、何もわかっていない。このよくある過ちによって、

会社のデジタル以外の部門はこれまで通りのビジネスを続けてしまう。

　プロダクトマネジメント、プロダクトデザイン、エンジニアリングがこのトランスフォーメーションの中心にあるとしても、その影響は必然的にプロダクト組織をはるかに超えるものであることを理解してほしい。

　財務、人事、営業、マーケティング、カスタマーサクセス、ビジネスオペレーションなどにも抜本的なトランスフォーメーションが必要なことは珍しくないため、時にはCEOの関与が必要になる。

　より広く言うと、CEOはプロダクトモデルのチーフエバンジェリストになる必要があるのだ。

2. テクノロジーの役割

　最も根底となる部分だが、トランスフォーメーションを成功させることで、テクノロジーが「必要なコスト」ではなく、ビジネスの中核を成り立たせる存在へと変わる。この考え方はほぼすべてのことに影響を与える。テクノロジーへの予算付与方法、チームの人員配置方法、テクノロジーをコアコンピタンスとみなすのか、それともアウトソースできるものとみなすのかに至るまでだ。

3. 強力なプロダクトリーダー

　経営層からの必要なサポートがあると仮定すると、（それだけで非常に大きな仮定だが、）次に重要になるのは強力なプロダクトリーダーだ。具体的にはプロダクトマネジメント、プロダクトデザイン、エンジニアリングをリードする人たちだ。

　この重要性はいくら強調しても強調し足りないくらいだ。プロダクトリーダーはここから先で述べる項目すべてのことに責任を持ち、説明責任を果たす人物なのだ。

　プロダクトモデルで効果的に働く方法を知っている経験豊富なリー

ダーを確保するか、少なくとも、来るべきトランスフォーメーションの取り組みの中でプロダクトリーダーを支援するプロダクトコーチを確保する必要がある。

4. 真のプロダクトマネジャー

　エンパワーされたプロダクトチームは有能なプロダクトマネジャーにかかっている。トランスフォーメーションを試みるほとんどの企業にとっては、たとえ現在この肩書きを持つ人材がいたとしても、これはまた別の新しいコンピテンシーである。

　企業に「プロダクトマネジャー」という肩書きの人がいることは多いが、その肩書きは非常に誤解を招きやすい。真のプロダクトチームにおけるプロダクトマネジャーの要件は、旧来の機能開発チームにおける要件とはまったく異なるからだ。

　ここでも経験豊富なプロダクトリーダーが非常に重要になる。リーダーは誰ならコーチングやトレーニングを通じてステークホルダーと真のパートナーシップを構築できる真のプロダクトマネジャーになれる可能性があるかを見極める必要がある。つまり同時に、他の役割の方が適しているのは誰かを見極める必要もある。

　明確に言えば、経営チームはそれぞれのプロダクトマネジャーが会社の将来のリーダーになる可能性があると信じられていなければならない。

　さらに明確に言えば、プロダクトリーダーは自組織内の最も能力の低いプロダクトマネジャーに基づいて周囲から評価されてしまうことになる。

　プロダクトリーダーは脇役ではなく、顧客、データ、ビジネス、市場、テクノロジーを深く理解した強力な人材がそこに求められる。

5. プロフェッショナルなプロダクトデザイナー

プロダクトモデルによって、ユーザーや顧客はプロダクトチームや企業にとってより身近な存在になるため、プロダクトデザイナーには顧客に愛される顧客体験を作り上げるためのスキルが必要になる。プロダクトマネジャーやエンジニアと同様に、デザインを脇役から中心的な役割に昇格させる理由はそこにある。

6. エンパワーされたエンジニア

エンパワーされたエンジニアは継続的なイノベーションの原動力だ。効果的なトランスフォーメーションの多くは、真にエンパワーメントされたエンジニアの能力を引き出し、支援することにある。

明白なことだが念のため言っておくと、エンジニアをアウトソースしている限りエンパワーされたエンジニアは育たない。

何もエンジニアを崇拝しろと言っているわけではないが、エンジニアを比喩的な意味での地下室から出して、直面する最も困難な問題のソリューションを考え出すために、プロダクトチームの前面かつ中心に据える必要がある。

7. インサイトに基づくプロダクト戦略

プロダクト戦略の目的は、会社が目標を達成するために解くべき最も重要な問題を特定することにある。

トランスフォーメーションを遂げていないほとんどの企業は、これまでプロダクト戦略を立てたことがない。それは、単にできる限り多くのビジネスステークホルダーにサービスを提供することが戦略だったからだ。もちろん、それはまったく戦略とは言えない。

定量的・定性的なインサイトに基づく効果的なプロダクト戦略は、従

業員の才能を活かすだけでなくテクノロジー投資から最大限利益を引き出すための鍵となる。

プロダクトリーダーはこのプロダクト戦略の責任者であり、経験豊富で強力なプロダクトリーダーの存在が非常に重要であるもう一つの理由がここにある。

8. ステークホルダーとのコラボレーション

トランスフォーメーションを成功させる上で最も難しいことの一つは、プロダクト組織とビジネスのさまざまな部門との関係を再定義することにある。

これが難しい理由は主要なステークホルダーの多くに実際の変化が起こるからだ。

基本的に、トランスフォーメーションには、テクノロジーチームがビジネスを支えるために存在するというモデルから、ビジネスにとって有益な方法で顧客を支えるために存在するモデルへの移行が伴う。

明確に言えば、従属モデルから協調モデルへの移行だ。

古い仕事のやり方に不満を抱いているステークホルダーは多く、少なくともトランスフォーメーションを試みる意欲はあるかもしれないが、テクノロジーチームをコントロールする権限を失うことを受け入れなければならない人もいるだろう。プロダクトリーダーとプロダクトチームは、この問題に対して敏感でいなければならない。

プロダクトリーダーはこの変革を推し進める前に、その役割を果たす準備の整ったプロダクトマネジャーをプロダクトチームに配置しなければならない。そしてそのような有能なプロダクトマネジャーが配置された後は、コラボレーティブなモデルへの変化の中でプロダクトマネジャーがステークホルダーを支援できるように、経営レベルのリーダーからの積極的なサポートが必要になるだろう。

この変化は甚大であるため、甘く見てはいけない。

9. アウトカムの継続的エバンジェリズム

　プロダクトリーダーのもう一つの重要な責務は、継続的なエバンジェリズムである。

　プロダクトビジョン、プロダクト戦略、アウトカムに焦点を移すことの重要性、そしてプロダクトモデルへの広範なトランスフォーメーションを啓蒙する必要がある。

　プロダクトビジョンは、組織全体での取り組みや協力が必要な際にインスピレーションとモチベーションの源泉となる。

　プロダクト戦略のエバンジェリズムは非常に重要である。なぜなら、何が実行されるか、そして何が実行されないかの論理的根拠と証拠を透明化するものだからである。

　より広く言えば、プロダクトチームは解くべき問題に対するプロダクトディスカバリーに取り組む中で、毎週新たな学びを得ている。

　学びを正直かつオープンに共有することが重要である。そうすることで、学びがどのように起こるか、イノベーションがどこから生まれるか、単に機能やプロジェクトを出荷するのではなく真にビジネス成果を達成することの意味を、会社全体が理解できるようになる。

10. 企業の勇気

　トランスフォーメーションを成功させることが難しいことに疑いの余地はない。この章の10カ条がその理由を具体的に明らかにし、成功するために取り組むべきことを示す一助となることを願っている。

　しかし、私たちが知るトランスフォーメーションを成功させたすべての事例において、経営幹部や経営レベルのリーダーたちの真の勇気が必要であったことを認めずには、この10カ条は完成しない。

　根本的に異なるモデルへの移行には、たとえ現在のモデルが破綻していたとしても、本当の意味での飛躍が必要であり、その飛躍には勇気が

求められる。トランスフォーメーションを遂げた企業の経営レベルのリーダーたちは、この勇気に対してふさわしい評価を受けていないことも多い（もっとも株式市場は非常によく報いているが）。しかしそれでもなお、勇気を持たず、会社を単に生き残らせるのではなく、繁栄させるために必要なことをする意欲のない経営レベルのリーダーたちが多くいることも知っている。

　この10カ条がプロダクトモデルへのトランスフォーメーションを効果的に進め、成功させるために必要なことをさらに深く理解する一助となることを願っている。

私に何ができるだろうか？

　多くの場合、企業内でこの本を最初に読むのはプレイヤーやプロダクトリーダーの一人だろう。

　あなたにとっては、切実に会社に変化が必要であることが明らかかもしれないが、同時に、ただ風に向かって叫んでいるだけのように感じているかもしれない。

　プロダクトモデルへの移行を成功させるためには、会社のリーダー、少なくとも事業部門のリーダーの積極的な協力と支援が必要なのは事実だ。

　本書がより多くのCEOの手に渡ることを願うが、個人のプレイヤーであってもできることはまだある。

　以下がその提案だ。

1. プロダクトチームの他のメンバーと話し合い、一緒に取り組むやる気があるかどうかを確認しよう。もしあなた一人だけなのであれば、最初の仕事はチームにその利点を納得させることだ。

2. チームメンバーが賛同してくれたら、本書で説明されている新しいプロダクトモデル・コンピテンシーを身につけることに集中しよう。少なくとも、その新しいスキルを学ぶことはあなたたちのキャリアにとってプラスになる。

3. 新しいスキルが身につき、それを試してみたいと感じたら、マネジャーのところに行き、次の1〜2四半期の間、会社の新しい働き方のパイロットチームとして自分たちのプロダクトチームを活用してほしいと提案しよう。

4.「作り方を変える」こと、そして「問題解決の方法を変える」ことにまず集中しよう。

5. その実験がうまくいくことで、取り組みが広がっていくことを願う。もしうまくいかなくても、リスクを自分のチームだけに抑えたことになる。

CHAPTER

49

イノベーションのストーリー：Trainline社

マーティからのコメント：PART Vですでに紹介したように、Trainlineのプロダクトリーダーは、必要とされる継続的なプロダクトイノベーションを実現できる非常に強力なプロダクト組織を作り上げた。ここで紹介するストーリーはTrainlineのスキルを示す例の中でも、特に私のお気に入りだ。非常に困難な問題への取り組みではあったが、同時に、その問題が顧客、鉄道パートナー、そして会社にとって真の価値をもたらすことが約束されていた。この取り組みから、プロダクトモデル・コンピテンシーとプロダクトモデル・コンセプトが実践でどのように機能するかがわかるはずだ。ここで書かれているプロダクトイノベーションのレベルは、私がこれまで見てきた世界的に有名なテックプロダクト企業に匹敵するものだ。

会社の背景

PART Vで紹介したトランスフォーメーションを経たことで、Trainlineは能力のあるエンジニアリング、プロダクトマネジメント、デザイン、

そして強力なプロダクトビジョンとプロダクト戦略を有していた。同社はまた、データサイエンスへの投資からも真の成果を得はじめていた。

Trainlineはリアルタイムの列車位置情報、ホーム発車予定時刻、パーソナライズされた運行中断アラート、混雑の少ない車両を探す機能などを構築し、成功を収めた。これらはすべて同社のビジョンの実現にも役立っていた。しかし、特に顧客が不満を持ち、懸念され続けている大きな問題が一つ残っていた。料金の問題である。

解くべき問題

早い段階から、鉄道チケットの割高感がTrainlineへの集客を妨げていることは明らかだった。顧客は何度も何度も「チケットが高すぎる！」と言っていた。

一方で鉄道業界側は、どの路線のチケットも非常に安く販売されている事実を指摘し、そんなことはないと反論していた。この明らかな矛盾を解き明かせば、さらなる強力なイノベーションが起きる可能性が秘められていた。しかし、旅程の組み合わせは数百万にものぼるため、これはまた膨大な作業を伴うものでもあった。

また一見、その問題はTrainlineではほとんどコントロールできない問題のようにも見えた。顧客が検索を実行したその瞬間に、Trainlineはリアルタイムで価格情報を受け取る仕組みとなっていた。その瞬間に初めてオペレーターAPIがその特定の旅程の価格を公開する仕組みだったのだ。

しかし、Trainlineのデータサイエンス責任者は、この重要な問題を詳細に調査する価値があると確信していた。

ソリューションのディスカバリー

チームでの調査から、もう一つの独自のインサイトがもたらされた。

確かにチケットは安かったが、かなりの割合の顧客が購入したいと思うほど、あるいは購入する必要があると思うほどは安くはなかったのだ。

まず小規模なデータセットから始め、それから規模を拡大してその結論を検証した結果、チームは価格が需要に結びついていないことを証明した。価格は需要ではなく、出発までの日数に直接関連づけられていたのだ。早めに購入すれば安いチケットが手に入るが、出発予定の二週間前以内に購入すると急激に値上がりする。この価格の上昇は時に驚くほどであった。

業界は最安値のチケットを大々的に宣伝していたが、実際には大多数の顧客がかなり高い料金を支払わなければならなかった。チームの調査からは、スマートな需要管理の仕組みや、自動化された販売終了直前の割引などがなされている証拠は見つからなかった。これは重要なインサイトであり、大きな成果へとつながる可能性のあるものであった。すでにチームは早期にチケットを購入することで節約できる具体的な金額を理解できるようになっていた。

そうなると問いはこうだ。この情報をリアルタイムで顧客に提示し、その情報に基づいてチケットを選ぶことで、顧客がお金を節約できるようにする方法はないだろうか？

機会が明確である一方で、事業実現性リスクは大きかった。Trainlineは大規模な業界の一員として大きく成長しており、その中で鉄道パートナーは自社のミッションにおいて欠かせない存在であった。新たに見つけたこの機能を大々的に宣言してしまうと、同社が依存している取引相手を遠ざけてしまうリスクがあった。

このソリューションは実際に顧客の行動を変えるほどの価値とユーザビリティを実現できるだろうか？　それを正しくスケールできるだろうか？　モバイルの画面に多くの情報が詰め込まれる中で、理解しやすい体験をデザインできるだろうか？

しかし何よりも大きな問題は、鉄道会社というパートナーを混乱させることなくローンチできるかどうかが問題であった。

Part XI トランスフォーメーションに不可欠なこと

CHAPTER 49 イノベーションのストーリー：Trainline社

これは最大級の問題を引き起こす可能性をはらんでいた。誤ったチケット価格を提示すれば、即座に会社の取引ライセンスを剥奪されかねない。それだけに、ディスカバリーの際にはCEOを含む経営陣が事業実現性の議論に参加することとなった。

　データディスカバリーを担当するデータサイエンティストはアプリチームと手を組み、包括的なプロダクトディスカバリー作業へと移った。

　まず価値リスクに対処するため、チームは最小限に切り分けたソリューションをハードコーディングし、いくつかのルートでリアルタイムにテストした。この本番データを使ったプロトタイプからは、全員から好意的なフィードバックを得られた。実際のお金の節約につながったことで顧客から非常に好評で、チームの自信は高まった。

　プレミアムなモバイル体験を求める声に応えるため、チームはこのソリューションをTrainlineのモバイルアプリ専用機能とすることに決めた。これは会社のビジョンを直接反映しており、プロダクト戦略を強力に支えるものであった。

　非常に有能なデザインチームのおかげで、集中的なイテレーションとユーザープロトタイピングが行われ、ユーザビリティが大きな脅威となる可能性は低かった。しかし、より大きなリスクは依然として残っていた。実現可能性リスクと事業実現性リスクだ。

　正確性は特に重要であった。これは優秀なチームをもってしても複雑で、ビッグデータ特有の問題であった。チームはTrainlineが取引ライセンスを失ってしまうようなリスクは冒せないため、精度の最低ラインを99%に設定した。チームは懸命に取り組み、極めて高い精度で実行する能力を向上させた。これは、高性能にスケールできるAWSの機能に支えられていた。

　しかし、一つだけ重大なリスクが残っていた。この機能についてパートナーから正式に承認をもらう必要はなかったものの、チームも経営幹部も取締役会も、業界からのどのような深刻な反撃があるか想定できなかった。特にTrainlineはIPOの可能性がある時期でもあった。

少なくとも、英国の鉄道チケットの価格戦略を日の目にさらせば物議を醸すだろう。それが顧客のお金の節約につながることは証明できていたものの、同社の市場シェアが今やかなりのものであることを考えると、自分たちのソリューションが業界の収益減少につながるのではないかとリーダーたちは懸念し始めていた。

そのため、大規模な実データが必要となった。そのためにはオペレーションチームに大きく依存する必要があった。少数ながらも専門的で、長年にわたり業界のパートナーと密接な関係を築いてきたチームだ。そのチームがなければ、この取り組みは失敗に終わる可能性が高かった。

オペレーションチームのメンバーは興奮しつつ神経質にもなっていた。オペレーションチームは、当面はデジタルに対して進歩的な見方を持つ少数のパートナーに焦点を当てることを提案した。この取り組みは複雑でニュアンスを含むものだった。業界の成り上がり者からの介入だと不満を抱き、拒否したパートナーも多くいた。しかし、ある一社が本番データを使ったテストに同意した。ついに、チームは静かにローンチし、実際のデータがどうなるかを見守る機会を得たのだ。

成果

結論は極めてポジティブなものだった。予想通り、柔軟性が高まった顧客セグメントが早めにチケットを購入するようになり、実際のお金節約と利用率の向上へとつながった。チームはデータを慎重に分析し、以前より座席が多く埋まることで得られる追加収入が、低価格での提供による損失を上回ることが確認された。

お金を節約できた人たちは大喜びだった。テストは大成功を収め、チームメンバーは（依然として慎重に管理しながら）より広範に展開するための確固たる事例を作ることができた。これにより再び、宣伝コストがかからない肯定的な評判が多く生まれた。

このリリースはTrainlineのミッションである、可能な限り安価な価

格を提供することで低炭素輸送ソリューションを促進することに直結している。また、マーケティングチームにとっては、Trainlineがこの業界における唯一のイノベーターであることをアピールする絶好の機会となった。実施されたさまざまなキャンペーンは、Trainlineの上場が間近に迫っていたことを考えるとタイムリーであり、非常に効果的であった。国内メディアはすぐにこれを取り上げ、ますます多くのテクノロジー系サイトが日常的にTrainlineを取り上げるようになった。

　社内的にも見ても、この成功は同社にとって新たな自信となった。この価格予測ツールは、Trainlineの強固で成熟したテクノロジー文化を反映し、成長し続けるソリューションの最新例の一つに過ぎない。

　リリースを重ねるごとに、同社は顧客やビジネスだけでなく、株主にも大きな付加価値を提供した。これは、間近に迫ったIPOにちょうど良いタイミングであった。

さらに学ぶには

　物理的な書籍の制約の一つは、一度印刷されると更新できないことだ。しかし、今後も新たな質問が寄せられ、新たな反対に遭遇する可能性があると承知している。この書籍で取り上げられていない質問がある場合は、本書に関連する質問のリポジトリを参照してほしい（https://svpg.com/transformed-faq）。

　シリコンバレー・プロダクト・グループ（SVPG）のウェブサイト（https://svpg.com/）では、プロダクトモデルで運営する企業からの最新の考え、学び、事例を無料で公開している。

　SVPGはプロダクトモデルでの運営方法を学びたいプロダクトマネジャー、プロダクトチーム、プロダクトリーダー、経営幹部向けに、オンラインおよび対面のワークショップも開催している（https://svpg.com/workshops/）。

　テクノロジーを活用したプロダクトを競争力のある形で生み出すために、テクノロジーとプロダクトの組織全体で意味のあるトランスフォーメーションが必要だと考えている企業に対しては、カスタムで現地での支援も提供している。

謝辞

　本書はSVPGのパートナーたちが過去20年にわたり、企業のプロダクトモデルへの移行を支援する中で学んできた教訓に基づいている。

　私たちは個人的に関わることのできるほんの一握りの企業だけでなく、それをはるかに超えて、多くの人たちへ学んだことを共有したいと考えた。

　先に述べたように、この本に書かれていることは私たちが発明したものではない。私たちは単に、トップクラスのプロダクト企業で実際に目にした、うまく機能していることを共有し、その原則や行動を他の企業にも適用できるように支援しているだけである。

　私たちのコンテンツの多くは、グローバルなプロダクトコミュニティから情報を得ている。私たちが記事を発表し、カンファレンスで講演し、ウェビナーやワークショップを主催するときに、私たちはテクニックやケーススタディの多くをテストしている。人々は常にフィードバックを惜しまず、多くの人が追加の質問を送ってくれる。本書の多くは、このような交流からインスピレーションを得たものである。

　私たちが書いていることの多くはコミュニティからインスピレーションを得たものである一方で、私たちはできる限り最善の方法でコンセプトを説明できるよう懸命に努力しており、そのためには一連の専門家レビュアーが欠かせない。Shawn Boyer、Matt Brown、Gabi Bufrem、Felipe Castro、Shreyas Doshi、Mike Fisher、Chuck Geiger、Stacey Langer、Michele Longmire、Alex Presslandに心から感謝する。みなさん一人ひとりがこの本に影響を与えてくれた。

　また、本書でプロフィールを紹介することを許可してくれたプロダクトコーチたちにも感謝したい。ガビ・ブフレム、ホープ・グリオン、マーガレット・ホレンドナー、ステイシー・ランガー、マリリー・ニカ、フィル・テリー、ペトラ・ヴィラだ。

　そして個人的なことだが、この本はSVPGのパートナーたちなしには

実現しなかった。リア・ヒックマン、クリスチャン・イディオディ、クリス・ジョーンズ（Chris Jones）、マルティナ・ラウチェンコ（Martina Lauchengco）、ジョン・ムーアだ。一人ひとりが、本書のためにオリジナルのコンテンツと数え切れないほどの提案を提供してくれた。また、クリスには特に感謝しなければならない。彼は文字通り一歩一歩私と共に歩み、私の執筆プロセスにおいて欠かせない存在であった。長年の担当編集者であるピーター・エコノミーとジョン・ワイリー＆サンズの出版チームにも感謝する。そして最後に、四つの大きな執筆プロジェクトを通して、愛とサポートをくれたリンに感謝する。

著者について

本書はSVPGの五人のプロダクトパートナーによって執筆された。

私たちの信念は、プロダクトモデルへの効果的なトランスフォーメーションをリードするためには、自らそこに立ち会い、実行し、成功の姿を実際に知っていることが重要である、というものだ。

そのため、各パートナーは数十年にわたり、まずプロダクトのクリエイターとして、次にプロダクトリーダーとして、世界で最も成功したと言われる、多くのテックプロダクト企業でプロダクトを作り上げてきた。

SVPGのプロダクトパートナーとして、私たちはあらゆる規模、ステージ、業界のプロダクト組織と協力し、テクノロジーを活用して顧客のために効果的なソリューションを生み出す方法を学ぶ支援をしている。

我々はジュニアパートナーや仲介者を雇うこともしない。また、仕事を肩代わりすることもない。企業のあらゆるレベルの人たちと個人的かつ直接的に協力し、その人たちが必要なスキルを学び、自社を未来へと導くことができるように支援している。

個々のパートナーについては、www.svpg.com/teamをご覧いただきたい。

訳者あとがき

　本書はプロダクトマネジメントのバイブルと世界中で評価される『INSPIRED』、プロダクトリーダーシップがテーマの『EMPOWERED』、プロダクトマーケティングを取り上げた『LOVED』に続く、SVPGシリーズの4作目です（原著は2024年3月に出版）。本書では、強力なプロダクトを創り出す成功モデルに「プロダクトモデル」という言葉を当て、企業をそのモデルへと移行する方法に焦点を当てています。つまり、シリーズ書籍で紹介されてきたAmazon、Google、Apple、Netflix、Adobeなどの世界中で成功を収めるシリコンバレー企業の働き方の原則、イノベーションを生み出す構造を、どのように自分たちの会社に組み込むのかについて語られる書籍です。

　日本でも「デジタルトランスフォーメーション（DX）」という名のもと、多くの企業が変革に取り組んでいますが、2024年の現状、その成果は道半ばと言って良いでしょう。経済産業省は『DXレポート2』の中で、DXの取り組みを「デジタイゼーション（アナログ・物理データのデジタルデータ化）」「デジタライゼーション（個別の業務・製造プロセスのデジタル化）」「デジタルトランスフォーメーション（顧客起点の価値創出のための事業やビジネスモデルの変革）」の三段階として定義しています。本書で標榜されるプロダクトモデルのアウトカムは、その三段階の三つ目とほぼ同義です。独立行政法人情報処理推進機構（IPA）が行った調査に基づく『DX動向2024』において、この三段階目の「顧客起点の価値創出によるビジネスモデルの根本的な変革」において成果が出ているか、という意図の設問に「すでに十分な／ある程度の成果が出ている」と回答した割合は、日本企業（2023年）が20.7%に対して、米国企業（2022年）は69.0%であり、大きく水をあけられている状況です。

　本書では複数の企業の事例が紹介されますが、本質的に利害の異なる外部のコンサルタントやベンダーにDXプロジェクトを丸投げするのではなく、自らを破壊するように新たなモデルを社内に取り入れ（CEO

やプロダクトリーダーを新たに迎えていたり、モダンなプロダクトチームを自社内に組成したり）、顧客起点の新しい価値を創出し（パンデミックによる顧客価値の劇的な変化に即座に対応していたり、消費者が大幅に安く鉄道チケットを手に入れられるようにしたり）、ビジネスモデルの変革（大規模にサブスクリプションモデルへと移行していたり、元々の中核事業すら手放している）に取り組んでいます。DXの三段階目の成功ケースが世の中に確かに存在するのです。

　私はプロダクトコーチを本業としていますが、その中で出会ったDXを標榜する日本企業のほとんどは現状を課題視しています。それだけでなく、現場でDXを担当する方々も解決のための高い意欲を持ち合わせています。ではなぜ実際の成果へとつながらないのでしょうか？　よく聞かれる声は、経営陣内での理解と支援の不足です。実際にDXを標榜する日本企業における役員はソフトウェア技術者が少なく、先の『DX動向2024』で、「IT分野に見識のある役員が3割以上」である割合は、米国（2022年）が60.9％であるのに対し、日本（2023年）はわずか16.7％であると示されています。「DXが重要である」ということ自体は経営層も理解しているものの、ソフトウェア技術がどういうものであるか、経営陣としてどのようなエンパワーメントを行えば良いのかはあまり理解されていない現状でしょう。

　しかし中には、テクノロジーの経歴のない経営者が積極的に技術の理解に取り組む事例もあります。レガシー産業とも言えるタクシー業界でデジタルプロダクトを成功させた、GO株式会社の会長である川鍋一朗氏は、その前々身となるJapanTaxi株式会社時代にデジタルプロダクトを提供する中で自らプログラミングを学び、その経験を通して技術そのものや技術者の価値観への理解に努めたといいます[1]。また、実際にタクシー乗務員として、デジタルプロダクトが利用される現場も自ら体験

1　『エンジニア（になった気分をすこーしだけ味わった）。』川鍋一朗
　https://note.com/ichirokawanabe/n/n9b52d131c827

しています[2]。丸投げではなく、自社がコアコンピタンスとしているものに対して、経営層が現場の一次情報の取得にこだわり、理解の姿勢や敬意を行動で示すことは、変革の土台となる企業文化を形成する上でも欠かせません。本書でもCEOの重要性や支援すべきことが説かれます。最終PARTの「10カ条」の1つ目が「CEOの役割」であるほどです。本書をぜひ自社の経営者に本書籍を手渡し、ともに学んでもらいたいと感じます。

「トランスフォーメーション」という言葉から、「この書籍は自分たちのためのものではない。私たちはすでに（または、元々）プロダクトモデルの企業だ」と考える方もいるかもしれません。しかし、企業規模の拡大に伴っていつの間にかその文化が失われてしまった企業や、プロダクト企業であるものの、CEOにプロダクト作りの経験がなく、プロダクトモデルで運営できていない企業は多く存在しています。

本書で原則として提示されるように、

・解くべき問題でチームをエンパワーできているでしょうか？
・チームのオーナーシップ意識は十分でしょうか？
・良い少数の戦略に集中できているでしょうか？
・戦略はインサイトに基づいているでしょうか？
・迅速な実験が行われているでしょうか？
・最低でも二週間ごとにリリースが行われているでしょうか？
・プロダクトデータは計測されているでしょうか？
・プロセスよりも原則が重視されているでしょうか？
・コントロールよりも信頼する文化があるでしょうか？
・失敗を乗り越え、学んでいるでしょうか？

---

2 『川鍋一朗GO会長「トップが現場に行かないのはもったいない」』
https://bookplus.nikkei.com/atcl/column/110700316/110700002/

本書には、上記のような原則（CHAPTER 15〜19）やアセスメント（CHAPTER 29）、10カ条（CHAPTER 48）など、自分たちの現在地を知る方法が多数提供されています。まずは現状を見つめ直すきっかけとして本書を活用した上で、さらなる具体的な方法を知るために過去のシリーズ書籍も手にとってみてください。いかなる規模の企業であっても、本書が熱意あるみなさまの変革の助けになることを祈っています。

訳者謝辞

　出版まで粘り強く伴走くださった担当編集の山地淳さんに感謝します。翻訳原稿のレビューを快く受けてくださった、今井恵子さん、小田愛莉さん、佐藤正大さん、中村洋さん、西山夏樹さん、松岡綾乃さん、水嶋彬貴さん、宮里裕樹さんに感謝します。プロダクト作りに熱心に取り組まれてきた皆さんの経験から来る多様な指摘によって本書が読みやすいものとなりました。そして私のこの仕事を全面的に応援し続けてくれた最愛の妻と二人の子どもに最大限の感謝をささげます。心からありがとう。また最後に、これまで私にプロダクト作りに関する多くの知見を与えてくれたプロダクトコミュニティの皆さんに感謝し、さらなる繁栄を祈ります。

2024年9月
横道稔

訳者紹介
横道 稔（よこみち みのる）

LINEやサイバーエージェントなど複数のプロダクト企業にて、プロダクトマネジメント、エンジニアリング、アジャイルなどの領域でプレイヤー〜シニアマネジャー、フェローなどを歴任。日本でのプロダクトマネジメントの普及のために、カンファレンスの立ち上げやコミュニティ運営にも尽力。現在は自身で創業したProduct People株式会社にて、プロダクトコーチとして多数の企業を支援している。

翻訳書に『LOVED 市場を形づくり製品を定着に導くプロダクトマーケティング』（日本能率協会マネジメントセンター、2023年）、『プロダクト・レッド・オーガニゼーション 顧客と組織と成長をつなぐプロダクト主導型の構築』（同、2021年）。

X：@ykmc09

TRANSFORMED
イノベーションを起こし真のDXへと導くプロダクトモデル

2024年10月10日　　　初版第1刷発行

著　者──マーティ・ケーガン
訳　者──横道稔 ©Minoru Yokomichi
発行者──張　士洛
発行所──日本能率協会マネジメントセンター
〒103-6009　東京都中央区日本橋 2-7-1 東京日本橋タワー
TEL　03(6362)4339(編集)／03(6362)4558(販売)
FAX　03(3272)8127(編集・販売)
https://www.jmam.co.jp/

装　丁────西垂水敦（krran）
本文ＤＴＰ──株式会社明昌堂
印刷所────シナノ書籍印刷株式会社
製本所────東京美術紙工協業組合

本書の内容の一部または全部を無断で複写複製（コピー）することは、法律で認められた場合を除き、著作者および出版者の権利の侵害となりますので、あらかじめ小社あて許諾を求めてください。

ISBN 978-4-8005-9268-2 C2034
落丁・乱丁はおとりかえします。
PRINTED IN JAPAN

JMAMの本

INSPIRED
インスパイアド
熱狂させる製品を生み出すプロダクトマネジメント

マーティ・ケーガン 著
佐藤 真治 監修　関 満徳 監修　神月 謙一 訳
A5版 384頁

Amazon, Apple, Google, Facebook, Netflix, Teslaなど、最新技術で市場をリードする企業の勢いが止まらない。はたして、かれらはどのようにして世界中の顧客が欲しがる製品を企画、開発、そして提供しているのか。本書はシリコンバレーで行われている「プロダクトマネジメント」の手法を紹介する。著者のマーティ・ケーガンは、成功する製品を開発するために「どのように組織を構成し、新しい製品を発見し、適切な顧客に届けるのか」を、具体的な例を交えながら詳細に説明する。

日本能率協会マネジメントセンター